韓流映画・ドラマのトリセツ

呉 成浩

彩流社

はじめに

皆さん韓流ドラマ・映画は好きですか?

好んで観られますか?

もしくは食わず嫌い?

どうあれこの本を手に取って下さったということは多少なりともご興味があるものと思われます。

二〇〇二年日韓ワールドカップをキッカケに『冬のソナタ』が上陸して早二十数年、韓流ドラマ・映画視聴環境も大きく変化しました。

今では日本のみか世界同時配信という作品も増えてきました。

常々思うにその国の社会と歴史を知るにはエンタメが最適です。

コリアについて知るには韓流ドラマ・映画を観ることが一番です。

が、しかし多く溢れる韓流ドラマ映画、どの作品からどう観ればいいかお困りになることはございませんか?

現在韓流ドラマ・映画は洪水の如く溢れ出ており、正に玉石混交です。名のある製作会社・制作陣、監督・脚本家による作品、ベストセラー作家の小説やウェブトゥーン（ウェブ漫画）を原作にした話題作など、韓国本国に居ればリアルタイムで得られる情報も日本では限られているため、ドラマ・映画のガイドブックは多けれどよっぽどの作品でない限りまたはよっぽど情報通の方でない限り作品が作られた背景や制作意図、社会的メッセージなども含め捉えづらい作品も多く、何をどう観れば良いのか分かり辛い状態だと言えそうです。

この書籍はそんな皆さんに向けて断片的ながら韓流ドラマ・映画の視聴ポイントをご伝授できればと思い上梓しました。

著者は日本で生まれ育ち朝鮮学校《ウリハッキョ》で学んだ在日コリアン二世（実際には二・五世）で、大学でコリアの歴史を専攻した元歴史学徒でコリア社会歴史ライターです。

二十年以上原語にて韓国ドラマ・映画に接しており、必要とあらば韓国書籍・雑誌、ネット環境を駆使して本国のホームページやニュース・ＳＮＳなどを探り様々な情報を得ながら視聴しております。

日本の皆さんが何気なく観る韓流ドラマ・映画もコリアの社会と歴史を踏まえたうえで視聴することで鑑賞に深みが増し、より隣国を理解しやすいのではないかと感じております。

私のように本国と隣国の狭間で生きてきた在日コリアンだからこそ分かる日本とコリアの違い、その違いが分かるからこそ紐解くことができる韓流ドラマ・映画の奥義。

他の日本のレビュアーの方々が語るのとは一風違う、在日コリアンの歴史学徒・ライターが述べる韓流ドラマ・映画レビューこそが多くの日本の方の韓流ドラマ・映画視聴において「目から鱗を落とす」こと必至であると自負しております。

まずはドラマ・映画を観る前に予備知識として本書にて知識を得ていただき、またはご覧になった後に手にしていただき、作品の時代背景や制作の裏側など多角的な面で視聴者（読者）の方のご理解をたすけ読者（視聴者）の皆さんをさらなる韓流ドラマ・映画の深みへと誘《いざな》いたいと思っております。

言わば「韓流ドラマ・映画を理解するための実用書」になれば幸いです。

本書は現在、著者が開設中のブログ『韓国朝鮮　社会と歴史のトリビア』の韓流ドラマ・映画（一部日本の作品も）レビュー記事欄より熟考に熟考を重ね、六十余作品を厳選して念入りに加筆・訂正・リライトしたうえで纏めました。

著者の得意とするコラム形式で作品の紹介を述べつつ余談を兼ねてエンタメ情報のみか韓国朝鮮の歴史・社会・雑学に関する話題も述べておりますので、今回取り上げたドラマ・映画自体をご覧にならなくても各々タイトルに関するコリアの社会と歴史情報に関するコラムとしても楽しんでいただけると思います。

このように平凡な韓流ドラマ・映画のレビューとはひと味違う韓流ドラマ・映画および社会・歴史に関する解説、とくとお目汚しよろしくお願いいたします。

本書の流れ――韓流映画・ドラマの解説

韓流ドラマ・映画を語る解説は多いですが、本書の特徴として「韓流ドラマ」と「韓流映画」双方を同時に語ることがまず挙げられます。

実は韓流ドラマと韓流映画は作品の投げかけやパターンひいては視聴するファン層も似て非なる存在で、一方のドラマの視聴者は主に女性層が多いので解説書も彼女たちをターゲットにドラマを専門に著述した図書がほとんどですし、逆に映画は男性層及びディープな層が多数を占めることもあり、解説も映画評論家・専門家が著述することが多くその数もドラマのほどではありません。

今回は元歴史学徒の著者の特性上「ドラマ」も「映画」も同等に述べさせていただきます。

当然、性格も違えばランニングタイムもかなり異なるので、映画は視聴完了後のまとめを、ドラマは視聴後のみか視聴中の感想や断想など徒然なるままに述べさせていただきます。

次に大きな特徴として、実は珍しいのですが本書では「現代劇」と「時代劇」の双方を同列に扱います。

それは著者が執筆するブログ『韓国朝鮮　社会と歴史のトリビア』に於いて「歴史」と「社会」双方扱う性質にも依りますが、過去と現在両方を理解してこそ真の「社会」を知ることができるという見識に基づく扱いです。

縷々述べますが、社会と歴史を知るにはエンタメが有効であり、韓国社会を客観的に俯瞰するには「現代劇」「時代劇」双方を考察する必要があると考えます。

自称「韓国ウォッチャー」としての使命からも著者は「現代劇」「時代劇」すべてのジャンルを鑑賞・分析しており、今回もその流れで述べさせていただきました。

多くの作品から悩みに悩んで作品を六十余作品チョイスしましたが以下の流れに従い掲載することをご理解下さい。

（1）　本書ではまず皆さんが取っ掛かりやすいように現代劇から並べました。

現代劇のジャンルを①「社会派作品」、②「復讐劇」、③「ノワール・犯罪物」、④「青春・ヒューマンドラマ」、⑤「ホームドラマ」、⑥「ラブロマンス・コメディ」、⑦「ＳＦ・リブート作品」の七つのジャンルにカテゴリー分けし著述しました。このカテゴリーは著者の恣意的区分です。

近年韓流ドラマ・映画はひとつのジャンルに絞らず様々なジャンルにまたがる作りをしており、大ヒットドラマ『椿の花咲く頃』に代表されるようにラブコメでもありサスペンスでもあり……というふうに多様なジャンルにまたがる作品が大勢を占めています。今回はその中で一番メインと思われるジャンルに区分しました。

多くの韓流ドラマ・映画もこのカテゴリーに分けていただければ理解・視聴しやすいと思われます。なお、時代劇にまたがる作品は基本、時代劇のカテゴリーを優先しています。

（2） 次に時代劇を時代別に並べました。

一　古代中世

まずは朝鮮王朝時代の前段階として、各々上記の時代・国家より一作品のみピックアップしました。

Ⅰ古朝鮮、Ⅱ三国時代①高句麗②百済③新羅、Ⅲ渤海、Ⅳ高麗

二　朝鮮王朝（近世）

次に圧倒的に数の多い朝鮮王朝時代の史劇を時代順・王様順に並べました。

A前期　Ⅰ太祖・太宗、Ⅱ世宗、Ⅲ端宗・世祖、Ⅳ燕山君・中宗、Ⅴ宣祖

B後期　Ⅰ光海君・仁祖、Ⅱ粛宗・英祖、Ⅲ正祖、Ⅳ純祖・哲宗（作品未収）

朝鮮王朝時代(近世)の歴代国王は全部で二七人(その内近代史に二人で近世は二五人)おり、豊臣秀吉の侵略戦争「壬辰倭乱(一五九二年~一五九八年)」を区切りに前期と後期に分かれますが、最低限上に挙げた王様を順に辿ると朝鮮王朝の歴史の流れを理解しやすいと思います。

三　仮想史劇・ファンタジー史劇

その次に最近殊に増えた「仮想史劇・ファンタジー史劇」を述べました。

最近では「歴史歪曲」議論に巻き込まれる事態を避けるため、特定の国王・時代を前面に出さず架空の時代を描く仮想史劇が増えました。

その中には全くの仮想史劇と現実の世界をアレンジした史劇とに分かれており、「トレンディ史劇」や「ファンタジー史劇」など様々な括《くく》りで括られますが、ジャンル分けが曖昧な為それ以上の区分は避けました。

四　近代

次の近代史を扱う史劇ですが、韓国では結果的に植民地に転落する暗い歴史のためか往々にして近代史を描いたドラマは少なく、どちらかというと映画が多い傾向にあり、特に植民地期の作品に顕著です。いずれもナショナリズムが強い作品が多いのが特徴です。

国王は高宗・純宗の二人ですが下記の流れで辿れば理解しやすいでしょう。

Ⅰ大院君期、Ⅱ高宗、Ⅲ一八九四年・日清戦争、Ⅳ義兵闘争、Ⅴ純宗・英親王（植民地期）

五　現代

最後に現代史ですが、韓国では現代史を扱うドラマ・映画も時代劇のカテゴリーに含めます。現代史は作品の関係上、主に韓国に限定しています。

激動の韓国現代史ですが、理解しやすいようにザックリと下記の区分で纏めました。

Ⅰ解放前後、Ⅱ朝鮮戦争、Ⅲ軍事独裁政権時代、Ⅳ一九七九～一九八〇年（光州民主化闘争）、Ⅴ一九八七年（六月民主化闘争）、ⅥＩＭＦ危機、Ⅶセウォル号事件、Ⅷ統一問題、Ⅸ在日コリアン問題

現代史部分に統一問題、在日コリアン問題を加えました。

なお、本書では朝鮮民主主義人民共和国（北朝鮮）の略称として「共和国」を用います。元々国家が成立する前に南北は「南朝鮮」「北朝鮮」と称されましたが南には「韓国」、北には「チョソン（朝鮮）・共和国」と称する国家が成立しました。しかし日本は北部朝鮮の国家を国家と認めず「北朝鮮」という呼称を継続しています。この呼称には少なからず「差別的」意図が絡んでおり、本国では使用すべきでないと主張しています。

将来「チョソン」「朝鮮」「共和国」など、どの呼称を用いるかはいつの日か日朝国交正常化がな

された日に決定するでしょうが、「北朝鮮」という「地域を表す呼称」ではないことは確かです。
と言って今更日本のみなさんに使用しないで下さいとは申しませんが、呼ばれる方が好まないという事実のみご留意いただければ幸いです。

基本、韓流ドラマ・映画レビューを纏めましたが、一部日本のドラマ・映画で直接・間接的に韓国・朝鮮と関わりのある作品、著者が関心のある最近の話題作を追加させていただきましたことをご了承ください。また紙面の都合上、写真は掲載しませんがご理解ください。

では、ドラマ・映画を通じて「韓国・朝鮮の社会と歴史を辿る旅」に皆さんぜひ「ボンボヤージュ　bon voyage（良き旅を）」。

目次

Ⅰ　現代劇

一　社会派ドラマ

久々の中毒性ドラマ？　ドラマ『ウヨンウ弁護士は天才肌』（二〇二二年）

久しぶりに面白く中毒になるドラマに出逢いました。後を引きます。続きが観たくなります。気が付けば一日で断続的に五話も視聴してしまいました。観ることが必ずしも義務ではなく、いつでも観られると思うとストレスが伴うドラマ視聴はどうしても後回しになってしまいます。そして、観て楽しいドラマは時間の許す限り連続して観たくなります。

これがサブスクの長点なのですが、このドラマは深夜過ぎまで連続視聴してしまいました。とにかく中毒性があり、続きが気になります。そして見始めると時間が経つのが早く感じ、一話があっという間です。まだの方は一度お試しを。

私自身は障がい者をテーマや主人公に据えているドラマ・映画を好きではありません。それはどうしても「興味本意」にストーリーが流れ、障がいという「特殊性」が強調されやすいせいです。

今回も敢えて見始めたのは、前回時代劇ドラマ『恋慕ヨンモ』で魅力的な演技を見せてくれたパク・ウンビンが主演しているからという動機でした。前回は似合わぬ男装がメインのドラマだったので、普通の女性の役が見たかったのです。「普通の」女性役は残念ながら見られませんでしたが、充分に魅力ある愛らしい姿を観ることができました。相手役との呼吸も良く胸キュンします。

実際、ドラマの裏話を覗くと、このドラマは元々二〇二一年に放映される予定が、キャスティング関連の理由で二〇二二年に延期されたと言います。製作陣は主人公のウ・ヨンウがどのように演技するかによってドラマのすべてが完全に変わると判断し、理想的な俳優としてパク・ウンビンを選んだと言います。

しかし、パク・ウンビンは自分がウ・ヨンウというキャラクターをよく消化できるか負担を感じ、固辞したとのこと。それでも製作陣はパク・ウンビン自らが出演を決めるまで、他の俳優をキャスティングせずに一年以上待ったと言います。これにパク・ウンビンは感動してついに出演を決意、彼女にしかできない独特な演技で消化し、製作陣と視聴者たちが期待した通り、あるいはそれ以上の名演技を広げて多くの好評を受けているとのことです。

実際、ドラマの彼女はとても魅力的で、彼女から眼が離せません。

余談で、先の事実が明らかになり最高のドラマを制作するために長い時間を耐えて待った製作陣もすごいという評価を受けているそうな。

このドラマは韓国で弱小ケーブルTV局「ENA」で放送開始されましたが、わずか放映二回目で大作に生まれ変わり、目下韓国の水木ドラマでトップを走っています。NETFLIXでも並みいる強豪を抑えて現在トップです。

邦題が原題の反対の意味を含んでいて、当初チト軽い印象を受けますが、原題の『おかしな弁護士ウ・ヨンウ』としてしまうと、障がいのせいでホントにおかしなことをやらかす印象を受けるからでしょうか？　まぁ、意味合いは似ているのでコレはコレでありかもです。

ここで企画意図をどうぞ。

ポイント1▼興味深くて愛らしいキャラクターが見せてくれる克服のドラマ

「自閉症スペクトラム障がい」を持つヨンウは強みと弱点を一身に持つキャラクター。ヨンウの強みは、私たちのほとんどが接することができないほど優れているが、ヨンウの弱点は、私たちのほとんどがビックリするほど脆弱だ。

160の高いＩＱ、莫大な量の法条文と判例を正確に覚える記憶力、先入観や感情にとらわれない自由な考え方がヨンウの強みだ。感覚が繊細で時々不安で、体を調和的に扱えなくて、ウォーキング、走り、靴紐縛り、回転扉通過などが苦手だ。

ヨンウは極度の強さと極度の弱さを一身に持つ人物であり、高いＩＱと低いＥＱの結合体であり、私たちのほとんどより優越であると同時に、私たちのほとんどより劣った存在だ。ヨンウは一言で興味深い。

ポイント2▼エピソード中心の法廷ドラマ

このドラマはソウル大学ロースクールを首席卒業して弁護士試験に合格したウ・ヨンウが大型法律事務所「法務法人ハンバダ」の弁護士になることから始まる。

『変な弁護士ウ・ヨンウ（原題）』はヨンウとハンバダの弁護士たちが「一話に一つずつの事件」を解決する構成だ。毎回エキサイティングな新しい事件が挑戦状を出すと、我が主人公がいつものように素敵に問題を解く姿を見る快感、つまり「エピソード中心の法廷ドラマ」だけが持つことができる魅力を与えようとする。

ポイント3▼「ウ・ヨンウみたいな弁護士」を夢見るドラマ

私たちは正直で誠実で正義で有能な弁護士を望んでいる。しかし、現実にそのような弁護士に会うのはどれほど難しいか？　私たちのヨンウは頑固なほど正直で誠実で正義だ。また「法」についてなら誰よりも多く知って、引き受けた事件に執拗に食い込む情熱がある。

視聴者の口から「私もあんな弁護士に会いたい！」という声が自然に出てくるように、「変な弁護士ウ・ヨンウ」は毎話、「ヨンウの持つ弁護士としての長所」を忠実に表現するだろう。（公式ホームページより）

私は「ポイント3」に注目しました。

今や本家アメリカに負けず劣らぬ訴訟社会に突入したといわれる韓国社会。その分析については割愛しますが、どうしても弁護士の仕事は『アンビリーチェイサー』的な方面に流れやすく、その矛盾は第五話でも描かれ主人公は深い苦しみを覚えました。

ここで、『ピュアな心を持つ弁護士』という括りを持たせることにより、今まさに社会で望まれている『正義派の弁護士』への希求を託したといえるでしょう。

自閉症の女性が弁護士だなんて……と笑って見ていたら、実際に法曹に合格するレベルの知的能力を持った自閉症の人がアメリカにたった一人いて、これがウ・ヨンウのモチーフだと言われているそうです。世界的に見て全く不可能ではないというレベルなんですね。

同じく専門職で優れた能力を見せるという類似したコンセプトの先輩格のドラマで、KBSが二〇一三年に制作し、日本でもリメイクされた『グッドドクター』があります。このドラマでの主人公の職業は医者ですが、医者は理系で法曹人は文系で羨望される職業で、類似したプロットに細部設定などの類似点も多く、「文系版女子グッドドクター」との評もあるとのこと。私もふたつのドラマの関連性が初めに浮かびました。

このドラマ、先にも述べた通り弱小ケーブルで放送開始したにも関わらず、六話放送が終了した現在、視聴率が魔の一〇％を超える大ヒットドラマに大化けしています。次回の放送が楽しみでなりません。

この中毒性をまだ味わってらっしゃらない方はぜひご賞味を。今まさに味わってらっしゃる方とはこの魅力を共有したいです。

同時多発的ゲリラ？　ドラマ『賢い医師生活』（二〇二〇年）

全十二話の『賢い医師生活』ファーストシーズンは、韓国の有名な作品『応答せよ』シリーズ三部作と『刑務所のルールブック』を制作した脚本家のイ・ウジョンとプロデューサーのシン・ウォンホのコンビによる二〇二〇年放映の最新作です。

最近『応答せよ一九九四』を観たのですが、その当時の流行や風俗を取り入れながら、笑いと人情味あふれる主人公多勢（一人ではない）を描く独特なスタイルが新鮮でした。『応答せよ一九九四』とどちらのレビューを書くか迷ってこちらにしました。ある意味手法が似てるといえます。聞くところによると、このプロデューサーはスター俳優を使わずに無名の人たちを起用、スターにのし上げる人だとか。私が『ミスターサンシャイン』で初めて知ったクドンメ役のユ・ヨンソクもこのドラマのおかげでブレイクしたことを知りました。正に命の恩人？　こちらも巷でチラホラ話題になっていたので視聴しましたが、一言で風変わりなドラマです。

公式ホームページより企画意図を。

賢い医師生活とは？「メディカル」と書き「ライフ」と読む、『賢い医師生活』は平凡な生活の話。一人、一人の「生老病死」が集まり、数万種類の話が溶けているところ。誕生の喜びと永遠の別れ、全く別の挨拶が共存する場所。同じ病気を持つだけで大きな力になっても、時に誰かの不幸を通じ慰めを得ることもある皮肉なところ。図らずも、私たちの人生とあまりにも似ているところ。それが病院である。

そして、その病院を守る普通の医師たちがいる。適切な使命感と、基本的な良心を持った、病院長を向いた権力欲より、空《す》かせたお腹を満たす食欲がリードし、シュバイツァーを夢見ることより、自分の患者の安らぎだけを用意するのも手に余る、日々ただ与えられた仕事に忠実な五人の平凡な医師たち。もう四十路に差し掛かった彼らは、各々他の人生の形にひとつまた出会う。ただ青春を共にした親友なので良くて、同じ悩みを共有するだけでも癒される彼ら。専門医十年目でもまだ手術室の前では緊張を隠せず、人生四十年目にもまだ成長痛を経験する彼らは、病院の中で学び、痛み、成長する。いつからか、温もりが涙ぐましい時代。賢い医師生活は小さいが暖かく、軽いが心の一角をずっしりと満たしてくれる。感動ではなく、共感の話を伝えようとする。

結局は、人が生きる、その話だ。（公式ホームページより）

韓国のドラマの概要は往々にしてオーバーです。いつも叙事詩のような謳い文句が延々と語られて、キャッチコピーを考える人も大変だろうな〜と想像してしまいます。その分、ドラマに掛ける意気込みやエネルギーが日本のそれとはかなり違って大きいと感じてしまうのは、やはりそういったコピーに浸かってしまっている証拠でしょうか？

制作者の意図を汲み取るためにもこういった文章はやはり読んで向かうべきだと、今の段になって思ったりしますが、多分これからもレビューを書くことにならない限り読まないと思います。

あらすじを。

一九九九年度に医予科（医学部本科に入る前に予備知識を学ぶ課程）に入学した仲間たちが、永遠だと思っていた友情はだんだんと薄くなり、今は目の前にいる患者を診るだけでも二十四時間が足りない四十代の医師になった。そうやってそれぞれの人生を歩んでいた五人の仲間に一本の電話がかかってくる……。（出典　Wow! Korea）

このドラマ、初めて見始めた時からとっても変わってると思ったのが、「同時多発的テロ」という言葉が浮かんでしまいますが、この少々顰蹙を買ってしまいそうな言葉がピッタリなくらい視聴者をテロ、昔風にいうとゲリラで襲ってきます。

ゲリラといえば有名なのは①スペインの国民戦線、②共和国（朝鮮）の抗日武装闘争、③中国のそれ、④ベトナムの解放戦線、⑤キューバ革命などですが、元々スペイン語で小さな戦争を意味するゲアリアが語源なんだとか。ナポレオンの侵略に対抗してスペインで市民が立ち上がったのが言葉の発祥だそうな。ゲリラと言葉が似てるので、すぐに浮かんでしまうのがキューバ革命の英雄、今もカリスマ的な人気を誇るチェ・ゲバラですが、確かにカッコいいです。

我が国で、一五九二年～一五九八年の壬辰倭乱の際、正規軍でなしに立ち上がった義兵もまさにゲリラと呼べそうです。歴史用語としては時代が違うので使えないでしょうけど。有名どころで、郭再禹《クァクチェウ》や西山大師《ソサンテサ》、泗溟堂惟政《サミョンダンユジョン》を覚えといてくださいね。ついでにもひとつ加えると朝鮮王朝末期の義兵の存在で、朝鮮はみすみす植民地になった訳ではなく抵抗したんですよと、儒生達やドラマ『ミスターサンシャイン』で描かれた名もない市井の人々がゲリラ闘争で戦ったことも挙げておきます。最近はゲリラと聞くと日本のゲリラ豪雨が頭に浮かんでくるのは私だけではないでしょう。

とうとう歴史の話からも外《そ》れそうなので、歴史学徒としての使命は果たしましたよ⁉と言い訳を残しつつ本題に戻りましょう。

普通のドラマ、医療系や刑事物だと一話に事件や問題が起こり、解決して終わります。昨今日本のドラマで上記二つが当たるのはそれがハッキリしていて一話完結でスッキリするせいでしょうけど、このドラマ、逆をいきます。そう、これといった大きな事件やメインの事故が起こりません。最初見始めて戸惑い、イライラしました。いつ話の本題に入るの？　と。しばらくして、これがドラマを引っ張る「手」なんだと気づきました。ナニコレ、独創的ジャ〜ン、サスガは韓ドラ〜、新しいやり方か？　と感心していたら、元祖がいました。

アメリカで二〇〇五年から放送されたグレイズアナトミー(Grey's Anatomy)。『医師生活』は韓国版グレイズアナトミーと呼ばれているらしく、このドラマを観てみないと即断はできませんが、悪く言うとパクり、良く言うとインスパイアされてできた作品かも知れません。断っておきますが、私はそういったことを否定しているのではなく、全く独創的な劇などあり得ないと思っています。過去の劇に自分なりの味を付けて新しい機軸を示してくれれば良いのかと。

ともあれ、こういう作りは新鮮でした。メリットは幾つかあります。

①話の進行がホントの病院みたいで緊張感とリアル感があります。

②途中、小さな出来事でも後々大きな問題になることもあるので目が離せません。

③一番とも繋がりますが、その時気づかなかったことも後で見返すと、こんな伏線が貼ってあっ

たんだと気付き、二倍三倍楽しめます。

このプロデューサーの作品は多人数を主人公にしており、キャラが立っております。また、特徴として、仕事内容よりもキャラ同士の日常をメインに描いているのが特徴とみました。そういった意味でも『応答せよ』シリーズと共通性があります。設定を四十歳にしたのは多分、仕事面で自分がメインになって任される立場になり得る年齢を設定したのであり、五人が一緒の空間を共有できるようにＶＩＰ室担当という括りを作りました。未婚者が多いのが少し疑問ですが、メンバー内の恋愛話を入れたいためにそう設定したのでしょう。実際、後半は紅一点の彼女を巡るコイバナに重心を置きすぎだと、『応答せよ』シリーズ同様韓国で批判があったそうです。

他のレビューを覗くと五人の名前や性格など紹介しながら述べている親切なレビューもありますがそれは避けて、このドラマで夫婦してお気に入りになってしまったユ・ヨンソクさん(芸名)こと、私にとっては永遠に『ミスターサンシャイン』の「クドンメさん」(役名)だけ語ります。一言で本物の小児科医みたいです。マリア様みたいな(オトコだけど)笑顔にやられました。何てピュアな笑顔で患者さん(つまりは子ども)を診るんでしょう。『サンシャイン』の屈折した役を観た直後だったので、その変貌ぶりにカルチャーショックを受けました。その性格のために悩むのですが、それは観てのお楽しみ。

他の人たちもそれぞれ悩みや闇を抱えていてそれが良く表現できています。そのように煮詰まった時に集まってバンドをするのですが、私の一番キライなパターンです。結局は仲間がいることでストレス発散かよ？　って。

そんな好き嫌いはあれど無闇に人命を救わず、サッドエンドで終わる患者さんもいるし、コレこそ山あり谷ありで人生ドラマじゃないか？　と思えるような安易ではない作りが結構心に響きます。

このドラマ、前に紹介した週に二回放送する韓国ドラマの慣習を破り、週一回放送にしたといいますから、まさに革命児なんですね。来年シーズン2放送決定といいますから楽しみに待つことにします。まだの方、今からでも遅くありません。私はNETFLIXの廻しモンなので、ぜひご覧になってください。

韓国の抱える闇を表現？　ドラマ『DP　脱走兵追跡官』（二〇二一年）

十月映画俳優ブランド評判ランキングでチョン・ヘインが二位だったことで思い出し、NETFLIXオリジナルドラマ『DP』を視聴することにしました。イカゲームが世界的なブームとして席巻する前は、今年最大の傑作の呼び声が高かった作品です。yahooニュースにあった記事があまりに優れているので、一部引用させていただきます。


NETFLIXで八月二十七日から配信開始となった『DP　脱走兵追跡官』が話題を集めている。

DPとは、Deserter Pursuit（軍隊離脱者追跡）を意味し、様々な理由で軍務を離れた兵士を逮捕する特殊部隊のこと。兵役義務によって入隊した二等兵のアン・ジュノ(チョン・ヘイン)はDPの任務を授かり、様々な理由により脱走した隊員を追う。二〇一五年に発表されたウェブトゥーン『DP犬の日』の作者キム・ボトンが脚本に参加、『スピード・スクワッド ひき逃げ専門捜査班』(二〇一九年)、『コインロッカーの女』(二〇一五年)のハン・ジュニ監督が全六話を演出している。

ドラマの舞台は二〇一四年。この設定に大きな意味があるのは、この年に軍内で暴行死亡事件と脱走兵による銃乱射事件が起き、韓国内で大きな社会問題になったからだ。原作、そしてドラマが伝えようとするメッセージと、軍内部で日常的に暴行やいじめが横行し、脱走兵が続出していることは無関係ではない。国民の義務としての徴兵制度と、逃げ場のない組織の闇を鋭い視点で描いたこのドラマシリーズは、「批評家の間でも非常に評価が高く、NETFLIXの韓国オリジナル作品の中でも最高傑作との声が挙がっています。ハン・ジュニ監督は兵役の暗部について、韓国では誰もやったことのない限界に挑戦しています」と、韓国の映画評論家でコラムニストのキム・ドフン氏は言う。

「実際に多くの若い兵士が脱走し、自死を選ぶ悲劇が起きています。ドラマで描かれている事件はとてもリアルで、兵役経験者はこのドラマを観てPTSDを発症したとSNSで明かしていました。私も例外ではありません。」

他方で報道されている通り、韓国映像作品の世界的ヒットに伴い、NETFLIXは二〇二一年度におよそ五億ドル(約五百五十億円)の投資を決めた。

『DP　脱走兵追跡官』はその中の一本で、含みのあるエンディングや製作者のインタビューを読むとシーズン制も視野に入れているようだ。

キム・ドフン氏が、「このテーマを臆することなく受け入れたNETFLIXに拍手を送りたい。他の放送局だったら、この企画を受け入れることは困難だったと思います。なぜなら、このようなテーマにはまだ見て見ぬふりをする現状があるからです」と言う。

"NETFLIXオリジナルシリーズ"と冠がついている作品群には『愛の不時着』や『梨泰院クラス』などケーブルチャンネルや民放局が製作するドラマを海外において独占配信する作品と、企画製作を行う作品がある。

『DP　脱走兵追跡官』は後者で、韓国内でもNETFLIXのみで配信されている。NETFLIX韓国のオリジナル製作ドラマには、犯罪に手を染める高校生を描いた『人間レッスン』(二〇二〇年)、チョン・セランのファンタジー小説を映像化した『保健教師アン・ウニョン』(二〇二〇年)、史劇とゾンビを掛け合わせた意欲作『キングダム』(二〇二〇~二〇二一年、2シーズンと外伝が配信中)など、従来の放送では難しい題材に挑戦している。なかでも、『DP　脱走兵追跡官』が韓国内外に与える影響は大きかった。(引用　Real Sound)

うーむ、私の出番は完全にありません。ちょっと引用が過ぎましたか？　このニュースを最後まで引用して終わりたいですが、それでは意味がないため、泣く泣く引用を切りました。

ＫＢＳニュースを見ていると、今でも軍隊内のパワハラ、セクハラによって命を絶つ軍人の事件が目立ち、韓国の軍隊の闇を否応なく直視させられます。徴兵制と軍隊内部での問題点が、韓国社会全般で男尊女卑やパワハラが蔓延る最大の原因だと言われています。我が国が分断社会であることを否応なく思い起こさせる点でもありますが、徴兵制が「必要悪」だと思われている韓国社会においてはこのような「闇」も見て見ぬ振りをすることが日常茶飯事です。

このドラマはそうした無関心、傍観主義に警鐘を鳴らす意味で制作されたといいます。ドラマでは目を覆いたくなるような先輩後輩間・同性間のセクハラ・パワハラ・モラハラがこれでもかと描かれます。このドラマが事実を基に描かれているとしたら韓国社会の闇はかなり深いです。以前、ドラマ『未生《ミセン》』でも同様な問題が描かれ、現在のリアルな韓国社会を描いていると評判でしたが、その闇は日本社会では知る由がありません。まさに反吐《へど》が出そうです。

深い闇を描いてはいるもののバディー物、探偵推理物的な描き方で、主役二人の掛け合いの面白さなど軽いコメディータッチの描き方も忘れず、エンターテインメント性を存分に味わえます。

チョン・ヘインは実学の大家である茶山丁若鏞《タサンチョンヤギョンチョンヨンダサン》(丁茶山)の六代孫ということで、私も陰ながら応援しているのですが、「国民の歳下彼氏」として絶大な人気を誇っています。歳に比べても童顔な風貌で女性の心を鷲掴みにしている彼が、このドラマでも朴訥《ぼくとつ》な良い味を出していて、演技派のク・ギョファンとほどよい妙味を醸し出しています。イカゲームを観て韓国社会を深く知りたいと思う方にはかなりお勧めです。

大分改善されたとはいえ現在も続く軍隊内部の諸問題、韓国社会を支配するパワハラの最大原因といえる軍隊文化の一般化という構図など、観た後にやり切れなさを禁じ得ず、現在進行形で進行中のウクライナ・ロシア状態(朝鮮半島の休戦・戦時体制)を呪わずにいられません。韓国が未だ分断国家という現実を知る意味でも有意義なこのドラマ、ぜひ多くの方に観ていただきたいです。

ふたコマずらしてる? 映画『パラサイト』(二〇一九年)

映画『パラサイト』のレビューに手を出します。そろそろ良いか? といった感じです。まずはあらすじを。Wikipedia では珍しく、結末までネタバレしていました。暗黙の了解(ネタバレ禁止)への反発でしょうか? 私は当然途中までです。

父ギテク、母チュンスク、息子ギウ、娘ギジョンのキム家の四人は、狭く薄汚れた半地下のアパートに住んでいた。全員失業中で、近隣のパスワードの掛かっていない wi-fi を使ったり、近所のピザ屋の宅配箱を組み立てる低賃金の内職をしてなんとか生活していた。

ある日、ギウの友人で名門大学に通う青年ミニョクが訪れ、富をもたらす山水景石という岩を手渡す。ミニョクは、自分が留学する間パク家の女子高生ダへの英語の家庭教師をやらないかとギウに提案する。浪人中のギウは教える資格がないとためらうが、高い報酬のこともあり仕事を受けることを決意した。

ギジョンに名門大学の入学証書を偽造してもらうと、ギウは大学生のふりをして高台の高級住宅地を訪れ、家政婦のムングァンに迎えられる。立派な邸宅は、もともと有名な建築家が自ら建築し住んでいたのだという。

パク夫人も授業の様子を見学する中、物怖じしない態度でダへの授業を終えたギウはパク夫人の信頼を得、英語の家庭教師の仕事が正式に決まる。帰り際、壁に息子ダソンの描いた絵が飾ってあることに目をつけたギウはパク夫人が絵の家庭教師を探していることを聞き出す。ギウは一人思い当たる人物がいる、とパク夫人に言う。（引用 Wikipedia）

パラサイトについては様々な評論が出ていて、私も貪るように読んだので、あまり取り上げられていない幾つかの面だけ述べます。

まず題名についてですが、友人がこの映画の題名（邦題）が『寄生虫』だったら観なかったかもと呟いていました。確かに「パラサイト」という響きが強力です。勿論原題は『寄生虫《キセンチュン》』で一千万人動員と大ヒットしていますけど。タイトルの力って大きいんだということを実感です。

この映画は結局何を言いたかったんだろう？　と未だ悩んでいます（迷っていると言おうか）。勿論何とでも解釈できる訳ですが。格差問題だということは分かるのですが、ポン監督の今までの作品と少しテイストが違う気がします。そこがアカデミー賞受賞のツボだったりして。

それまでの作品では反政府、反権力、反米、反グローバリズムという主題が明確でした。否、この映画も明確な格差社会批判はあります。批判はありますが、何が不満かというと、批判が批判で終わっていてエンタメ化しているということです。つまり、焦点がぼやけて面白半分、三面記事、下世話な結末で終わっているという面です。あれ以上やりようがないとも思いますが。結末で何が言いたかったんだろうと未だに考えあぐねている訳です。

ひとつだけ言えることはポン監督いつもの描き方で、観客の想像力のひとコマ、もしくはふたコマずらし(つまりは驚きを与え)て問題意識だけ投げて終わっているということです。

以前、映画館で購入したムック本『韓国映画百選』で、本映画をポン・ジュノ監督の『グエムル〜漢江の怪物』と比較していました。それによると「グエムル」と似た展開が続きますが根本的な違いがあるとのこと。それは「倒すべき敵」の存在だそうです。

突如現れた「グエムル」は仮想敵ともいえる「米軍」を表していて、火炎瓶を投げる行為も米軍基地反対という隠喩が隠れていますが、パラサイトに敵は登場しません。パク社長も決して敵ではなく、才能を元に一足先を走る存在に過ぎません。つまり寄生する相手ではあれど打倒する相手ではないのです。

このような敵の不在という『混沌《カオス》』がこの映画の特徴といえます。『敵の不在』という要素も先に挙げたアカデミー賞受賞の大きな理由と想像します。つまり、このように結末を批判の焦点から遠ざけ曖昧にし、他者(例えばアメリカ)を批判せず、徹頭徹尾韓国の内部問題として終始したことがアカデミーに評価されたのだろうと推測します。

ついでに言えば、Me Too運動やマイノリティ差別批判を受けているハリウッドが「身内」に賞を上げることで批判をかわそうとしている姑息さを感じ取る必要があると思います。ポン監督はアカデミー会員であり、資本提供も受けているハリウッドのれっきとした一員です。この流れでこの先彼もさらに丸くなってしまうのでしょうか?

次にソン・ガンホが凱旋試写会で述べていたことですが、この映画の主人公は誰かという問題です。彼が、ギウ役のチェ・ウシクに冗談で、「映画に一番長い時間出演していたから主人公は僕ですよね」と言われたと笑いを誘っていました。確かに最初の主人公はギウで、途中から彼に知恵を授けるところから主人公がアッパのギテクことソン・ガンホにバトンタッチしている気がします。そしてソン・ガンホが最終的に善人で終わっていないところも不思議といおうか今までの映画になかった面(私の知るところでは)で、毎度正義の味方であるソン・ガンホとは違う気がします。あれが庶民にとっての正義だと言いたかったのだろうか? と考えもします。

このように、この映画は私に未だ結論を与えてくれないという意味でも画期的な映画となりました。生まれてこのかた一番面白かったことに違いはありません。これが韓国映画のお得意な社会派映画とエンタメの融合といえばそうとも言えるかも知れません。他にもいろいろありますが、いろんなところで言われているので書きません。キーワードだけ述べるなら「線・匂い・水・階段そして石」ですね。特に「匂い」は万国共通の格差の象徴として、欧米人に理解しやすいアイテムとして高く評価されたと聞きます。

最後に言い忘れました。パラサイトとはギテク一家だけではなく、パク社長など上流層も下流層にパラサイトしている存在だといえるのでは？　これも韓国映画特有のタイトルの「ダブルミーニング」でしょうか？

また他の記事でも書いていますが、映画に出るような3LDKにもなる「広い半地下の部屋」は通常存在しないそうで、映画に登場する「貧困」はあくまでメルヘンでしかないそうです。実際の貧困は半地下のワンルームに家族三〜四人が居住する悲惨さ、考試院《コシウォン》、屋根部屋などの一人住いがそれに当たると言われます。あくまでメルヘンだということを前提にご覧ください。

韓国競争社会の縮図？　ドラマ『SKYキャッスル』(二〇一八年)

韓国でも日本でもかなり評判になったこのドラマですが、今回遅ればせながら初めて真剣に見始めました。ご存知の通りこのドラマ韓国で、初放送は視聴率一・七％台と低く始まりましたが、その後上昇を始め、以後記録更新の頂点を打った話題作です。『綜編《チョンピョン》』と呼ばれるケーブル局のドラマの歴代最高視聴率で十二話にして一二・三〇五％、それまで一位だった『上品な彼女』の最終回記録(一二・〇六五％)を軽々と更新、その後もチョンピョン歴代最高視聴率を更新(十五話一六・四％)、チョンピョンドラマ首都圏視聴率初の二〇％突破(十六話二一・〇一％)、チョンピョン初全国視聴率二〇％突破(十八話二二・三一六％)、非地上波ドラマ歴代最高全国視聴率更新など記録づくしのドラマ作品です。

韓国ドラマを扱う本には韓国社会の縮図として必ずといって良いほど取り上げられますが、「定番」を追いかけることがキライな反骨精神？　ひねくれ？　精神が災いして、NETFLIXで配信中なのでいつでも観られるという安心感もあり、延び延びになってしまっていました。しかし、韓国の受験事情や社会事情を理解するためにはこのドラマ視聴が必須といえ、今回放送が始まったのを機会に視聴開始することに相成った次第です。

ということで、本日全編見終え、私なりにイメージが沸いたので満を持してレビューを書かせていただきます。まずはお決まりのあらすじを。

富・名誉・権力を手にする者だけが住む高級住宅街「ＳＫＹキャッスル」。

美しい花々に彩られた豪邸は、ジュナム大学病院関係者のみが入居を許された特権の象徴である。エリート医師を夫にもつＳＫＹキャッスルの妻たちは、子どもを名門大学に合格させるため日夜見えない火花を散らしていた。整形外科医の夫と二人の娘と共にキャッスルに住むハン・ソジン（ヨム・ジョンア）は、隣家に住むイ・ミョンジュ（キム・ジョンナン）の息子が最難関といわれるソウル大学医学部に合格したことを知る。娘をなんとしてでもソウル大に入れたいソジンはミョンジュから合格の秘訣を聞き出そうとし、入試コーディネーターと呼ばれる人間を高額で雇ったという情報を入手。ミョンジュの厚意により、ＶＩＰ顧客だけが招待される入試コーディネーター説明会の招待状を受け取ったソジンは、そこで志望校合格率一〇〇％を誇る入試コーディネーターのキム・

ジュヨン(キム・ソヒョン)と出会う。

そんななか、幸せの絶頂だったはずのミョンジュが夫の猟銃で謎の自殺。ＳＫＹキャッスルの住人たちは騒然とする。その後、ミョンジュの夫スチャン(ユ・ソンジュ)も病院を辞めて姿を消し、もぬけの殻になった邸宅には新しい住人がやって来る。新たな入居者である童話作家のイ・スイム(イ・テラン)と医師のファン・チヨン(チェ・ウォニョン)夫妻は、勉強よりも子どもの健康と自主性を尊重する良識的な夫婦だった。この一家の出現により、ＳＫＹキャッスルに新たな波乱が巻き起こる。(引用　Wikipedia)

久しぶりにWikipediaのあらすじを使用しましたが、良くできています。チト上から目線? このドラマ、噂に違わず観るべきドラマだと実感しますが、特に受験を目指す家庭では必見と見ました。それはキャッスルに住む住人のなかで小さなコミュニティーを形成している四家族(厳密にいうと家庭崩壊で引っ越してしまった家族も含め五家族)、つまり主人公五家族の夫婦十人、そしてその子どもたち九人が一般家庭の典型パターンを全て網羅・体現しているせいです。つまり、必ず自分自身に似たパターンの人間と家族を見ることができるので、自分自身の境遇と重ね合わせて観ることが可能なのです。

このように家族の群像劇を描くところは、さすがは人間を描くことが得意な韓国ドラマだと実感しますが、私自身も子どもの受験戦争を終えた親として、身につまされることが多かったです。

ドラマに出て来る様々な問題を「他山の石」とすべきであると切に思います。ドラマは所謂《いわゆる》『マクチャン(どん詰まり)ドラマ』といえるほどドロドロしたドラマです。出生の秘密、嘘で固めた過去、騙し騙され、殺人疑惑、出世のための泥仕合いなど、ないのは「記憶喪失」くらいなほど、コレでもかと「どん詰まり」のオンパレードです。

物語は主にヨム・ジョンア演じるハン・ソジンを軸に進みますが、彼女自身教育のためなら嘘も買収も躊躇《ためら》わないほど、悪に手を染める人物です。もう一人イ・テラン演じるイ・スイムをもうひとつの軸に物語は進みますが、ややもすればこちらのほうが綺麗事に見えてしまうほど、つまりウソっぽいほど、ドロドロを中心にストーリーが進みます。中盤までは一種のブラックユーモア的に進みますが、二十話以降は殺人を巡るミステリーが牽引して進みます。

このように坩堝《るつぼ》的な展開も韓国ドラマの特徴といえますが、欧米型のキャッスルと呼ばれる高級ヴィラに住むセレブ族の偽善が剥がれる様を或る時には喜劇として、或る時には悲劇としてドラマティックに描いています。

韓国のネットを覗くとかなり長文の解説、論争が載っていました。実際に起こった事件をモチーフに描いているとか、受験や学校制度から見て誤謬が多いという指摘も多くありました。

以前、韓国の学校制度、受験制度について簡単にはブログ記事を書きましたし、詳しく書こうとするとひとコマ使用しても足りないので省略しますが、このドラマは韓国の受験制度が抱える問題点を一部過張やデフォルメ、誤謬はあれど容赦なく炙《あぶ》り出しています。

月並みですが、人間に取って真の幸せとは何だろうか？　という人類における答えの出ない問いを視聴者に問い掛けてくれています。そのような意味で受験を目指す方、受験を終えた方も現時点での自己総括の意味でもこのドラマは必見といえるでしょう。「韓国の受験事情」という世界でもかなり特殊な受験事情だと片付けるにはあまりに「普遍的」で、日本においても大いに有効であることを最後に指摘しながらひとまず、拙いレビューを終えたいと思います。

最後に余談ですが、主人公のヨム・ジョンアはNHKキャスターで、以前「クローズアップ現代」のキャスターだった国谷裕子さんにそっくりです。そしてキム・ソヒョンが『女王の教室』で奇怪な教師役を演じた天海祐希に見えて仕方ありませんでした。髪型や風貌ばかりか役柄も何となく似ているような……ぜひその目でお確かめ下さい。

シリアスなリアルドラマ？　ドラマ『ミセン未生』(二〇一四年)

このドラマは一言で名作です。韓国社会を知るのに必ず観る必要があります。そしてとても面白いです。見始めると吸い込まれること間違いなしです。私が書くべきことはこれが全てです。ミセン未生ってどういう意味かと思ったら 囲碁の用語で「生きても死んでもない石」のことを指すそうな。深い意味があります。まずはドラマの概要を。

囲碁のプロ棋士を目指すも挫折し、母親のツテでソウルにある「(株)ワン」の子会社で韓国の五大大手総合商社の「(株)ワン・インターナショナル」の、ソウル本社に高卒の未経験で入社した主人公チャン・グレが職場の上司や同僚と繰り広げる出来事を中心に描いたドラマ。恋愛や記憶喪失といった従前の韓国ドラマにありがちな要素が一切ないことで注目を集め、新入社員が仕事に奮闘する姿を描いたことで、放送時の韓国で「ミセンシンドローム」と呼ばれる社会現象を起した大ヒット作品となった。日本では、二〇一六年にフジテレビ系テレビドラマ『HOPE～期待ゼロの新入社員』が日本語版として制作され、漫画の邦訳版が出版された。(出典 Wikipedia)

と、興味をそそる書き方です。次にあらすじをどうぞ。

年少期から囲碁の天才と評され、プロ棋士としての将来を嘱望されていたチャン・グレは、父親の死などをきっかけにその夢を絶たれてしまう。未練を残すなかアルバイトを続けていたグレは、母親のツテで大手の「ワン」の子会社で総合商社の「ワン・インターナショナル」にインターン社員としてコネ入社する。グレはオ・サンシク課長(チーム長)率いる営業第三課に配属される。

高卒の二十五歳(韓国では数え年で二十六)で、かつまともな社会経験もないグレは、慣れない職場環境に四苦八苦するが、それでも棋士だったころの経験を思い出して活かし、次第に職場で渡り歩く術を身につけていく。

そして、グレの同期やその上司も、それぞれの仕事や職場の人間関係の苦悩を抱えながら社内や取引先での商談などで奮闘していた。学歴社会や雇用形態、会社の上下関係(特に男性は兵役経験により上下関係への意識が強い)、年功序列、女性差別、汚職、セクハラ、パワハラなど、現代日本と同様な現代韓国のサラリーマンの日常を描いたリアルなストーリー。(出典 Wikipedia)

このドラマ、イム・シワンにカン・ハヌル、カン・ソラにピョン・ヨハンと、良く知る俳優が主演なので俄然興味が湧きました。特に我が家で現在イム・シワンがマイブームなので興味津々でした。多分カン・ソラを巡る主人公とカン・ハヌルの三角関係が主になるラブコメに近いビジネスドラマか？　と高を括っていたら大きく裏切られました。コイバナは一切出ません。カン・ソラはキャリアウーマンとして悪戦苦闘する姿しか見せません。

以前観た『メンドロントトッ』のコミカルな女性経営者兼恋に悩むヒロイン役が板にハマっていたのでその延長を期待しましたが、見事なフェイントでした。もとよりこのドラマのほうが先に制作されていますけど。イム・シワンが魅力的で、初めて放り込まれたビジネスの世界でひたむきに苦闘する新入契約社員の役を好演しています。囲碁の経験を生かして難関を乗り切って行くと聞いたのでありえないミラクルを想像しましたが、そんな子供騙しは出ません。現実に即した考え方や危機の乗り越えで、とてもリアルです。ビジュアル的に最高に甘く可愛さを蓄えていて、いじらしい程ピュアで一本気な初々しさが滲み出ています。ハマり役では無いでしょうか？　あらすじにもありますが、現代韓国社会の実際が分かります。以前ブログ記事にもしましたが、カプチル（甲チル：パワハラの韓国用語）など出て来ますし、現代韓国社会のみならず先進国で抱える雇用問題、正規職と非正規職問題が全面に描かれて、理不尽さが浮かび上がります。日本でも若者の派遣や契約社員などの非正規雇用が社会問題になって久しいので他人事ではありません。その問題を全面から淡々と描いています。そしてその問題を決してキレイ事で済ませていません。挑戦、挫折に次ぐ挫折がこれでもかと描かれて気分が暗くなるほどです。

イム・シワン演じる主人公のみならず四人の主要メンバーがそれぞれ仕事で抱える問題を詳しく追って行く手法は『賢い医師生活』にも似た描き方です。何度もいいますが、こちらが本家ですね。でも、違いがあります。先のドラマはストレス解消で仲間との「ツルみ」とバンド活動に逃げますが、ミセンはそういった逃げや安易な作りをせず、一人悶々と抱え苦しみ、その都度答えを出します。そっちのほうがホントっぽいです。パワハラ、セクハラの嵐で、よく切れないものだと感心するくらい、コチラが観ていて不愉快になります。私は頭に来ると上司にでも反発しますが、一流企業の社員は皆こういう理不尽を懸命に耐えているのでしょうか。チョッピリ切ない結末から、オマケでの良い話まで、お伽《とぎ》話では決してありませんが、最後にホッと幸せな気持ちになります。

その頃のイム・シワンのイメチェンがまた上手いです。印象って髪の毛でガラッと変わりますね。私も髪の毛カツラにしてパーマでも掛けてイメチェンしようかな？　なんてどうでも良いですが。日本でリメイクされたとのことですが、どうリメイクしたのか、もちろん原作には遠く及ばずでしょうが、機会あれば観てみたいです。

このドラマの良さを百分の一も伝え切れませんが、現代韓国社会を深く知りたい方、軽く上っ面の良いラブコメに飽きてシリアスな社会ドラマを観たい方、韓国や世界のビジネス事情（のフィクションによる端くれだとは思いますが）を垣間見たい方、主人公四人も魅力的で観る価値大いにありです。オ次長の存在もとっても良いです。現代ドラマとしてはかなりの名作です、ぜひ。

殺人ゲーム？　ドラマ『イカゲーム』（二〇二一年）

「ムグンファの花咲きました」の遊びをモチーフに使用したドラマ『イカゲーム』が、現在我が家で激しいマイブームを巻き起こしています。

そもそも『イカゲーム』というキャッチーな題名、予告編が興味をそそり、ディズニーランドやＵＳＪを思わせる原色を多用した色艶やかなバック風景など、三次元が苦手でアニメにしか反応しないウチのツインズをも観る気にさせる誘引力を、ドラマは備えています。

ニュースを見ますと、九月十七日に公開されたばかりですが、NETFLIXネットフリックスのオリジナルシリーズである当ドラマが、グローバルNetflixのランキングで二位となり、韓国ドラマの同配信サイトにおける最高順位を更新したとありました。

NETFLIXのランキング集計サイト「Flix Patrol」によると、『イカゲーム』はTV SHOWグローバル部門で米ドラマ「セックス・エデュケーション」に次ぐ二位に入り、これまで韓国ドラマが記録した最高順位である去年公開されたNETFLIX・オリジナルシリーズ「Sweet Home～俺と世界の絶望～」の最高位三位を更新して最高位となっています。

ドラマは韓国、香港、クウェート、マレーシア、モロッコ、オマーン、フィリピン、カタール、サウジアラビア、シンガポール、台湾、アラブ首長国連邦、ベトナムなど十四か国で一位を記録しました。また、アメリカ、イギリス、フランス、ドイツなど三十九カ国では二位となり、とうとう九月二十二日、韓国ドラマでは初めて米国NETFLIXで一位を獲得する快挙を遂げました。

ドラマは広大な空間に閉じ込められた人々が、四百六十五億ウォン(約四十三億円)の賞金のために命がけで繰り広げるサバイバルゲームです。

莫大な賞金が掛かった謎のサバイバルゲームに参加した四百六十五人が、一日一つのゲームをプレーし勝者を目指して、命を掛けた極限のゲームに挑みます。失敗の代価は自身の命です。失格になるとその場で射殺されます。最後まで生き残った、たった一人だけが全てを勝ち取ることができます。

様々な年齢、職業、事情を持った人々が、なぜこのゲームに参加するようになったのか、ゲームの主催者は一体誰なのか、謎は深まるばかりといったふうです。

ここであらすじを。

ある日、謎のゲームへの招待状が、金に困っている崖っぷちな人々の元に届く。年齢・職業もバラバラな四百六十五人の参加者は、悲惨な現状から抜け出すべく、賞金四百六十五億ウォンを目指し、子供の頃に遊んだゲームを想起させる「命懸けのサバイバルゲーム」に挑むことに……。

映像では、謎の人物が統べる、全てが不可解な空間の中で、「だるまさんがころんだ」などを思わせるゲームに挑戦する参加者の姿が描かれる。ただし子供時代に遊んだゲームと違うのは、敗者には容赦ない死が待っていること。果たして勝ち残るのは誰か、そしてこのゲームに隠された目的

とは？（引用　NETFLIX公式サイト）

このドラマは映画『トガニ幼き瞳の告発』『怪しい彼女』『Collectors』を手がけたファン・ドンヒョク監督が演出を手がけました。

イ・ジョンジェ、パク・ヘスのほか、オ・ヨンス、ウィ・ハジュン、チョン・ホヨン、ホ・ソンテ、アヌパム・トゥリパティ、キム・チュリョンらが出演しています。

「ムグンファの花が咲きました」「イカゲーム」など、韓国の子どもたちに広く親しまれている遊びを、生存と巨額の賞金のかかったゲームとして再現し、韓国でも多くの話題を振り撒いています。

このドラマでは俳優イ・ジョンジェが、お金のために生死を分ける命がけのサバイバルゲームに参加し、翻弄される主人公ソン・ギフン役を熱演しています。韓国ではドラマ公開前からイ・ジョンジェの出演だけでも大きな期待を集めたそうです。劇中、イ・ジョンジェ扮するソン・ギフンは多くの人生の危機を経験しますが、コンユ演じる怪しい人物が渡した名刺を受け取り、悩んだ末にゲームに参加します。イ・ジョンジェはこれまで映画『新しき世界』や『観相師《かんそうし》』、『ただ悪より救いたまえ』などでカリスマ溢れる演技をして来ましたが、今回の『イカゲーム』では全く違った印象です。強烈なカリスマというよりは、ギャンブルに入れ込み借金を重ね、少々情けないほどで、親近感のあるキャラクターを演じているのです

ドラマ序盤から彼はリストラ、離婚、サラ金、賭博などで苦労する姿をリアルに表現しています。特に緑色のトレーニングウェアや傷だらけの顔など、ビジュアル的にも破格的な姿で印象深いス

タートを切りました。

ゲームに突入してからは、極限状況の中での生存に対する渇望から混乱と葛藤などを深く描き出し、以前の役の姿が思い浮かばない程新鮮と言える姿でしたが、韓国では見事に変身したイ・ジョンジェの姿で没入度が高くなったと言う、高い評価を得ています。

韓国で初の「デスゲーム」ドラマということで話題をさらいましたが、日本の『カイジ』との類似性、特に「だるまさんが転んだ」を利用した映画『神さまの言う通り』の剽窃疑惑が持たれています。

しかし、監督がインタビューで日本の『バトルロワイヤル』や上記映画など、多くのドラマ映画を参考に制作したと言う通り、韓国古来の児童遊びをモチーフにして制作された初のデスゲームとして価値は見出せるといえます。事実、子どもの遊びは世界共通であり、全く異質なゲームであれ似通った部分が多分にあり、容易に類推することができると言う意味で、スリルとサスペンスを視聴者に与えることに成功しています。

現在、我が家では三話まで視聴しました。クセのある各登場人物たちがどのような行動を見せるのか？　このデスゲームを開催する目的は？　など、監督が意図する主題とその効果をこの目でシッカと確かめるべく、恐怖感いっぱいのこのドラマ『イカゲーム』を視聴したいと思います。全九話と長くないので、これから一気見したいと思います。

二　復讐劇

現実社会の縮図と恥部の発露？　ドラマ『ザ・グローリー』(二〇二二年)

やられました。『ザ・グローリー』。NETFLIXEオリジナルドラマで全八話ということだったので、イカゲームのような軽い気持ちで一気見してしまいました。

しかし、肝心な最終話の八話になっても全く解決しそうな雰囲気がなく、エンドロールを迎えると最後にシーズン2が二〇二三年三月に公開されるとのテロップが。丸々二カ月以上待たないと最終回を迎えることができないとは……多分地上波では放送できないであろう、かなりバイオレンスの水位が高い問題作なので、モヤモヤを抱えたままドラマの再開を待つ間にも悪夢に見舞われそうです。

ドラマ『ザ・グローリー』、公開三日目で世界NETFLIXグローバル非英語部門で三位になり、日本でも今日現在(二〇二三年一月某日)TOP10シリーズ順位で二位を記録しています。

このドラマは幼い頃に学校暴力を受けたソン・ヘギョ演じる、被害者で主人公のムン・ドンウンが加害者に向けて二十年もの長い時間をかけて用意周到な準備の元、復讐する内容を扱ったドラマです。脚本を『シークレットガーデン』『トッケビ』『太陽の末裔』『ミスターサンシャイン』『ザ・キング』などで有名なキム・ウンスク作家が手掛けた最新作ということでも話題を呼びました。ドラマの中のムン・ドンウン(ソン・ヘギョ)は学校暴力のトラウマを二十年間、傷だらけの身体と共に抱え、PTSDにうなされながら生きています。事前に流れたニュースでも学校で受ける暴力のレベルがハンパではなく、リタイアしたくなるほどだとありましたが、観た後の感想も然りでした。

続きが気になるので、私にリタイアする選択肢は与えられませんでしたが、実際私も昨日の夢でドラマ関連の悪夢にうなされました。

ドラマでの暴力描写は、彼女の「輝かしき復讐」を視聴者が否応なく肯定せざるを得ない証人として引っ張るための重要な装置ではあると思われますが、フラッシュバックとして興味本位に断続的に描いている部分もあり、韓国でも批判が多いとありました。それにしてもこのドラマ以外にも、ドラマ『今私たちの学校は』など学校暴力関係のドラマが多いのはなぜでしょう? 日本でもイジメ問題が社会問題化して久しいですが、韓国でのソレはもはやイジメを超えて「学暴《ハクポク》(学校暴力の略語)」と呼ぶに相応しいレベルです。少々ドラマ内容から脱線して固い話題にはなりますが、ついでなのでこの問題に対する私見を述べさせていただきます。

二〇二一年初頭、韓国内のスポーツ界と芸能界で学校暴力論議が巻き起こり、既存の告発運動であるMeToo運動とその用語から派生した暴力反対運動が未だに韓国を揺るがしています。この問題は韓国ならではのサイバー問題と絡み、デマ拡散も含み法廷闘争にまで発展しています。なかには『王女ピョンガン』を途中降板したチスの例のように、事実関係を認めて芸能界・スポーツ界を去るケースも往々に見掛けられます。実際、ドラマだけでなく現実でも学校暴力は着実に頻発しているとのことです。

二〇二二年九月に韓国教育部が発表した「二〇二二年一次学校暴力実態調査」によると、すべての学校で二〇二一年の調査に比べて学校暴力被害回答率が増加する様相を見せており、被害回答率が一・七%(五万四千人)と、コロナ19以降、日常回復で学校登校授業で正常化するにつれ学校暴力の被害も一緒に増加しているとのこと。

小学校三・八%、中学校〇・九%、高校〇・三%で全ての学校で二〇二一年の一次調査に比べて回答率が上昇しており、この問題が韓国に於いて一過性の問題ではないことを物語っています。日本でもそうですが、コロナ19の影響でオンライン授業を経験し、サイバー空間の中で現れる問題点が様々な暴力の様相に変質しております。

LINE(カカオトーク)、匿名掲示板、メッセンジャーなどで特定の学生を対象にイジメが行われ、サイバー暴力が持続するにつれて実際の出会いが行われ、身体暴力と言語暴力が並行される暴力の変異現象が現れています。このようなサイバー暴力の場合、加害者を特定するのが難しい場合が多く、調査に長い時間が掛かります。

参考に、韓国教育部の資料によると、二〇二二年一学期の学校暴力発生件数は一万七六九五件で、すでに前年全体(二万一九二八件)の八〇%を超えたそうで、依然として身体暴力、言語暴力、性暴力、強要、金品恐喝、イジメなどが複合的に起こっているとのことでした。

なぜコレほどに起こるのか? 学校暴力、イジメは社会の縮図です。資本主義社会が弱肉強食の社会な以上、学校暴力、イジメは起こるべく起こる事件であり、特に貧富の格差が大きくパワハラが起こりやすい「権威主義」が蔓延《はびこ》る韓国では特に起こりやすいのかも知れません。

しかしこの問題、日本では「対岸の火事」でしょうか?

世界中でMeToo運動が吹き荒れても唯一日本ではハッキリとした形で起こりませんでした。コレは日本でパワハラ暴力が未発生なのではなく、未だ日本が保守主義の枠に囚われ身動きできない状態にあることの表れだといえます。日本でも格差社会は忍び寄っており、それらの矛盾が沸騰する気配は充分感じられます。韓国社会を「他山の石」として、日本でも一層素早い対策が求められます。

実際、学校暴力は成人した後も被害者を苦痛に追い込むトラウマを残します。専門家は「暴行被害者は立ち向かうことができず、ずっと害を負う自分の存在自体に対する罪悪感と戦うことになる」と警告しています。そして自尊感が崩れた場所に私的復讐に向けた欲望は臨界を越えて沸き上がります。

『ザ・グローリー』を始め、韓国エンタメ界で多く降り注ぐ『学暴復讐ドラマ』は、その沸騰した欲望を込めて見せているのかも知れません。エンタメに政治性、現実問題を絡める瞬発力が韓国エンタメの長所でもあります。このドラマのような社会の恥部を覗くことは激しく強い苦痛を伴いますが、私たち庶民がこのような問題を根絶する対策を絞り出すキッカケになればと、ドラマを観て強く思いました。三月のシーズン2を待ちたいと思います。

ムリな設定を生かせるか? ドラマ『梨泰院クラス』(二〇二〇年)と『六本木クラス』(二〇二二年)

ドラマを語る前に、まずは二〇二二年十月にイテウォンで起こった未曾有の悲劇「梨泰院《イテウォン》惨事」に対する限りない憤りを胸に犠牲者と遺族に追悼の意を表します。

日本で、話題の韓国リメイクドラマ『六本木クラス』が放送されました。普段日本のドラマにさほど興味のない私も楽しみに待ち侘び、楽しく視聴しました。そういえば本家の『梨泰院クラス』もレビュー記事を書かずにいたことを思い出しました。

ということで、今回は『梨泰院クラス』と『六本木クラス』の視聴レビュー記事を書かせていただきます。『六本木クラス』、観た限りでは「日本の現地化(ローカライズ)」が上手くいっているとの印象を受けました。視聴率も九・六%とまずまずの数字。

余談ですが我が家のミックスツインズの娘が『六本木クラス』という言葉の響きが『梨泰院《イテウォン》クラス』に比べて軽く感じるとのたまっておりました。梨泰院《イテウォン》を東京に置き換えるとイメージ的に六本木しかありませんが、確かに朝鮮王朝時代において宿場のような役割を果たした「梨泰院《イテウォン》」に比べて「六本木」という言葉にはあまり歴史を感じません。いっそ旧町名『麻布六本木町』クラス』とでもすれば両者釣り合うでしょうか? チト題名が長すぎ? 梨泰院、街の実態としては六本木よりも新宿一、二、三丁目がシックリ来る感もあるのですが品格からすると新宿よりは六本木ですね。配役も奮っています。

私生活では何かと物議を醸していますが、スポーツマンで爽やか、濃すぎないイケメンの竹内涼真、以前TBSで好演した『テセウスの船』の誠実で愚直な主人公の姿とダブります。そして、このドラマの最大のキーパーソンとなるヒール(悪役)はこの人しかいません。日本の誇る名優で悪役の代名詞となった香川照之。韓国の『半沢直樹』と称されるドラマです、本家本元が一番似合うでしょう。どうせなら主人公は竹内涼真ではなく堺雅人でも良かった? (年齢がダメ?)

日本では少々無理のある設定を何とか「ギリギリOK!」のレベルに持ち上げてくれています。「ムリな設定」については後ほど。まずは原作ドラマの概要と参りましょう。

不合理な世の中、頑固さと客気で集まった青春たちの「ヒップホップ」な反乱が始まる。世界を圧縮したような梨泰院イテウォン。この小さな街、それぞれの価値観で自由を追う彼らの創業神話「梨泰院クラス」。青春たちの創業神話を描いた青春ドラマだ。クァン・ジン作家の同名のウェブコミックである梨泰院クラスを原作としたウェブコミック実写化作品。(引用 番組公式サイト)

次にコチラも原作の制作意図を。

「好きなことばかりして生きられるのか」「一人で生きる世の中か？」

だれでも一度ぐらい聞いたことがあるような言葉。

多くの人がこんな他人の言葉に馴らされてて、自分の価値観を「現実」という「障壁」に合わせて妥協しながら生きている。だれも非難できない。決められた枠の中に自分を当て嵌めるのが大人っぽいし、社会生活を上手くやっていると思われるこの時代なので。

持たない者の「所信」は限りなく「頑固」で「客気」となる世の中。

しかし、そうやって他人と世界に合わせていく人生が本当に豊かに生きる人生だろうか？　誰のための人生なのか？　人生で一番大切なのは自分自身でなければならないんじゃないか？　あなたの人生にあなたはいるのか？

ここに意固地、客気で固まった社会不適応者が一人いる。パク・セロイ。この男はひざまずけなくて高校中退、前科者になった。財閥のパワハラで夢も家族もみんな失って果てしない奈落の中でたまたま歩いた梨泰院の街。

様々な人種、感じの良いエキゾチックな建築物、自由な人たち、各国のおいしい料理。世界が圧縮されたようなイテウォン梨泰院で自由を感じた彼は、再び希望を抱いて惚れてしまったここ、梨泰院《イテウォン》の路地で志の合う仲間たちと創業を始める。

『所信に代償がない、そんな人生を生きたいのです』

主人公パク・セロイは妥協しない。

自由を追う力のない者の所信、必然一緒に訪れる苦難と逆境の中でも自分の所信を貫徹させ、望むことを成し遂げようとする。彼は頭が賢くもないし、並ぶ才能もない。ただ硬いだけ。

そんな普通の人のセロイの澱みのない行動は多くの人々に一時は彼と同じ人生を生きたが、現実に妥協した、または、その険しい道を歩いている多くの視聴者に対して、カタルシスと強い刺激を与えるだろう。（引用　番組公式サイト）

う〜む。この制作意図は沁みますね〜。「誇大広告」過ぎず、ドラマの中心を突いています。普段オーバーに感じる制作意図ですが、ドラマのスケールに似合っていて、さほど大げさに感じないのは私だけでしょうか？　それは、このドラマがそれほどスケールの大きいドラマという裏返しです。

このドラマの本質は社会不適合な主人公たちが理不尽な社会でどう生き抜くかというマイノリティ讃歌的要素を多大に含んでいます。土下座できずに刑務所暮らしまでした社会不適合者のパク・セロイ、Sociopath ソシオパスという精神障害を抱えたヒロイン、ＬＧＢＴ者、肌の色の違う外国人など、社会的弱者たちがひとつの家族まさしく『ファミリー』を組んで社会の荒波に立ち向かう。人気アニメ『ワンピース』にも似た様相を呈しています。

社会に適合できないマイノリティーが『イテウォン梨泰院』という韓国でも特有の「坩堝《るつぼ》」で、もがき苦しみ這い上がって行くサクセスストーリーといえそうです。

梨泰院《イテウォン》は韓国でも特殊な街です。元は朝鮮王朝時代、首都漢城《ハンソン》の郊外の宿場のような『院』があった場所。解放後、アメリカ軍団八軍司令部（別名龍山米軍基地）と隣接し、在韓米軍のナイトライフとして発展。多くの外国人が訪れる観光地になり、様々な文化圏から来た人々が自分たちの文化を梨泰院に伝播したためソウルの代表的な多文化街となった街。外国大使館も多く、梨泰院一洞の人口に対する外国人の割合は二〇一〇年代基準で二五％を超えるそうです。

梨泰院《イテウォン》消防署の丘を登ると、イスラムのモスク『ソウル中央聖院』があり、イスラム教徒が礼拝をささげる姿を見ることができると言い、韓国のイスラム教徒、アラブ圏やトルコ、パキスタン、バングラデシュ、インドネシア、中央アジアなどイスラム国家から来た人々が多い街でもあります。

このような人種の坩堝を舞台として、彼ら社会から弾かれた社会的弱者が「権威」や「権力」に立ち向かう姿が、日本で人気を博したドラマ『半澤直樹』に似たリベンジドラマということで日本でも珍しく男性から多くの支持を受けました。ドラマ『六本木クラス』はその雰囲気そのままに日本での「現地化」を試みていることに好感が持てます。

しかし、バックボーンが韓国と日本では根本的に異なるということを押さえておく必要があります。それは一言で「創業者の人格」です。日本の大企業の創業者は基本「人格者」であり、自らタスキを掛け、トイレ掃除を率先して切り盛りして来ました。子女教育も一部例外はあれど幼い頃から帝王学を施し、子女はカスタマーのサイドに立つように教育され育ちます。すなわち、江戸時代から続く商売の伝統が「社会規範」として社会に染み渡っているのです。敵を叩くにも「慇懃無礼」に、スマートに叩くでしょう。

一方、韓国では商業は元々「賎業」で、伝統はありません。モデルは朝鮮王朝時代に権勢を振るった「守領スリョン」です。買官買職に突っ走り、権力を握ると五年の任期内で元を取ろうと苛斂誅求《かれんちゅうきゅう》の収奪に走ります。権威＝権力で、お金を稼ぐ者は必ず権力を目指します。

このような伝統から、現在韓国でも最大の社会問題といえる『甲《カプ》チル』＝パワハラの象徴という行為が生まれたといえます。実際に韓国で財閥家の二世が日々どれだけ社会問題を起こしているか。創業者と二世の不祥事は決してドラマの世界ではありません。勿論、この『甲《カプ》チル』＝パワハラ文化を今日のように広めたのは長年の軍事独裁政権であることは言うまでもありません。所詮、財閥でさえ成り上がりに過ぎず、権威を持った者は限りなく傲慢で無礼を働いても当たり前だと勘違いしてしまう文化。これは韓国で中々退治できない『風土病』とも呼べる「悪習」です。

このような文化があるからこそ『梨泰院《イテウォン》クラス』のようなドラマが成り立つのであり、日本で同じ行為はあくまで例外に過ぎません。このような意味で、「土下座」にこれほどの執着を持つヒールが、半沢直樹の名土下座シーンで有名な香川照之のおかげで何とかドラマの「ムリな設定」を中和させてくれ、現実味あるドラマとしてなり立てていると見ました（結果的に土下座はありませんでしたが）。この「無理くりな設定」をいかにリアルに描いていけるかどうかが今回のドラマ『六本木クラス』のキモだと見ましたが、やはりと言おうか中盤までは展開が中途半端で低迷しました。その後、後半盛り返しましたが、その最たる立役者は何といっても「欅坂46」出身の平手友理奈の存在と演技です。彼女はドラマ開始前の下馬評を覆しヒロイン役を伸び伸びと演じ、ある意味韓国での配役よりも原作に近い存在感を示し「ハマり役」となりました。

ドラマのリメイクの成功いかんは何はともあれ『ドラマの現地化』です。彼女の好演に引っ張られ『六本木クラス』が『梨泰院《イテウォン》クラス』とは別の「日本ドラマ」として現地化に成功したことがドラマの勝因といえるでしょう。

今回『六本木クラス』視聴に伴い再度『イテウォンクラス』を視聴することになりましたが、何が韓国的で何が日本的か、双方のドラマを見比べるのもドラマファンとしては楽しい作業です。未だの方はぜひお試しを。

ドロドロの意味は？　ドラマ『夫婦の世界』（二〇二〇年）

『不倫』『復讐』『ドロドロ』ドラマ、このドラマは私が観るドラマではありません。このドラマも最初はテキトーにチラ見してただけでしたが、段々とのめり込んでしまいました。

視聴の一番の理由は二〇二〇年三月二十七日基準で、総合編成局、つまり「チョンピョン総編」と呼ばれるＪＴＢＣ局の歴代ドラマで放送局の最高視聴率を記録したとの話題性です。ケーブルＴＶという悪条件にも関わらずものすごい上昇を見せ、八話で全国視聴率二〇％を超え、これは非地上波ドラマ基準三位に相当する視聴率でした。その後も非地上波ＴＶ局での史上最高視聴率を更新し、十六回最終回で遂に全国で二八・三％、首都圏の視聴率は魔の三〇％を超え、最高視聴率三一・六%を記録しました。

韓国でも『マクチャンドラマ(ドン詰まりドラマの意味)』と呼ばれる「超ドロドロ」ドラマです。聞けばイギリスBBC局のテレビチャンネルBBC Oneで放映したドラマ「ドクターフォレストDoctor Foster」が原作だと言います。今でも日本Netflixでベストテンにランクインしているドラマ『梨泰院《イテウォン》クラス』の後継で、二〇二〇年三月二十七日から五月十六日までJTBCで放映したキム・ヒエ、パク・ヘジュン、ハン・ソヒ主演の金土ドラマで、このドラマがハン・ソフィの知名度を上げました。これはリメイクが上手く韓国にローカライズ(現地化)することに成功したということなのでしょう。

主に『歴史中心』を標榜する私がレビューする類いのドラマでは全くないことは自明なのですが、折角の機会なので紹介兼、感想を述べさせていただきます。まずはお堅い制作意図から。

一滴の血も混ざってない二人が家族という垣根を作ってお互いの人生を混ぜて共有するその名前『夫婦』。こんなに崇高な縁が「愛」という弱い輪から起因するということ。噛むほど寒気がする。愛は無限でも不変でもないからだ。夫婦の縁を結びながら私たちは約束する。「君だけを愛するよ」と。しかし、約束は捨てられ、愛は裏切られた。裏切りから始まった憎しみ、そして続くお互いへの復讐。復讐には分相応の対価が伴うもの。復讐とは相手だけでなく、自分まで破壊することだということを知らなければならなかった。私一つ壊れるくらい、喜んで耐えることができる。

しかし、一番大切なものまで失うとは思わない。相手を破壊するほど憎むということは愛のもう

一つの形。これは死ぬ力を尽くしてお互いの首を締める激しい「愛」に関する話だ。（引用　公式サイト）

いつもになくオドロオドロしい文言で、人間の怨念をコレでもかと炙《あぶ》り出します。

あらすじを。

チ・ソヌ（キム・ヒエ）は、女医であり、映画監督のイ・テオ（パク・ヘジュン）と結婚し、息子を出産して幸せな家庭を築いていたが、彼女は、夫や友人から影で裏切られていた。そんな中、彼女はまた帰って来た夫のマフラーから一本の長い髪の毛を見て、浮気と疑う。その日から夫に浮気相手がいるのではと疑心暗鬼になり始める。ソヌの疑い通り、テオは若いピラティスインストラクターのダギョン（ハン・ソヒ）と浮気を重ねていた。そしてテオの浮気は近所や同僚など、ソヌ以外の周囲の人間は周知の事実だった。動揺するソヌの前にダギョンが体調不良を訴え来院する。検査の結果、ダギョンは妊娠していた。夫の裏切りを知ったソヌの行動はやがてエスカレートし、壮絶な復讐計画が始まる！　（引用　KNTV公式サイト）

最近のBS放送では本国放送時より話数を増やして、なるだけカットを減らす方向に行っていることが多く、このドラマも十六話を十九話に増やしています。それでいて観ていて違和感を覚えず、次回への「引き」を印象的に残しているので上手く編集したものだと思います。配信もされており、今後も再放送が多くなされるでしょうからご興味ある方は視聴していただくこととして、ネタバレなしの感想を幾つか述べさせていただきます。

まずは、日本と違う感情の激しさです。実際、韓国人同士電話でも会話でも罵り合いが多いですが、激しい民族だと再三実感する訳です。次にニュースを見ても多いのが日本でも多いストーカー行為です。韓国でも殺人に至る事件が多く、ストーキング規制法が施行開始されましたが、警察の不始末などにより家族まで巻き添えを食らって死亡事件に発展する事件が連日報道されます。感情の激しい国民性なので、暴力事件・殺人事件に発展することが多く散見されます。

次に思うことは訴訟社会と実力行使(つまり法に寄らない非合法な制裁)が罷り通る社会の怖さです。日本に比べ訴訟が多いことは当然緊張感の中で暮らしていることを物語り、それでも救済されない人は自力救済に頼る結果になります。

そのような欧米的社会の危うさを垣間見ることができます。イギリス発の物語ですが、現在の韓国の切実なジェンダー問題が上手く取り入れられていて、我慢しない、耐え忍ばず自分の幸せのために行動するアクティブな女性像が強く描かれています。

韓国でもアメリカ発祥の MeToo 運動が盛んに繰り広げられ、芸能界でも数々のセクハラ・パワハラ・モラハラが表面化しましたが、まさしく男性優位社会で耐え忍ぶことを強いられて来た韓国の女性たちが声を上げ、実力行使に出て来た傾向とその必要性をドラマが汲み上げたことで人気を増したと分析できます。

主人公はダンナの裏切りを黙っていません。様々な形で復讐して行きます。そのうえで相手からの復讐も受け、ボロボロになっても復讐を止めません。名女優キム・ヒエが暴力で死ぬ間際にまで追い詰められても戦いをやめない強い中年の女性を力演しています。ドラマなのでオーバーが多く、予想を裏切る展開が多く見えますが、このドラマも紛れもなく現代の韓国社会を切り取っているのでしょう。離婚後のドロ沼がドラマ後半部分を占めるのでドラマタイトルを『夫婦の世界』とするより『夫婦後の世界』としたほうがシックリきそうです。

最後にいえるのはこのドラマの事件が二人の息子を挟んで行われ、ドラマタイトルを『父母の世界』『親子の世界』と呼んでも良い、離婚した夫婦間の子女、青少年を軸に進む事実です。韓国メディアでもこの問題を一般的に起こり得る問題だとし、「青少年支援法」の在り方を考えさせるドラマだと評論していました。大人がどう携わるべきかを考えさせられます。

このドラマ、暴力シーンが韓国でも批判を呼んだようで、途中から視聴可能ラインが十五歳以上、十九歳以上に高められたそうです。このようなドラマが模倣犯の増加に繋がったり、社会問題を生み出さないことを願います。それにしても若者に見せるには抵抗がありますが、大人が真剣に観るには絶好のドラマなので、視聴機会があればぜひ。

初心・童心に戻れるドラマ？　ドラマ『良くも悪くもだって母親』(二〇二三年)

このドラマのレビュー記事が中々書けませんでした。

どうしてもネタバレが含まれてしまうし、自分の中の「悪いオンマ　ドラマロス」が大きくて冷静に書けそうになかったので。自分の中で新たな発見がさほどなく、前回のレビューと差異点を見出せなかったことも大きく作用しました。しかし、そろそろ書くことにします。

ドラマが終了して大分経ち、落ち着いて語れるようになって来たし、ほとんどの方たちが観終わり多少のネタバレは許されると思えて来たので。他にもたくさんドラマを視聴していますが、このドラマ以外に語りたいドラマが見当たらないせいもあります。

ということで、区切りを付けるためにもレビュー記事完結編と参りましょう。

このドラマ、通常の十六話より二話少ない十四話でしたが、韓国での視聴率は全国一二・〇三二%、首都圏一三・六〇四%と、最高視聴率を更新して終了しました。毎度視聴率を記しますが、韓国の視聴者は正直といおうか眼が肥えているといおうか、作品の良し悪しが必ずといって良いほど視聴率に反映されます。

たくさんのドラマがあり、当初は三~四%台から始まりますが、良いドラマは必ず化けます。オンデマンドも完備され、途中参入しやすいという利点もあるのでしょうが、面白いドラマをトコトン追求する民族性もある気がします。面白いドラマはSNSで大いに盛り上がるのでその眼で確かめたくなるのでしょう。SNSはポジティブな話題のみかネガティブな話題でも盛り上がるので作品にとっては諸刃の剣といえますが、話題が盛り上がる自体関心の多い証左といえます。

なので、韓国の視聴率が高いドラマにハズレはほぼありません。コレだけは断言できます(ただし、コメディだけは笑いのツボが少々異なるので注意が必要です)。このドラマも魔の一〇%を超えているので、日本でも観るに値するというワケです。

それにしても、やはりこのドラマのタイトルは原題通り『悪いオンマ』にすべきでした。長ったらしく説明調の邦題を使わず「単刀直入」「直球勝負」で行くべきで、最近ではウリマル(ハングル)も大分浸透していることでしょうから「オンマ」でも充分通じたと思います。

このドラマには多くのオンマ(日本的にはおかあちゃんという響き)ことオモニ(コッチは母親といえる)が出ます。「カンホ」のオンマ「ヨンスン」、「ミジュ」のオンマ「チョン・クムジャさん」、憎めない「サムシギ」のオンマ「パク・スンエさん」双子の「イェジン&ソジン」のオンマ「ミジュ」みんな子どものために「悪いオンマ」になって頑張るオンマたちです。

このドラマを制作したのは、第五十七回ペクサン百想芸術大賞テレビ部門ドラマ作品賞受賞作「怪物クェムル」を演出したシム・ナヨン監督と、映画「人生はビューティフル」、大ヒットした「エクストリーム・ジョブ〜極限職業」、「完璧な他人」などを書いたペ・セヨン作家で、彼らが意気投合してリリースした作品です。

ペ・セヨン作家は初のドラマ執筆に挑戦しましたが、次のように述べています。

「十五年前映画のシナリオで先に作業をしました。しかし、話のメインテーマと人物関係、葛藤を短い映画に盛り込むには残念な点が多く、いつか必ずドラマにしてみたいと思っていた作品でした」「偶然、ブタが子ブタを産んだら『二十八日』の間だけ一緒にいることができるという話を聞きました。それまでの間に母親のブタは、赤ちゃんのブタに全ての習性を教えて別れなければならないと言います。結局、このドラマは『世界を去る前に私たちの子供たちにどんな人生を、どのような態度を教えなければならないのか？』という質問から始まる話です」

（引用「スポーツ東亜」インタビュー）

と企画意図を明らかにしました。

ドラマを通じて一貫してブタが登場するのにはそんな意図があったワケですね。どんな苦しい思いをしようが、様々な妨害を受けようがブタの飼育を辞めない「悪いオンマ」ヨンスンの姿と心意気はお母さんブタの子どもたちを思う気持ちとオーバーラップします。

そして、他のオンマたちも様々な育児を経験し、時には「窃盗犯」に育ててしまうこともあります。未婚の母に育ててしまうこともあります。父親を知らずに育つ双子を産んで、父親の存在をウソ付いて育ててしまうこともあります。みんな「悪いオンマ」です。

しかし、子どものために良かれと育てるので、その気持ちがいつか伝わる日が必ず来るはず。失敗して子どもにキズを与えてしまったなら心から反省して謝り、その後努力すれば良い。オンマの真剣な姿を見て子どもは良い方向に育つはずです。

シム・ナヨン監督もこう述べています。

「母親も母親業が初めてだから、全てを知ることはできないので、常に子供には『悪い母親オンマ』になるしかありません。なので、お互いに誤解して傷を与えることもあります。しかし、お互いの心を理解する機会が来たら、その機会を逃さないで欲しい。そしてその機会が私たちのドラマだったらいいなと思います。このドラマが終わった時、自分のお母さんを、自分の子供を、互いに反省して理解するキッカケになって欲しい」(引用　同上)というメッセージを伝えました。

三話でドンデン返しがあった後、ヨンスンの「悪いオンマ」が再現されるのに一喜一憂しました。さずがに食事を与えなかったり、池に突き落としたりは少々やり過ぎで、ドラマというよりマンガですが、「悪いオンマ」の行動をデフォルメして描きたかったのでしょう。そうしながらもヨンスンは今までカンホにしてきた教育を反省して謝っています。

前回述べたクールな風貌のイ・ドヒョンが「悪の判事」になる姿と「七歳に戻った大人子供」になる姿がギャップ萌えするほど、やり取りが楽しいですが、そんなコメディの最中にもドラマは一話から描いた「不幸」を一向に辞めようとはしません。我々には親子二人のホノボノとした生活にも早々に終わりが近付いていることが眼に見えて分かるので、どう展開するのかハラハラして眼を逸らせません。復讐は必ず成し遂げるであろうことは容易に想像できますが、あまりに遅々として進まないのでイライラもします。いつもの、用意周到でネチネチと進む韓国ドラマの復讐劇とは全く正反対の展開に我々視聴者は逆に手に汗握ります。

「復讐までの時間がない」

見飽きた展開と打って変わって捻《ひね》った、見慣れない展開がこのドラマの肝《キモ》です。ヒューマンドラマとコメディーを複合させたジャンルですが、見事に成功させたといえるでしょう。欲を言えばヨンスンをもう少し幸せなキャラクターにしてもらいたかったような。本人は幸せだとしてもハタから見ればコレほど不幸なキャラも珍しく、ラ・ミランの俳優のキャラクターに合わせていて、彼女が楽しく演じているから良いモノの、運命が過酷過ぎます。

しかし、人間幸と不幸は隣り合わせ、何をどう思うかは本人の心掛け次第なのかも知れません。「人間万事塞翁が馬」という言葉があるように。

ラ・ミランの凹凸のある演技に癒されました。また、彼女を巡る個性の強い村の人々の造形にも癒されました。村の名前が「チョウ里」です。多分コレは朝鮮語のチョウリ（良いだろう）に掛けていて、「良い村」というネーミングだと思いますが、メルヘンであれ善人たちの巻き起こすドタバタ劇は見ていて楽しくなります。

最後の復讐劇はサッサと進み、少々呆気なくも感じました。他のドラマでは復讐をネチネチと描くのにこのドラマでは復讐が素早くアッという間に終わるので物足りなく感じる側面はありますが、物語の間中に伏線は散りばめてあるので納得行く結末だったともいえます。

十四話、通常より二話少ないですが、もう少し観たいと思うくらいが丁度良いのでしょうか？本当に末期ガンに罹ったらこんなキレイごとには終わらないはずですが、そこはドラマ。誕生日パーティーをしてスピーチをした後、息子に子守り唄を聴かせてもらいながら眠るように亡くなる。ドラマならではの理想的な臨終ですね。

私などアボジ（父親）と長らく会話などできず昏睡状態で、心電図を見ながらのお別れだったので、最後の会話も思い出話もありません。「死に目」を見取れただけでも幸せだと思うべきでしょうけど。

ドラマはメルヘンなので、文句を言い出したらキリがありません。そう、このドラマはメルヘンです。「こうあって欲しい」と思う現代人たちの夢がいっぱい詰まったメルヘンドラマ。ナムWikiのジャンル欄に「家族(ドラマ)」「ヒューマン(ドラマ)」「復讐」「ロマンス」「コメディ」「ピカレスク(悪人ばかり出る話)」とありましたが、そこに「メルヘン」も加えたいと思います。

良い大人も初心(親に成り立ての頃)に戻り、または童心(子ども)に戻って親子関係を振り返って見ることができるメルヘン……。

必見の復讐代行請負人? ドラマ『模範タクシー』(二〇二一年)

以前からずっと観たかったイ・ジェフン主演ドラマ『模範タクシー』をやっと観ることができました。私が、半強制のように韓国ドラマなどいろんなプログラムを視聴するのは勿論、今現在の韓国社会を知るためです。いつの間にか歴史家と言うより「韓国ウォッチャー」になってしまっていますが、社会は知れば知るほどもっと知りたくなるモノです。社会を知るうえでドラマほど、好都合なプログラムはございません。特に韓ドラは社会を鏡のように写す作品を量産してくれますから、足しになることこのうえないのです。

かくいうこのドラマ『模範タクシー』もその内のひとつ。同名のウェブ漫画が原作ですが、現実社会で問題になった事件を取り上げ、社会が裁き切れていない犯罪を気持ち良く復讐・私的制裁を加えてくれます。「007」や「タクシードライバー」「怨み屋本舗」など様々なアメリカ・日本のドラマや映画、マンガ作品を参考に制作しているらしく、それら作品のオマージュになっている場面が多く登場します。

直接の関係はないでしょうが、犯罪者を懲らしめるという意味では山下智久と平野紫耀が主演した『クロサギ』にも似ています。その中で『模範タクシー』が秀でているのは復讐代行のバリエーションとアクションの派手さ、そしてお金が掛かっていることが一目で分かるクォリティの高さでしょう。爆破シーンなど激しい場面が多く、クルマも何台大破していることやら。

まずは企画意図から。

Right is right only when entire"（正義は完全無欠の時のみ正しい）

Victor Hugo（ヴィクトル・ユーゴ）

正義の定義は何だろうか？　まさに「本物」の正義の時代が到来している。「異常の正常化」、本当の正常は「非正常（異常）」になり、異常が「正常」に化けている今日、正義の定義が気になる。

「正義：社会やコミュニティのために必ずしなければならない正しく真っ直ぐな道」

だから正義の時代が到来しているという言葉は即ち、今私たちの社会が正しい道に、とても良い方向に進んでいるという意味のようだ。

ところで…本当にそうだろうか？　本当に正しい道に進んでいるとしたら、一日毎に溢れるあの不思議なニュースはみんな何だろう？

追われて当然のセクハラ教授たちが数カ月後に復職して再び被害生徒を教え、他人に生涯残る傷を残しても、酒を飲んだという理由で罪を減刑され、数百億円を横領しても若干の罰金と執行猶予で生涯を裕福に生きる、法の審判を受けて当然にも関わらず、むしろ法の保護と死角地帯の中に解き放たれる、被害者はまだ許していない加害者を、法の名で許しているあの不思議なニュースはすべて何だろうか？　本当に正義の時代が到来していると自信を持って言えるだろうか？

付け加えなければならない。正義の時代が到来しているが、まだその中に色濃く掛かる影があると。韓国の正義にはまだ暗い影がある。その影を挟んで正義と不正義は相変らず互いに激しく衝突し、前に進んだり後ろになったりパワーゲームをしている。正義と不正義が衝突するその影の間に、この物語の主人公がいる。正義の影の中に模範タクシーの運転手トギがいる。（引用　公式サイト）

私も韓国のニュースを毎日朝晩視聴していますが、日本の常識では首を傾げる韓国司法の常識が多いです。

容疑者を「○○氏（さん）」と呼んだり、よほどでないと氏名・顔写真を公開しないなど……歴史社会的背景があるので一概にはいえませんが、犯罪者が守られているような気が。

翻って日本も上級国民・下級国民と名付けられる司法格差や政治犯罪者の隠蔽など、決して正義がまかり通っているとはいえませんから五十歩百歩なのかもです。

いずれにせよ、「目には目を、歯には歯を」のハムラビ法典の時代とは違って犯罪者が相応の処分を受けず守られ、被害者のみが割りを喰う世の中であることに変わりない社会のような気がします。このドラマはそうした被害者のやりどころのない悔しさや無念を晴らす模範タクシー『ムジゲ運輸』の活躍を描くドラマです。

韓国で「模範タクシー」というと、ぼったくりをしない、乗車拒否をしない、相乗りを強要しない、荒い運転をしないなど、値段は通常のタクシーの一・五倍と高額ながら、正しいもてなしをするタクシーを言いますが、まさに正義を行う集団という意味に掛けたのでしょう。

シーズン1に登場する犯罪は大きく六事件。全部モデルが存在します。

❶塩辛奴隷事件
❷学暴《ハクポク》事件
❸ユーデーター職員暴行事件と不法動画流布事件
❹振り込め詐欺事件
❺男性失踪事件と大規模不法臓器売買事件
❻連続殺人事件、女子大生殺人教唆事件

この内、❷の学暴事件はドラマ『ザ・グローリー』で有名です。

振り込め詐欺事件は日本でもお馴染みなので、被せて観ることができます。どのケースも陰惨で憂鬱になります。例外はあれ二話で一事件解決なので、特に前半部分の一話目は陰惨を通り越して、視聴者はまさに観るに耐え切れません。

しかし、ドラマでは主人公ドギ(イ・ジェフン)を始め、様々な人物への変装やなりすましなど、数々の手段を用いて悪者を懲らしめ被害者の窮地を救うので、後半部分二話目のカタルシスが半端ではありません。韓国の言葉を借りるなら、前半は『コグマ(イモ)』、後半は『サイダー』が満ち溢れる展開です。視聴者はスカッと爽快、見事救われます。

各事件のモチーフがリアルで、細部まで凝っています。コレはパク・チュンウ監督がドキュメンタリー番組「そこが知りたい」や「気になる話Y」などの時事プログラムをPDとして演出した経験から来ると言います。しかしコレほどまでに描かれると、実際にこのような事件に巻き込まれた被害者たちがいることが切なく、鑑賞後に暗い気持ちにさせられます。韓国でも「まるでコレでは被害者へのセカンドレイプではないか?」との批判も出たと言いますから、さもありなんです。

ドラマでイ・ジェフン演じる主人公ドギ始め、復讐代行を手掛ける『ムジゲ運輸』の人々もまた、救われることのない事件によって身内を奪われた被害者たちです。

今も解決しない数多くの事件、直近では『梨泰院《イテウォン》事態』の被害者たちとその家族たちが報われる日は果たして来るのでしょうか? ドラマが軽快で痛快な「サイダー」であればあるほど、現実にも存在する救われない人々の救済が急務だと実感します。

現実はさておき、ドラマはスケールが大きく、笑う場面も多々あって一向に退屈させません。クライマックスに流れる毎度お馴染みのテーマ音楽が痺《しび》れます。エンタメとしての完成度がかなり高いです。

韓国では十九歳未満観覧不可という、大きな制限が掛けられましたが、八・七％と九・四％で始まった視聴率が最高一六・〇％と一七・〇％まで跳ね上がり、最終話一五・三％と一六・六％、平均視聴率一二・六九％の高い数値を叩き出しました。

二〇二三年の四月終映したシーズン2は前作を超える二一・〇％、二一・八％という脅威の数値を叩き出しています。様々な媒体で配信中、DVDレンタルもされていますから、未だご覧になってらっしゃらない方でそれらのメディアに接することが可能な方はぜひお勧めです。

韓国ではシーズン2が終了しましたが、シーズン3も制作決定とありました。当分話題を攫うことでしょう。

三　ノワール・犯罪

社会格差の象徴&裏ミセン？　ドラマ『他人は地獄だ』(二〇一九年)

ＢＤのおまかせ録画で偶然見つけたこのドラマ。見るとドラマ「未生」で数々の感動をくれたイム・シワン主演ドラマです。

高麗時代の史劇『王は愛する』後二年ぶりのドラマ出演とのことで、軍隊除隊後初出演だそうです。『未生《ミセン》』より五年ぶりとのこと。不気味そうなタイトル、雰囲気で私が一番嫌いなジャンルでしたが、なんせイム・シワンが復帰主演作に選んだドラマです。何か理由があるはずで、「虎穴に入らずんば虎子を得ず」の諺に因み恐怖心を麻痺させて視聴してみることにしました。

サイコ・サスペンス・スリラーで好みが分かれます。実際バイオレンス描写が多いことから視聴率も述び悩んだそうです。第一話の最初からオドロオドロしい雰囲気が続きます。

まずはあらすじを。

会社にインターンシップをした後、ソウルに引っ越してきた二十代の青年ユン・ジョンウ(イム・シワン)の物語。泊まる場所を探していると、不吉な安い寮であるエデン考試院コシウォンに出くわし、お金が足りないのでそこに留まることにしました。その場所の質と隣人のソ・ムンジョ(イ・ドンムク)を含む異常な居住者にはいささか気分良くなかったですが、彼は引っ越すのに十分なお金を貯めるまでその考試院に滞在することに決めました。しかし、考試院コシウォンでは不思議な出来事が起こり始め、ジョンウは考試院の住人を恐れ始めます。(引用　英語版 Wikipedia)

ここで考試院《コシウォン》について説明します。

考試院《コシウォン》、コシテル、ウォンルムテル、リビングテル、ハウス、レジデンスなどの名称が多く、名称は違っても面積、インテリアが似ており、考試院法の適用を受ける共通点があるとのこと。名前から分かるように、考試院は元々各種考試(受験)および試験を準備する長期受験生を主な対象とした住宅設備で、受験生以外の人にもコストが他の住宅施設よりも安いため多く供給されています。考試院の主な利用者が学生から会社員に変わり、「コシテル」という名前が流行しました。

考試院を利用する層は大きく三分類に分けられ、

❶まずは受験生

❷次に若い独身サラリーマン

❸そして高齢者、障害者、年金・生活保護生活者、低賃金及び不安定労働者などの都市貧困層です。

このように現在、考試院は単身世帯の典型として、都市貧困層の不安定な住い形式として機能しています。考試院は一九八〇年前後に登場したといわれますが、当時住宅再開発ブームでソウルのスラム（貧民街）がアパート（韓国のマンション）に変わり、都市貧民が住むことができる低コストの住宅が消えたことから出現しました。九〇年代に入り考試院は本来の目的が変質して貧民の住い形態に変わったそうです。一九九七年アジア金融危機に伴う韓国の経済危機が始まり、翌一九九八年から会社員を中心に考試院の利用が増えました。

ソウルの考試院数は二〇〇一年に八一一軒、二〇〇二年一二二九軒、二〇〇三年の一五〇七軒から二〇〇六年には二八一四軒に急増し、二〇〇八年ソウルの三四五一軒の考試院に十万八四二八人が暮らしていることが把握されています。

調査結果から考試院移住者のタイプを見ると会社員（二四・一％）、無職（二〇・五％）、単純労務職（一一・七％）などの宿泊型職群が合計五七・三％を占め、学生（一三・三％）と就職準備生（一九・五％）を合わせた学習型職群（四二・七％）よりも多くの数値で、映画『パラサイト』で描かれた半地下住いと共に韓国の社会格差問題の最前線に位置していることが明らかになっています。

ドラマはサイコスリラーのドラマ展開の中に社会問題をさりげなく織り込んだ模様で、好き嫌いは完全に分かれますが、俳優陣の好演技と併せて最終話が近くなるにつれ大きな評価を得たそうです。とある評論にありましたが、もしイム・シワンが「未生《ミセン》」の会社に就職していなかったらどうなっていたかを描いた「裏未生《ミセン》」だとのことで少々笑えました。サイコが好きな家内と真逆で、私はサイコは苦手ですが、怖いもの見たさも最大限動員して我慢して観ることにします。かなり好き嫌いが分かれますので、サイコスリラーに抵抗のない方はどうぞ。

愛の不時着の原形版？　映画『コンフィデンシャル／共助』（二〇一七年）

『コンフィデンシャル／共助』は今をときめく「愛の不時着」のヒョンビン主演です。探偵バディーもので共和国から派遣されたエリート刑事が韓国で大暴れするお話です。『愛の不時着』以前に共和国人役を既に演じていたとは驚きで、興味津々でした。概要を見ましょう。

共和国のエリート刑事と韓国の庶民派刑事が前代未聞のタッグを組んで危険な犯罪組織に立ち向かう痛快バディ・アクション・コメディ。主演は「愛してる、愛してない」のヒョンビンと「ベテラン」のユ・ヘジン。監督は「マイ・リトル・ヒーロー」のキム・ソンフン。（引用　Google ホームページ）

ヒョンビンのバディ役には、これまた一千万俳優で「一千万人妖精」との呼び名の高いユ・ヘジンと来てますから、期待は高まるばかりです。事実、Google では九三％のユーザーがこの映画を高く評価しています。あらすじを。

アメリカドルの偽札を作成する犯罪組織の捜査にあたっていた共和国の刑事イム・チョルリョンは、上司の裏切りにより仲間と妻を殺されてしまう。偽札作成の銅版を奪って韓国へ逃亡した組織から秘密裏に銅版を取り返すべく、共和国はチョルリョンをソウルに派遣。共和国から国際犯罪者の逮捕要請を受けた韓国は、歴史上初となる南北共助捜査を極秘に契約する。

しかし、韓国サイドは共和国の本当の思惑を探るため、担当刑事のカン・ジンテに偽装捜査を指令。ジンテはチョルリョンの監視任務を遂行する。ヒョンビンが共和国サイドの刑事チョルリョン役を、ヘジンが韓国サイドの庶民派熱血刑事ジンテ役を演じるほか、「ビューティー・インサイド」などで知られ、二〇一七年十月に事故で他界したキム・ジュヒョク、アイドルグループ「少女時代」のユナらが出演。（引用　映画.com）

期待して観た結果はというと、私はさほど面白いとは思いませんでした。あり得ないシチュエーション、あり得ない展開が延々と続くからです。二人の息の合わないバラバラな動き、違和感ありありでした。一言でガッカリしてしまったのです。韓国でも評論家の評価は散々だったそうです。

韓国ネットサイトでも問題を提起していて、韓国コミックアクション映画の中で盗作疑惑が起きた『トゥーカップス』（マイニューパートナー）、『スパイ』（トゥルーライズ）のように、この映画はアーノルド・シュワルツェネッガー、ジェームズ・ベルーシが出演したウォルター・ヒル監督の一九八八年の名作アクションハードボイルド刑事映画『レッドヒート』（Red Heat）と激似しているとの指摘が、既にマスコミ試写会の直後からあったそうです。偽造紙幣銅板の問題や国籍の違う二人の刑事間の友情を描いたという点で、一九八九年にマイケル・ダグラスが出演した映画『ブラッククレイン』のコピーの匂いもかなり漂うという意見です。

また、そのコピーに於いて、よりによって共和国が素材として扱われ、現時点の共和国の実情と全く合わないことも、このような印象を与える大きな要因になっています。共和国人を扱っているので、言葉が通じる点は異なりますが、ほぼアメリカと旧ソ連のバディを描いた『レッドヒート』の盗作レベルだそうです。人気俳優ヒョンビンを起用し、彼に社会主義国に所属する人物としてオシャレで派手なアクションを披露させ、大切な人を悪役に失った主人公の刑事として描いた点、これまた、人気俳優のユ・ヘジンを起用し、作中の舞台となる国(アメリカ→韓国)の、斜に構えた風体でお笑い役の中年刑事がチームを組み、徐々に親しくお互いを認めていくことになる点など、内容は勿論のこと、演出や構成要素も付け足しただけでほとんど同じだというのです。

この映画は、正式に著作権を買って許可を取ってリメイクしたものではないので、事実上盗作といえるレベルです。このように、映画の基本的な枠組みや主人公二人の関係、お互いを認めて行く過程やキャラクター性をそのままコピーしたといっても過言でないレベルの映画が未だにまかり通っていること自体、現在の韓国映画界が持っている固執化された問題点を端的に示しているといえそうです。

この問題は、韓国映画だけの問題ではありません。日本でも同様で、ハリウッド映画がヒットすると、必ず似たテイストの作品が制作されます。「オマージュ」と「剽窃」は紙一重といえますが、こうした体質を抜け出さないことには、アジア映画の世界的な評価は高まらないことでしょう、この件に付け加えるならば、韓国国内の評論家の意見によれば、『リーサルウェポン』と『男たちの挽歌』などの他の名作の匂いもするということです。

これらを総合すると、話がつまらない訳がなく、特にヒョンビンファンを中心に評判を得て、映画そのものは大ヒットしました。公開二週目に、同じ時期に公開されたヒット作『ザ・キング』を抜き一位を獲得。封切り二週目には、なんと六十六万人もの観客を動員しました。二週間で四百万人を突破し、損益分岐点を突破。開封十五日目に五百万の記録、最終的に累積観客数七八一万六五六〇人、累積売上高六三七億七五五五万三八二六ウォンという大ヒットとなりました。

以前ブログ記事で「共和国の描写の歴史」の記事を書きましたが、この映画もステレオタイプを踏襲しています。一言で、素っ気なく朴訥《ぼくとつ》、意思の疎通が困難で、行動が突拍子もなく直情的。それでいて心の底に熱いものを秘めている存在といった感じでしょうか？ 意思の疎通に困難はあれど最後には分かり合える存在というオチが付いているのはお決まりのパターンです。韓国での、共和国に対するステレオタイプをそのまま当て嵌めているので、韓国国民に取っては予定調和といえるかも知れません。

しかし、共和国の人物が韓国ソウル市内の道路や街など地理を熟知して自由自在に闊歩している点、交通事故などお構いもせずに傲慢無礼にカーチェイスする点など、違和感ありありで、私は共感することができませんでした。視聴者は、共感できた『愛の不時着』とのヒョンビンの違いを分析して見るのも面白い作業かも知れません。

このように、この映画は『愛の不時着』の「原型版」ともいえ、そのような角度から一見の価値があると思われます。『愛の不時着』でヒョンビンのファンになった方にも、勿論お勧めです。DVDショップに必ず揃えていますし、NETFLIX 始め多くの配信サービスにてリリース中です。余談ですが、コンフィデンシャル／共助2も制作、公開されヒットしています。

原作へのオマージュが満載？ 映画『シン・仮面ライダー』(二〇二三年)

今回は韓国朝鮮ネタから離れます。珍しく邦画ネタです。今回の『シン・仮面ライダー』は必ず観に行こうと決めました。『シン・ゴジラ』は興味なかったし、『シン・ウルトラマン』は観たいな〜くらいで終わってしまっていましたから、この違いはどこから来るのでしょうか？

多分思うに、それは私(我々)が『ネイティブ・仮面ライダー世代』であることに起因すると思われます。『仮面ライダー』が放送開始したのが一九七一年、私が小学校二年生の頃です。あの頃どうやって情報を得ていたのか覚えておりませんが、皆友人同士、番組開始を心待ちにし、夢中で視聴した思い出があります。つまり、ゴジラやウルトラマンなど夢中で視聴したとはいえ既に存在したヒーローだったのとは違い、ヒーローの誕生とその成長を見守った「親」にでもなった記憶があるのです。私はダークなヒーローが、ダークな映像で活躍する姿が好きでしたし、「ぼくらマガジン」掲載の原作(ほどなく廃刊され「少年マガジン」に転載)もかぶり付いて立ち読みしました。

当時、原作マンガとテレビ放映は同時進行でもストーリーは「別モノ」として進行することが多く、設定やストーリーを相互補完したり、メディアの差により描写に差異が生じることが多々あり、お互いのエキスをスキャンしながら「比べ見」するのがこのうえない楽しみだったのです。基本、視聴層が高めの原作マンガはグロい描写が多く、実写・アニメなどのテレビ放映は視聴者層が低いので人畜無害が多いイメージです（最たる例が『デビルマン』）。

今回、『シン・仮面ライダー』の告知ポスターを観て、当初ダークな映像だった『初代仮面ライダー』のビジュアルに近いモノを感じました。多分大人向けの仮面ライダーのはず、ならばなおさら観なければ……と瞬間的に思ったのです。

また二〇〇〇年代に再開した平成ライダーも子どもたちと一緒に夫婦して「大人視聴」しましたから、私は平成仮面ライダー世代でもあったのです。私は原作者の石ノ森章太郎のファンで、多くのマンガを読んでおり、単行本も大事に持っています。彼以外にも手塚治虫、永井豪などのマンガも好きで、私の世界観形成に大きな影響をもらっています。

このようなヒーローもの愛の中、本日鑑賞した本映画『シン・仮面ライダー』、大いに楽しめました。本作は一九七一年四月に第一作目『仮面ライダー』の放送が開始され二〇二一年で五十周年を迎える「仮面ライダー」シリーズの生誕五十周年作品として企画された映画作品です。新型コロナ禍で二年延期され、二〇二三年三月十八日に電撃放映開始となった模様です。

ココで解説を。

一九七一年放送開始の特撮テレビドラマ『仮面ライダー』を、『シン・エヴァンゲリオン劇場版』『シン・ゴジラ』の庵野秀明が監督・脚本を手がけて新たに映画化。主人公・本郷猛／仮面ライダー役に『宮本から君へ』の池松壮亮、ヒロイン・緑川ルリ子役に『賭ケグルイ』シリーズの浜辺美波、一文字隼人／仮面ライダー二号役に『ハケンアニメ！』の柄本佑を迎え、新たなオリジナル作品として描き出す。（引用　映画.com）

庵野秀明監督の制作発表の際のコメントが奮っています。引用します。

五十年前、当時の小学生男子のほとんどが仮面ライダーという等身大ヒーローに憧れ熱中しました。自分もその一人でした。五十年前にテレビ番組から受けた多大な恩恵を、五十年後に映画作品という形で少しでも恩返しをしたいという想いから本企画を始めました。

本企画は、子供の頃から続いている大人の夢を叶える作品を、大人になっても心に遺る子供の夢を描く作品を、石ノ森章太郎先生と東映生田スタジオが描いていたエポックメイキングな仮面の世界を現代に置き換えた作品を、そして、オリジナル映像を知らなくても楽しめるエンターテインメント作品を、目指し、頑張ります。コロナ禍の影響による制作スケジュールの変更から公開はほぼ二年先となりましたが、何卒よろしくお待ち願います。（引用　公式サイト）

見ると庵野監督は一九六〇年生まれの六十二歳。私と丁度三歳違いですから、彼もまた「ネイティブ・仮面ライダー世代」でしょう。コメントからも「仮面ライダー愛」を存分に感じます。こんな形で愛する作品をオマージュできるなんて、クリエイター冥利に尽きることでしょう。映画を鑑賞した感想としても作品に対する言い知れぬ愛情を感じました。

そして、池松壮亮や浜辺美波、江本佑、そして森山未來など若手実力俳優がこぞって出演していることからも、この企画の壮大さが伺い知れます。次にストーリーを。

本郷猛と緑川ルリ子はクモオーグと配下の戦闘員らに追われ、ルリ子は捕獲される。だが、本郷はバッタオーグに変身して戦闘員を瞬く間に倒し、ルリ子を救出して山中のセーフハウスに身を隠す。そこに現れたルリ子の父・緑川弘は本郷をプラーナの力によって変身する昆虫合成型オーグメンテーションプロジェクトの最高傑作として新たな体にアップグレードしたことを明かす。弘はその力を人のために使ってほしいと語るが、そこに出現したクモオーグによって殺されてしまう。

ルリ子を連れ去ったクモオーグを追って本郷はサイクロン号に乗ってバッタオーグへと変身し、「仮面ライダー」を名乗ってクモオーグを倒す。（引用　Wikipedia）

現代風にリブートしているせいか、「オーグ」や「プラーナ」など聞き覚えのない語句が目立ちます。要は「改造人間」や「生命エネルギー」などといった言葉を「イマ風」に置き換えているワケで、我々年寄りには「ウザい」こと然りながら若者には「説得力」があるかもです。その点は私も平成ライダーで体験済みなので違和感ありません。映像も平成ライダーのようにクリアで斬新な描き方で没入できました。

しかし、のっけから残酷な場面が真っ赤な血しぶきと共に描かれますから、心臓の弱い方は要注意です。小さな子ども連れの方も。特撮ドラマのストーリーに加え、原作マンガのストーリー要素や他の石ノ森章太郎作品の要素も付け加えているので、私のように原作マンガや原作者の他のマンガを知る向きには堪らない作りでした。特に原作マンガに登場する「十三人の仮面ライダー」と仮面ライダー二号が受け継ぐ場面が懐かしく、感慨深いモノがありました。

後から大人になって知ったことですが、本作品は撮影中に主人公役の藤岡弘がオートバイで転倒して全治三〜六か月の重傷で撮影に参加できなくなるというアクシデントが発生し、唐突に「本郷は海外のショッカー支部との戦いに赴き、そのあとを継ぐ新しい仮面ライダー二号が登場する」という展開になりました。主人公を務めた藤岡弘が復帰するまでの代役として、佐々木剛が仮面ライダー二号として役を引き受けたとのことでした。

原作マンガではその部分を補完するために、先の「十三人の仮面ライダー」の戦闘回を設け、本郷猛が死亡(後に生還)し、その戦闘で頭に傷を負った一文字隼人が正義側に寝返り、本郷の意志を継いで彼とテレパシーを操りながらショッカーとの闘いを継続するストーリーが描かれました。映画でこのような原作マンガのオマージュが描かれ、原作マンガを懐かしく思い出しました。

感想は多いですが、まず一つ目の感想は女性の社会進出という趨勢に合わせてか、ヒロインの緑川ルリ子がアクティブで主導的人物に描かれたことがとても新鮮でした。緑川ルリ子役の浜辺美波が好演していて、単なるリブート作品というだけではなく、新たなキャラクターの造形という意味でも作品の進化を実感しました。

次に『シン・仮面ライダー』について何からどこまで語るか言葉が尽きませんが、ひとつ庵野監督の意図が見え隠れする観賞ポイントがあります。それが、本作のキャッチコピー「変わるモノ。変わらないモノ。そして、変えたくないモノ」です。何が初代『仮面ライダー』と変わっていて、何を庵野監督が変えたくなかったのか、鑑賞者により解釈が分かれることとは思いますが、まずは

「大きく変わったモノ」としてやはり「敵組織であるショッカーの目的」でしょう。初代『仮面ライダー』におけるショッカーの目的は「世界征服」という、とてもわかりやすい「悪」でした。

石ノ森章太郎による漫画版でショッカーは「人間のロボット化の計画」も実行しようとします。原作マンガでは年齢層の高い読者層を意識し、途中から公害問題を扱うなど、社会派の要素が強くなって行きます。マンガ版の後半のエピソードでは、日本政府と電子機器メーカーが「人間ロボット化計画」を推進しようとしていて、その前段階として、国民にコード番号を与えて管理する「コンピュータ国化計画」が国会で審議されているという内容が描かれます。コレはまるでマイナンバーのようですが、国民を操る「政財癒着」が描かれるなど、五十年前の少年マンガでこういう世界が描かれるとは驚愕すること然りです。

余談で、昨日舞台挨拶で監督の映画「続編」計画の構想が明かされましたが、先の「国家による陰謀」に近いイメージが明かされ、会場内に大きなどよめきを与えました。それを聞き私は直ぐさま、日本での「政治と悪の組織の癒着」を連想しました。それについては後述します。

話は戻り、しかし原作とは打って代わり今回の『シン・仮面ライダー』では、ショッカーが倒すべき悪であることに変わりはありませんが、組織の謳い文句として「人類の幸福のため」という大義名分を挙げており、その言い分は今まさに日本で問題となっているカルト宗教を思わせたり、「疫病」について新型コロナ禍にリンクしているところもあるなどの設定が目を見張ります。このように、初代の設定からショッカーの目的を大胆に変更し、現在日本でも大きな社会問題になっている「宗教問題」をクローズアップさせるモチーフに設定したことがとっても目新しいです。

さて、日本で「宗教問題」といえば古くは「オウム真理教」ですが、記憶に新しいところとしては、安倍晋三元首相と旧統一教会(世界平和統一家庭連合)の癒着でしょう。二〇二二年、日本では宗教、特に旧統一教会(世界平和統一家庭連合)を含む「新興宗教」と政治の関係が大きく取り沙汰されましたが、そのキッカケは皆さんご存知の通り、安倍晋三元首相の銃撃犯が安倍氏を狙撃した理由を「安倍氏が(彼の)家族を破滅させた旧統一教会を支援していた」と陳述したことに始まります。勿論テロは許されるモノではありませんが、それまで安倍氏に好意的だった世論が彼のその陳述により百八十度変換してしまったイメージがあります。

元より私は『ウリハッキョ(朝鮮学校)高校無償化』を政治の道具に利用し朝鮮学校のみ支給停止、他にも数々の悪事を働いた彼が好きになれるはずはありませんでしたが。この問題に関して、自民党が議員と旧統一教会や関連団体との関係について点検し、二〇二二年九月八日に結果を公表したことも記憶に新しいです。

それによると、議員三七九名のうち何らかの接点があった議員は一七九名、中でも選挙で支援を受けるなど一定以上の関係を認めた議員は一二一名にのぼったとのことでした。いかに自民党と宗教団体が癒着しているかを雄弁に物語っています。

政治と宗教がなぜ癒着するのかについて専門家は、選挙への協力と宗教団体への加護といった両者の利害関係の一致を挙げていて、「数としてはそれほどではなくても、宗教団体からの票の支援は非常に固く確実であるため、とても安心感がある」と述べています。

❶このように宗教団体が選挙の集票面で機能し、

❷宗教団体は、組織を潰されないよう守るために政治家に接近してきた歴史があります。

先の特定の宗教団体と政党の結びつきについて、宗教学者は「国民を置き去りにし、公共の利益を無視した関係だ」と指摘し、「選挙に協力してもらえるからというだけで、自民党の政治家がそのような教団と関係を持っていたのは、日本の政治史上の汚点だ」と述べています。このように戦後、「政教分離」を叫びながらも宗教が政治に利用される遠因として、韓国も含め東アジアでは大半の人々が「無宗教」であり、欧米に比べ宗教問題に疎いこと、言い換えれば「宗教問題」に慣れていないことが挙げられます。世の中に「法的規制」と「社会的規制」がある中で、日本や韓国には「カルトに対する社会的規制」がほとんどなく、機能していないことが指摘されており、法的規制も緩みがちです。このような背景により、日本で統一教会と政治家との癒着を生んだ可能性があります。

映画ではソコまで踏み込んだ内容は描きませんでしたが、庵野監督の「続編構想」によると、原作マンガのモチーフであるショッカーと日本政府の「癒着」を描きたいとの弁でしたので、現在の日本の状況がパラレルワールドで描かれるのではと想像でき、コレら事象が心に浮かんだ次第です。映画ひとつ観てもただ単純に視聴するでなしに現在の社会問題にも心を馳せる必要があると、ことさらながら実感させていただきました。当分『シン・仮面ライダー』にハマりたいと思います。

四　青春・ヒューマンドラマ

野球ドラマの未生《ミセン》?　ドラマ『ストーブリーグ』(二〇一九年)

久しぶりにハマり、一気見したくなるドラマに出逢いました。観終わった今も諸手を挙げて他の人に推薦できます。まるでイム・シワン主演のビジネスドラマの傑作『未生《ミセン》』を観終わった後にも似た爽快感があります。と同時に、久しぶりにレビュー記事を書きたくなるドラマにもなりました。観ている途中も記事を書きたくて指がウズウズしましたが、観るのに忙しくてヒマがなくて、こうして終わるまでノビノビになってしまいました。

このドラマ、前から存在は知ってましたが、このタイミングで観ることになったキッカケは何といっても「パク・ウンビン繋がり」です。お時間のある方に(ない方にも)ぜひお薦めします。先にも述べましたが、『未生《ミセン》』にハマった方には特にお薦めです。スポーツドラマでありながら純粋なスポーツドラマでなく、まさに「ビジネスドラマ」です。『白霜芸術大賞《ペクサン》』で賞を取ったことは知っていましたが、コレほど面白いドラマだとは……。

オマケですが、ドラマの尺も一話二十八分～三十分(CMを挟み二話連続で放送するので正味六十分弱)で、通常のドラマの尺七十分より十分近く短いのでコンパクトで観やすいです。一話三十分毎にクライマックスを配しているので後を引きやすく、区切りやすくイコール観やすいという利点もあります。

さて何から何を述べましょうか。まずは屋上屋を架すようですがタイトルの意味から。

野球を知る方はよくご存知でしょうが、「ストーブリーグ」とはプロ野球で使用される用語です。リーグ戦が終了し次のレギュラーシーズンが始まる間、次のシーズンのための選手たちの自主訓練、余暇活動、休憩及び回復、訓練を通じた競技力強化と共に、チームが既存の選手やコーチたちの再契約や新規獲得、解任または放出、トレード、ＦＡ制度を利用した他選手契約などで戦力補強をする期間です。冬に引っ掛けて『ストーブリーグ』とは良く名付けたモノです。

このドラマはプロ野球の四年連続最下位チーム『ドリームズ』に新しく赴任したＧＭ(ゼネラルマネージャー)が、ストーブリーグ期間中にチームを改革し、立て直すお話です。万年最下位チームの立て直しと聞くと往年の『がんばれベアーズ』を連想しますが、『ストーブリーグ』のタイトル通り、野球選手ではなく球団を運営するフロントがメインです。その意味で、他の野球ドラマとは大きな違いがあり、スポーツドラマというより「ビジネスドラマ」といえそうです。

先に挙げた『ミセン未生』にも近い作り。次にお約束の制作意図を。スペースの取り過ぎですが悪しからず。

ストーブリーグ(Stove League)の意味。

野球が終わったオフシーズンの時期にチームの力強化のために、選手獲得と年俸交渉に乗り出すことを指す。シーズンが終わった後、ファンたちが暖炉の周りに座って、選手たちの年俸交渉やトレードなどに関して口喧嘩を繰り広げることから始まった言葉だ。

一　野球ドラマ

プロ野球の経済的効果二兆ウォン、プロ野球観衆八百万時代、ダイナミックなグラウンド、濃い汗の匂いに熱狂する、プロ野球ファンの好みを狙撃する話。

二　野球ドラマのようなオフィスドラマだ

選手ではなく団長をはじめとするフロントたちの話だ。プロスポーツの脇役のフロントを追いかける、このドラマは実は彼らが単純な影じゃない、冬シーズンのもう一つの主人公であることを見せるつもりだ。

三　オフィス物のような戦争ドラマ

敗北に慣れて腐っていくチームを成長させる過程は、決して身近な、美しい成長ドラマではない。腐ったものを掻き切るために悪辣になって泥だらけになる、醜く熾烈な戦いで成り立つだろう。今日だけ生きるように喧嘩していく主人公に眉をひそめても「弱者でありながら慣性に抵抗する悪魔」を見守るしかないし、応援できることを願って。

四　戦争物のようなヒューマン成長ドラマ

プロスポーツは過酷だ。ビリチームは彼らがビリだということを全国民が知ることができる。そのチームの所属という理由だけで、そのチームを応援する理由だけで、肩が垂れて口数が少なくなっていく経験をして見たか？　最初から最下位だった、抜け出そうと足踏みしても最下位だった人たちは、ビリから二位になるだけでも笑える。やむを得ずどこかに存在するビリが、落ち込まないファンタジーを夢見てこの物語を書いている。（引用　公式サイト）

私はさほど野球に興味がありませんが、野球にさして興味のない方も（ある方はそれ以上に）面白く観ることのできるドラマです。それは断片的にニュースに流れることはあれどトータルで知ることの少ない、野球チームの裏側を全面的に覗くことができるからです。

フロントの各部署の役割が具体的にシリアスに、且つデフォルメされコミカルに描かれます。ストーブリーグ中に起こる様々な出来事〜スター選手の放出、ＦＡ獲得、有望株育成、年俸交渉、二次ドラフト、助っ人外国選手獲得の件まで〜まさに「ストーブリーグ」というタイトルにふさわしい内容がオンパレードで描かれます。ここに、プロ野球界に蔓延る様々な問題〜薬物、違法賭博、イープス（YIPS）問題まで、スポーツ界の固執的な問題点がそれこそ「息継ぐ間もなく」描かれます。

十六話（前後編でカウントすると三十二話）に上記の様々なストーリーが散りばめられていて、しまいには球団売却問題まで休む間もなく綴られるので、いっときも飽きませんが、人間を深く描く韓国ドラマならではの如く人物設定と背景がしっかりしていますから、それらが上辺のみサラッと描かれ少々消化不良に陥っていることが残念でもあります。もう少し話を絞るか時間を増やしたほう方が良い気がしなくもありません。

このドラマ、韓国で大絶賛を浴び、最高視聴率全国一九・一％、首都圏二〇・八％、平均視聴率一二・五％と視聴率的にも大成功を収めました。先にも述べたように二〇二〇年『ペクサン白霜芸術大賞ＴＶ部門ドラマ作品賞』を受賞しています。

余談ですが、韓ドラを長く観ていると、以前ブログ記事にも書きましたが「専門俳優」という言葉がある如く、大体俳優によって役割が決まってきます。大方の予想を裏切ることはありません。今回も監督、カン・ドゥギ選手など……ミスリードさせるドラマの進行でも皆予想を裏切りませんでしたし、一番のキーパーソンだったオ・ジョンセ演じる球団社長もいつものパターンでした。素直に観られず斜め見する、私のような穿《うが》った視聴者にはワンパターンで面白さが半減する怖れはありますが、安定感があり、決して期待を裏切らず安心して視聴することができます。

ドラマのお約束として成功とハッピーエンドは常套として、『未生《ミセン》』同様チョッピリ甘酸っぱい結末まで、眼を離せませんが、ラストで主人公ナムグン・ミン演じる主人公ペク・スンスが我ら視聴者全員に贈るエールにも似た呼び掛けがとてもニクい演出でした。こうして日々日常の戦場で戦う我ら「戦士」はドラマ・映画で何物にも代え難いパワーをもらうワケです。

そのような意味で、日々戦場で新しいミッションにチャレンジしている全世界のチャレンジャーにぜひ観ていただきたいドラマです。私の舌っ足らずな文章がどれほどの意味をもたらすか疑問ではありますが、これにてドラマ『ストーブリーグ』のレビュー記事、一件落着とさせていただきます。未見の方はぜひご確認を。

解放されるまで待てる？　ドラマ『私の解放日誌』（二〇二二年）

不器用な人たちのドラマです。観ていて胸が苦しくなるような。

主人公兄弟三人の状況説明で第一話が終了します。その間の所要時間「一時間十分」です。二話目も同様に暗いです。これだけで観る気が削がれ、脱落する人が多い気がします。私も二話の途中まで観てイヤになりました。

このドラマのモチーフはコンプレックスよりの解放だと受け止めました。同時に「器用になれない不器用な人たちが自分のアイデンティティを見つけコンプレックスから解放されること」を主題としているような。

そもそもタイトルから類推できますよね。分かってはいても延々と暗い話が続くとイヤになりませんか？　そもそも『私の解放日誌』という題名からダサくないですか？　臆面もなくそんな題名を付けるドラマって、少なくとも日本ではあり得ないと思います。

その意味ではさすがは韓ドラです。タブーがありません。まして、スタジオドラゴン制作なのでチョイスに失敗はないはずです。なので NETFLIX だし、しばらく放って置きました。また観る気が湧いたら観ようと。こんな見方ができるのが「ネトフリ」の良いところですね。気分が乗らなければ放置して、気が向いた時に続きから観ることができます。

どんなドラマでも没入するには必ず共感できる部分が重要だと思われます。特にこのドラマのように人間を描く「ヒューマンドラマ」には共感できる部分が大いに重要です。

ドラマに没入できる条件としては

❶同じ経験があり理解できる

❷経験はないが、状況から見て理解できる

❸全く見知らぬ状況で驚きとしてインパクトがある

といったところでしょうか？　しかし、共感して没入できるとしても観る側がそれを受け入れられる状況にない限り観ることが苦痛です。

このようなヒューマンドラマでその苦痛を跳ね除けるためには、

❶その苦痛な作業を我慢できるほど、ドラマ制作者に信頼がある

❷出ている役者が好き

❸時間的余裕がある

❹絶望・幸福の真っ只中にあり、ドラマ視聴により自分が癒される

❺口コミなど評判が良い

❻単純に先のストーリーが気になる

などの条件が付きます。私もそういった条件が揃うまで放置しました。

しかし、私はドラマレビュー記事を書くという使命があることと、韓国社会に対する新たな発見

があるかも知れないという期待感も存在するので、リタイアする率は多少、少ないように思えます。「必ずや最後まで視聴して感想を書いてやる！」という変な意固地精神が私の背中を押しました。

ところが、やはりというかあっぱれというか三話目くらいから先のストーリーが気になり始めました。韓国ネットサイトを覗くと六話目から反転が始まり面白くなると書いてあったので、信じて進むしかありません。そもそも主人公のキム・ジョン演じるミジョンと正体不明な人物「クーさん」ことソン・ソックの恋の行方が気になります。

それにしてもこのドラマの作家さんの特徴とのことですが、通常日常会話で使用されないセリフに戸惑います。ミジョンがクーさんに言います。

「私を崇めて！」

朝鮮語で言うと「ナルル　チュアンヘヨ！」

ヒットラーやスターリンでもあるまいし、目の前の自分を崇めろなんて言うわけないし、そもそも崇めるってどういう行為？　女王様として扱えってこと？　笑えますよね。

自分自身に自信のないヒロインに、曖《おくび》もなくこういうセリフを吐かせることのできる脚本家に脱帽です。そういえばこの脚本家の以前の作品『マイディアミスター私のおじさん』も設定が当初批判を浴びたものの、回を追うごとに共感を得て視聴者を感動の渦に巻き込んだとか？　影響を受けやすい、単純な我が家の家内も感動したと申しておりました。私も時間を見ていつかは視聴しようと思いますが、そんな口コミを目にすると何となく愛着が湧いてきて嬉しくなります。よし！

レビュー記事書くには打って付けだ！　と。

ということで、何気に吸い込まれるこのドラマ、制作意図が奮っているのでお読みください。

人生で本当に心が楽で良かったことがどれくらいあったのか？　いつも何かしなければならないと思うから、何とか一日を満ち足りて生き抜かねばならないという強迫感に悩まされながらも、体は動かしてくれないし、状況は思い通りに回らず……退屈な日々の繰り返し。

特に大きな問題があるわけでもないのに、なぜ幸せではないのだろうか？　だからといって問題がないともいえない。問題があるわけでもないし、問題がないわけでもないし。

正確に言えることは、幸せではないということ。

解放。やって行く。喜び。そんなのを感じたことがあったっけ？

「あ、いいね。これが人生だよ」と本気で言ったことがあった？

長い人生を生きながら、そんな感情を一度も感じられなかったということがおかしくない？

こんなに遅々と進まないように暮らすのが人生であるはずないじゃない？

どうすればそんな感情を感じることができるだろうか？

もし何も計画せずに、そのまま流れてみたらどうかな？

もしどんな人でも愛してみたらどうかな？

(人との)関係で一度も満たされたことがないので、こんなに無気力なんじゃない？

田舎と変わらない京畿道の終わり、片隅に住んでいる、平凡からも少しはみ出ている三兄妹はある日、息苦しさの限界に達し、道を探すことにした。各自の人生から解放されることに！

（番組　公式サイト）

描き方がオーバーです。田舎だといっても日本ではここまでずれている状況は理解できません。日本では東京から一時間半行ったって都会です。東京を出てしばらく行ったら全くの田舎で農家だなんて、日本ではあり得ないでしょう。せめて二時間半～三時間くらい掛けないと。そうなると、とても通えません。多分、「ソウル共和国」なる韓国ならではの状況でしょう。一時間半電車を乗れば同級生が五～六人しかいない田舎。でも私自身、田舎者のコンプレックスは理解できます。私の母校、東京朝鮮第二初中級学校も都心近くにあるにも関わらず昔から人数が少なく、純朴だったせいで一種侘しい思いをしてきました。日暮里や北千住、池袋、品川といった都会ではなく、繁華街もない江東区枝川の小さな学校だったのでサッカー以外これといった特色もなく、貧乏な地域で人数も少ないせいで目立たず地味に過ごしました。ましてや高校に通うと高田馬場や池袋といった繁華街を通って通うので遊びを覚えてしまい中退する率が高いと小さい頃から聞いていました。数が少なくて派閥を利かせることもできず、田舎者が少人数で団結力もないのが嫌でした。なので、高校に入るとサークルや他校の友人と過ごすことが多かった気がします。今思えばコンプレックスの固まりだったのでしょう。

そんな遠く忘れていたことを思い起こさせるドラマは正直、キツいものがあります。誰でも人知れぬコンプレックスがあるはず。だからこそこのドラマに没入できるのですが。

ちょうど五話まで視聴完了しました。兄弟それぞれのコイバナ（恋話）が始まり、そちらも楽しみです。謎の人物クーさんことソン・ソックの存在感が大きくて、どんな事情があるのか先が楽しみです。兄弟三人と合わせ四人がどう解放されるのか、飽きずに視聴したいと思います。

悲喜交々《こもごも》の乗り合いバスドラマ？　ドラマ『私たちのブルース』（二〇二二年）

【1】

表題のドラマ、人気俳優が大挙出演する話題作で社会派ドラマということもあり、『私の出番だ（と勝手に思い込んでいる）』とばかりに懲りずに観てはいるのですが、急にストレッチもなしに大きな海に飛び込んで泳ぎ始めたかのような視聴感想に戸惑い、どのタイミングでレビュー記事を書くか躊躇《ちゅうちょ》するばかりでした。さほど先に進むのが楽しみなドラマでもないので、後回しになってしまい尚更レビュー記事を書くタイミングを逸してしまいます。

取り敢えず七話まで視聴を終え、ようやく自分なりのイメージが湧いてきたので、「亀レス」（死語？）ですがレビュー記事に突撃させていただきます。

そもそも、私は小さな頃から「妙な完璧主義」的な性格で、何事も疑問を解消しないと一歩も先に進めない性質《たち》なのです。このドラマについて言えば、そもそも「ブルース」って何のことで、なぜこの題名にしたのか、何をどう描きたいのか……自分なりの説得力が湧いてきませんでした。

上記の通り、いきなりどんな海か分からない海に投げ込まれ、その海でどう泳げば良いのか分かりづらいドラマだったのです。なのでここで、ドラマの制作意図を引用します。いつもの如く、いえいつも以上に長いのですが、このドラマは制作者の意図を参照せずには一歩も進めません。

私たちのブルース

このドラマは人生の果て、あるいはクライマックス、または始まりに立っている全ての人生に対する応援だ。応援を受けなければならない人生が別にあるのではなく、ただ今、この瞬間を生きているということだけでも人生は時には祝福されることではなく、限りなく手強いものだということを知っているから、作家はその人生そのものを思い切り「幸せになれ！」と応援したい。

一人だけの息子(ドンソク)と優しい言葉のひとつも交わせない七十中盤のオクドン、持っているのはただ、何でも屋のトラック一台と角が立った気性だけの四十前半のシングル(独身)のドンソクと、夫はもちろん子供三人を先に見送って、長生きしたのが明らかに罪だということを証明する七十初盤のチュンヒ、一日に二十時間、魚の頭を叩いて内臓を取り除いて一生兄弟たちの面倒を見ても、せいぜい「恩着せがましい」という悪口しか返ってこないアラフィフ(五十代)のシングル(独身)ウンヒ、離婚されて丸裸で故郷の済州に戻ったソナ、貧しい家庭で一人良くできて大学を出たけど所詮はただのサラリーマン人生、ゴルフ選手を夢見る才能ある娘がいるけど「援助」に腰が曲がって、足が折れた「キロギアッパ(単身赴任)」のお父さんハンス、海女として水に入り、強情っ張りで食べて暮らすのには怖くないけど何の事情か、誰とも深く付き合おうとしないヨンオクと、あまり欲がなく、みんながソウルに行っても故郷の済州と家族を守ると、あっさり船乗りとして残ってせめてもの欲といえば、愛する女性と済州のこの海辺で二人きりで仲睦まじい、素朴な新婚を夢見たのが全部なのにそれさえも簡単じゃないチョンジュンにも、このうんざりな済州と『サムチュン(叔父さん)』たち(済州の言葉では他人も全部おじさん)、父親から抜け出してソウルの大学に行こうとしてドカッと足首を掴まれたヨンジュとヒョンイにも、「子供を育て間違えてた」と悪口を言う人は置いといて、死に物狂いで育てた子供にさえも「お父さんがしてくれたことは何?」「これから私の人生に干渉しないで!」とあらゆる悪口を言われ、崩れる父親たちのパン・ホシクとチョングォンは勿論、親、兄弟、夫、子供にまで心で捨てられて行き来するところがなくて死にたい気持ちで最後の藁でも掴むように、訪ねて来た親友(ミランの立場では)ウンヒに慰められるどころか傷つけられたミランと、ある日何の訳も知らずにお母さんとお父さんに去られて見知らぬ済州のおばあさんの家に落とされた六歳のウンギまで。

作家は「崩れるな、終わってない。生きている、幸せたれ」と応援したかった。暖かい済州、生き生きとした済州「オイルジャン五日市」、冷たくて荒い海を背景に十四人の酸っぱく甘く、辛く渋い人生の話をオムニバスという圧縮されたフォーマットで叙情的で哀切に、時には楽しく涼しくて洗練されたていで伝えようとする。いろんな映画を続けて観るような楽しみに、ホノボノする感動まで、欲張ってみる。(引用　公式サイト)

余談ですが、翻訳って何が難しいって、作家の意図(だと思えるであろう事柄)をストレートな直訳でなしに翻訳者のインスピレーションというフィルターで「意訳」して伝えることです。唯一正しい翻訳も存在しないと思うし、正解もこれまた存在しないと考えます。

本論に入りますが、作家は上記の意味、人間たちの「喜怒哀楽」を全て込めて『ブルース』と名付けたのでしょう。先程述べた、ひとつひとつ確認したくなる面倒な性格の私としてはこの「ブルース」という概念もほじくりたくなりました。Wikipediaの記事を参考に述べます。

ブルース(Blues)とは、米国南部でアフリカ系アメリカ人の間で発生した音楽の一ジャンルで、十九世紀後半ごろに米国南部で黒人霊歌、フィールドハラー（農作業の際の叫び声）や、ワークソング(労働歌)などから発展した音楽だといわれています。一言で魂の音楽といえそうです。

ジャズが楽器による演奏がメインなのに対して、ブルースはギターを伴奏にした「歌」が主役であるとのこと。アコースティック・ギターの弾き語りを基本としたデルタ・ブルース、カントリー・ブルース、エレクトリック・ギターを使用したバンド形式に発展したシカゴ・ブルースなど多様に展開しています。

ブルースの語源は「悲しみ・憂鬱」の感情を英語で「ブルーblue」と表現することに由来しているそうです。ブルースは悲しみ・憂鬱の他に「恋の喜び、性的な内容、時事問題、白人社会や人種差別への反発や喜怒哀楽」など、あらゆる感情を表現します。「Blues make me happy(ブルースは自分を幸せにしてくれる)」という言葉があるほどで、元々ラップが「奴隷として繋がれた黒人の感情の吐露」といわれていますが、音楽的に先取りしたものともいえそうです。

ブルースは二十世紀以降のポピュラー音楽に幅広く影響を与え、ジャズやロックンロールのルーツのひとつとしても知られています。自然発生的に発達した音楽が一九〇〇年代に白人によって楽譜化され、いつしか世界的な音楽になりました。

日本でも一九六〇年代に江利チエミや青江美奈などスターが排出され、スタンダードになりました。私の好きな上田正樹の曲「悲しい色やね」や中村雅俊の「恋人も濡れる街角」、中森明菜のカバーで知った名曲「色彩のブルース」なども全てブルースです。普段、J-POPにどっぷり浸かってしまい、世界の音楽の流れに疎い私ですが、何となく人間の喜怒哀楽を率直に表現した音楽とイメージすることができます。

このドラマ、不思議で独特な表現手段を取っていて、登場する十四人全員が主演です。私自身、アメリカなど海外ドラマ、映画のトレンド、チャレンジに詳しくはありませんが、「同時多発的ゲリラ」手法を駆使して画期となり、韓国国内で絶大な人気を獲得した『賢い医師生活』にも似た作りを感じます。まさに同時多発的に済州島で起こる事件・ドラマの数々。絡み合う人々により同時多発的に発生するので視聴者は戸惑います。

ちなみに『スルイセン(賢い医師生活の略語)』には基になったアメリカドラマで、二〇〇五年から放送された『グレイズアナトミー』との近似性がイシューとして取り沙汰されましたが、今作に「オマージュ」作や近似作が存在しないとしたら(モノ真似が悪い訳ではありませんが)、またもや韓国エンタメの面目躍如となる記念作になるのではないでしょうか?

エピソードは大まかにタイトルごとに区別でき、それぞれタイトルにある人物たちがその回の主人公です。済州島という、韓国でも特殊な歴史と文化を担う舞台で繰り広げられる様々なストーリーに心が痛み、希望を見出し、まるで「ブルース」というタイトルがしっくり来るほどの人間模様を描いています。大勢十四人の主人公たちによる「人間讃歌」です。

私は現在七話まで視聴完了しました。先日(六月十二日)、韓国と全世界で好評裡に終映したとのこと。近日内に視聴を続け、頃合いを見て再度出没させていただきます。

【2】

今日八話で、思わずひとり泣きました。ボロ泣きです。思わず呻きそうになったので、家内にバレないように声を必死に堪えて泣きました。幸い、家内は横で軽くウツらウツらだったので気付かれなかったと思います(この記事を読めばバレますが九九％観ないんです)。

大事にしてきた高校生の子どもたちの突然の妊娠騒動。これをキッカケに始まる親との不協和音。親の無理解に接した子どもたちの、これまで耐えていた親への爆発が、同じ子どもを持つ親として身につまされます。果たして自分は子どもたちに恥じない親として生きて行けてるかな……と。

そして八〜九話を全部見終わり、一言で感動しました。誇れぬ過去を抱え、あらゆる悪口を言われ、それでも子どもの将来のために命懸けで生きて来ても子どもたちに裏切られ、崩れる父親たちパン・ホシクとチョングォンの、過去の経緯《いきさつ》多い友情にも。こんな急に人をボロボロ泣かせるなんてオキテ破りです。今や長いこと犬猿の仲（アンスク快宿）になってしまったパン・ホシクとチョングォンが、子ども同士の妊娠事件をキッカケに、互いの誤解と気持ちを吐露し、互いの涙の中で和解しますが、台詞が粋です。訪ねて来たパン・ホシクはヨングォンに言います。

「ジョンヒョン（ヨングォンの息子）を許してやってくれ。それとコレからアニキって呼ぶよ」

それを受けてヨングォンが言います。

「何だ？　ヤクザみたいに。（実際に過去ヤクザでした）サドン（相舅：あいやけ～婿の親と嫁の親との間柄）って呼べよ」

粋な会話です。

それと、前回も述べましたが、舞台やスタイルは異なれど『スルイセン（賢い医師生活）』の世界を彷彿とさせます。『スルイセン』で研修医役のミックスツインズ、ホンドとユンボクの片割れを演じたペ・ヒョンソンが良い味出してます。上記ドラマに出演していた時にも思いましたが、どことなくパク・ポゴムに似ています。と思ったらパク・ポゴム二世との異名があるそうな。「だろう？」と家内にドヤ顔しました。真っ先に私が述べたので。彼ペ・ヒョンソンの存在で、コジつけですが『スルイセン』との繋がりを感じさせてくれます。

私は済州島を舞台にした人情ドラマが二回目で、以前にもユ・ヨンソクとカン・ソラ主演の『メンドロン・トトッ』で楽しみました。そういえば同じくイ・ビョンホン主演の『オールイン』も舞台が済州島でしたっけ。コチラはカジノを描くために済州島を舞台にしただけで、いつもの「竜頭蛇尾」、何の余韻も残らないカス・ドラマでした(ドラマとイ・ビョンホンファンの方スミマセン)。

チェジュのこと、実際のところ良く分かりませんが、私のイメージとしては「北海道と沖縄を足して二で割った」存在です。

❶本土と離れ独自の歴史を歩き、❷政治犯の流刑地として様々な文化が流入し、❸おおらかな南国の気候と厳しい経済の双方に囲まれ、❹特に「救国の歴史的大事件」を経験し、❺島国の優しい人柄溢れる人気の島、❻東洋のハワイと称えられ、内外の人気を集め、❼ソウルから飛行機で一時間という利便性から人の往来が絶えない。

ドラマ『私たちのブルース』はこのような特殊な場所を舞台に、人間関係が狭く噂話の絶えない、ある種煩わしさは大いにあれどそれすらも超える人情味溢れる済州の魅力を満載したドラマだといえます。あまりの感動に、つい筆を取ってしまいました。ぜひみなさんもご視聴ください。

宇宙から来たオジサン?
ドラマ『マイ・ディア・ミスター〜私のおじさん』(二〇一八年)

このドラマ、観ることになったキッカケはパク・ヘヨン作家の『私の解放日誌』配信開始です。上記のドラマも話題を呼びましたが、ドラマ配信開始時に「あのマイ・ディア・ミスター〜私のおじさん〜の作家の新作」と盛んに宣伝されました。少々暗い展開ながらも人間のヒダを上手く描いたとの評を得た『私の解放日誌』を私も意義深く鑑賞したので、同じく上質なヒューマンドラマとの評価を得た本作品に俄然興味が沸いたのです。

聞けば韓国では放送開始前にいわれなき中傷を浴びたとあり、「初盤は暗くてリタイアしそうになるのでガマンが必要」との評論家のレビューもあったのでどれだけつまらないのかと多少構えて視聴し始めましたが、リタイアしたくなるほどに苦痛というほどつまらないワケでもなくスムーズに視聴できました。

後で知ったことですが、韓国でこのドラマが当初誹謗中傷を浴びた理由は主演二人の年齢差にあったようです。主演イ・ソンギュンとＩＵことイ・ジウンとの年齢差が十八歳ということで、日本以上にコンプライアンスやルールに厳しい韓国ではドラマ設定上でも厳しい眼が存在するので、年齢差の大きい二人がラブラインを形成するのでは？　と不快感を催す視聴者が多かったことに端を発します。中年男性が歳若き女性をたぶらかす如き設定と誤解した一部ネチズンの勇み足だったワケですが、ドラマ放映が始まり話数を重ねることでかような内容では決してないことが判明し段々と誤解は解けて行きました。

逆に「足長おじさん」の如く不幸な身の上に置かれた境遇の若者をサポートする主人公男性と、彼の誠実さに段々と感化され道を踏み外し掛けた若い女性が身を持ち直すストーリーが視聴者の共感を呼び視聴率は伸びて行きました。三・九二三％から始まった視聴率が七・三五％、八・一七〇％まで駆け上り、大ヒット作まではいきませんが心に残る作品として語られるようになりました。

ここで制作意図を。

ドラマの中の主人公の男性はすべて能力者だ。医者・弁護士・実業家のように羨望の職業を持っているとか、記憶力・推理力のような優れた知的能力を持っているとか、却って現実世界のどんなこだわりも受けない「宇宙」から来た人だとか、いずれも能力者だ。さて、我々の周りに実際にそのような能力者がいただろうか？　いたとしても、そんな能力者たちのおかげで感動したことがあったろうか？　人に感動したい。騒しくはないが人間の根源に深く根付いている人々に。

ここにおじさんがいる。見上げるキャリアも、羨ましいほどの能力もない。ただ道理にのっとって生きて行くだけだ。しかしその中には九歳の少年の純粋さがあり、惰性に染まらない鋭さもある。人間に対する本能的な暖かさと愚直さもある。我々が忘れていた「人間の魅力」を見せてくれるおじさん。彼を見ると、澄んだ水に目と耳を洗われる気がする。路上に溢れているどこにでもいるおじさんたち。みすぼらしくてなさけなく見えた彼らが、愛らしくて悶えるだろう。涙が出るほど笑い転げて視聴しながら終いにはワンワン泣くだろう。（引用　公式サイト）

この説明はドラマを観た後でないと理解し難いかもです。まわりくどい表現なので尚更。視聴し終わった後に読めばナルホドという思いにもなります。

このドラマの主人公は紛れもない、冴えない中年のサラリーマンです。後輩に出世で抜かれオマケに妻まで寝取られ（その後輩と不倫される）、と一向に冴えません。勿論ルックスは充分カッコ良いんですが。

その彼が複雑な境遇の不思議な二十一歳の女の子と会社で出会ったことで彼の奥底の人間性が滲み出てきます。その彼の真摯な姿勢にほだされ、道を踏み外していたヒロインも段々と立ち直って行きます。精神的にも人生においても。

ただ、私が視聴して感じたのは主人公の男性が全くの曇りもなく偏見を持たない聖人君子であることに「出来過ぎ」感、違和感を抱きました。皆がヒロインを「前科者」だと罵ろうとも断固として彼女を庇い彼女を信じます。彼女はお金のために頼まれて「盗聴」をしますが、彼女がいない場でも彼が彼女を擁護する言葉を（盗聴して聞いているので）彼女は絶えず聞いています。その彼がどんな場でも彼女を擁護し悪く言わない事実にヒロインはほだされ正しい道に進むことになりますが、人間であれば十の内一〜二は悪口や愚痴などが表れるはず。自分の子どものようにその人間の人生を長い間見てきたなら信念を持って擁護できるでしょうが、一〇〇％擁護は行き過ぎです。「普通の冴えないおじさん」ではなく「イエス・キリストのような聖人」です。真似はできません。制作意図でいうところの「能力者」です。そう思うと制作意図とは反対で、主人公はこの世にほぼ存在しない特別な「能力者」のオジサンになります。

ドラマなので多少このようにオーバーな設定はありますが、現実の市井のオジサンも「買春」や「援助交際」「セクハラ」などを繰り返す輩《やから》ばかりではありません。損得なしに若者の人生を憂い、彼らのために一肌も二肌も脱ごうと必死に行動するオジサンも多いです。まだまだ若者のつもりの私もオジサン、間違えればオジイサンですから同じ境遇に置かれれば主人公に近い行動をすると思います。（勿論、一度や二度は文句や悪口を言うと思います。そうでもなければバカらしくて行動できません。）

主人公二人の眼に見えない友情（といえるかどうか）が実って行く展開がこのドラマのキモといえそうです。他に、他の方のレビューで主人公男性の兄弟三人の関係性が見どころだとありました。確かに主人公以外はどうしようもない兄弟たちですが、底辺に置かれながらも必死にもがく姿、心の奥底で強い兄弟愛で結ばれている三人の関係性、そして下町の人情ある街で彼らと周辺の人たちが織りなす風景も見どころといえます。

舞台になった「ペクビン踏み切り」がヒューマンドラマの名場面に欠かせない名所として最近購入したドラマロケ地本『韓ドラTrip!』に掲載されていました。確かに踏み切り近くの夜景が印象的です。ソウルの下町風景が心に染みるような。

このように多少教科書的ではありますが、「人を救うのは真心からくる愛情のみ」であることを実感させてくれる秀作ドラマ『マイ・ディア・ミスター～私のおじさん』、まだ未視聴の方はどうぞご覧ください。心がホクホクすること間違いなし。

余談ですが、最後に主人公二人が結ばれるか否か、韓国でも意見が真っ二つに割れたのでご自身なりにその後を想像するもコレまた一興です。

最後になりましたが、イ・ソンギュンさんのご冥福を心よりお祈りします。

五　ホームドラマ

サウンドオブミュージック＋パラサイト？　ドラマ『紳士とお嬢さん』（二〇二一年）

【1】

ふと韓国での視聴率を覗くと一位紳士とお嬢さん三三％、二位国家代表ワイフ一五％と、KBSで放送中のホームドラマがかなりの高視聴率ということを知り、視聴し始めました。

そもそも韓国ドラマは日本と違い、トレンディー系ドラマよりホームドラマが人気を博す傾向があります。日本でも近くでは故橋田壽賀子さんの「渡鬼」シリーズが人気を博しておりましたし、『北の国から』シリーズや古くは水前寺清子さん主演の『ありがとう』まで、国民的なホームドラマが人気でした。しかし、一九八〇年代末頃から「お茶の間」という言葉が死語になり、バブル期以降トレンディードラマが持て囃され、朝ドラと『渡鬼』のような一部ドラマ以外、ホームドラマは死滅してしまいました。

一方、韓国ではそもそもドラマの数が多いというだけでなく、ドラマ内容もホームドラマや史劇ドラマが強勢を占めていますが、日本のドラマトレンドとは明白な違いを見せていることは研究課題に値し、今後その理由について分析して行きたいと思っています。その国や地域の社会や文化、そして何よりも言葉を知るにはホームドラマが有効といえます。なぜならその場所での様々な行動、言い回しや背景となるセットやロケ地まで、現在進行形のその国の社会が見られるからです。特に視聴率が高いこのドラマは韓国ウォッチングのうえで必見といえそうです。

まずは見どころとあらすじを。

日本初放送！　チ・ヒョヌ&イ・セヒ主演。自分の選んだ道を突き進んで幸せを探す「お嬢さん」と「紳士」が出会うドタバタラブコメ・ホームドラマ。韓国で序盤から視聴率二五・三％を獲得している話題作！

大手グループの会長ヨングク（チ・ヒョヌ）の家に家庭教師として出入りすることになったヒロイン、タンダン（イ・セヒ）をはじめ彼女の家族たちもヨングクの家に出入りすることになるという設定ゆえに映画『パラサイト　半地下の家族』のハッピーバージョン?!といわれている韓国で話題のドラマ。

妻と死別した紳士ヨングクと母を恋しがる子どもたち達の前に厳しい生活に負けずに明るく生きるお嬢さんタンダンが現れ、衝突し合いながらも愛を育んでいく心温まるストーリー。（引用KBSワールド公式サイト）

完全にKBSワールドの回し者に成り下がっている今日この頃ですが、今や私はNETFLIXとKBSワールドのみで生きて行けます。他のチャンネルはほとんど観ないといっても過言ではありません。それくらい、KBSワールドにお世話になっています。こうして本国で放送中のドラマをいち早く放送してくれるのはありがたいです。KNTVや衛星劇場などに比べ料金が格安なので、私のようなシガナイ庶民でも気軽に加入でき、コスパが良いです。

お話はまさに映画『パラサイト』のハッピー版といえ、そこに往年の名作『サウンドオブミュージック』を掛け合わせたドラマだといえそうです。

三人の小さな子どものいる、妻を失った若い財閥の家に住み込み家庭教師として雇われた若い女の子が、本人や周囲と衝突を起こしながら心を掴んで行き、ハッピーになって行くドラマですが、上記の作品での既視感もあり、予定調和だと分かりつつも目の前に起こる事件からの展開に底知れぬ感動が巻き起こり、毎回涙目にさせられます。

本国では九月二十五日に放送開始され、当初から視聴率二〇%台を走りましたが、十話で三〇・四%を叩き出し、二十六話では三四・五%を記録しています。本国では主演二人のケミ(相性)が良いと評判だそうです。確かにヒットドラマは主演二人が皆お似合いですね。

近年、日本で三〇%以上の視聴率を叩き出すのは『半沢直樹』シリーズなど社会的ブームを巻き起こす作品であることを考えると、私も分かりませんが、この作品もある種韓国でブームを巻き起こしているのでしょうか？　ドラマを観ていろんなことを思い起こさせます。

映画『パラサイト』のような住宅難、就職難、住み込みで働くという社会格差、詐欺、騙し合い。ドラマなので過張が多く含まれてはいるでしょうが、様々な社会問題に、身につまされる思いです。

日本での放送はまだ四話が終わったばかりなので、本国でのニュースや他人のレビュー記事を極力読まないようにはしていますが、途中韓国ドラマお決まりの「記憶喪失」が出てきたというニュースを目にしました。今後の展開が気になります。

ＫＢＳワールド、今の韓国を知るのに良いチャンネルです。悩まれてらっしゃる方はぜひ！　とＫＢＳから広告宣伝費を貰いたいくらいですが、本心で思います。

［2］

今や私と妻の一番の楽しみ、ＫＢＳワールドで放送中のドラマ『紳士とお嬢さん』。本国と同じで週末二回しか放送しないため、一時間十分がとても短く感じられ毎回アッという間です。

本国では三十二話まで放送中で、時たま本国の放送を見てレビュー記事を書いてらっしゃるブロガーさんのレビュー記事が目に入るので、覗きたい誘惑に駆られますが、ジッとガマンです。私は観る前よりも観た後にレビュー記事を見たい派なので、基本観る前にカンニングはしません。ましてやちょっとしたネタバレでも先に知ってしまうと、とても損した気分になるので楽しみは取って置きたいです。それに韓国は二十話以上先を行っているので知ってしまうと途中の話が意味なくなってしまいそうで尚更困ります。

最近韓国のニュースで、二十六話近くで男性主人公チ・ヒョヌ演じるイ・ヨングクが交通事故で記憶喪失になって彼を虎視眈々狙っているパク・ハナ演じるチョ室長に騙されて婚約発表に追い込まれるという「トンデモ」な展開があると目にし、「ブルータスお前もか⁉」と叫びたい気分でしたが、ようやく記憶が戻ったとのことで少々安心しました。ドラマなので記憶が戻るに決まっているんですが。

現在九話まで進みましたが、簡単にあらすじを述べさせていただきます。

家庭が崩壊して友人の家で職を探していたパク・タンダンはツテで住み込みの家庭教師の職を得ますが、何とそこには別れた父親が住み込み運転手として勤務していたというドラマのような偶然が。映画『パラサイト』のハッピー版ともいえる状態になってしまいましたが、隠れて一緒に住んでいた義母の存在もバレて詐欺師扱いされたアッパ(父親)は解雇されてしまいます。(中略)悩んだ挙句、父との事情を主人のヨングクに打ち明けたタンダンでしたが、ヨングクの怒りを買い即日クビになってしまいました。

一方、子供たちはタンダンが急に辞めて自分たちから去って行ったことが受け入れられず……今回はセジョンくん(ソ・ウジンくん扮)にやられました。涙腺が崩壊です。恥ずかしながら久しぶりに大粒の涙を流しました。あまりにも可哀想で健気で。演技とは思えぬリアルさでもらい泣きすること間違いないです。

ソ・ジウンくんは現在六歳ですが、二歳の頃から多くのドラマに出演してきた芸歴の長い子役さんです。聞けば可愛いらしい容貌から女の子役を演じることも多かったとか。二〇二二年末のKBS演技大賞で『青少年男子　演技賞』を見事受賞しました。六歳とは思えぬシッカリとハキハキした、それでいて可愛さに溢れたスピーチで会場のみならずお茶の間の心を鷲掴みにしました。観ていた私も、大学生のウチのツインズよりシッカリしているな～と感心すること然りでした。ドラマでは甘えん坊な姿が可愛いですが、主人公のタンダン先生を亡きオンマの様に慕う姿がイジらしくて、毎回毎回正に涙がはち切れそうになるのを堪えるのに必死です。

『サウンド　オブ　ミュージック』の韓国版らしくお約束ですが、イ・セフィ演じるタンダン先生も若いながらもハート溢れる真心で、最初は反発した三人の子どもたちの心を掴んで行きます。そのエピソードもイ・セフィの演技もとても自然で、思わずドラマに吸い込まれます。三人の子どもたちと心を通わせるエピソードも盛り沢山で、クビになったタンダン先生を慕いアッパに喰って掛かって行く姿がコレまた何と頼もしいことか。視聴者は過程を知るだけに説得力溢れて、また涙です。これだけ慕われたら先生として、イエ人間として本望ですね。私もこれくらい誰かに慕われたいです。

セジョンの発熱にさすがのカタブツのヨングクも折れて、夜中、車を走らせてタンダンを探し当てるところで第九話が終了しました。私も最近では歳を取ったのか涙腺が弱いです。

NHKの朝ドラ「カムカムエブリバディー」で上白石萌音ちゃんが不憫で号泣し、昨日は民主化闘士リ・ハンリョルのオモニで『六月のオモニ』と慕われたペ・ウンシム女士の逝去に涙し、と泣いてばかりです。さすがにウチの家内の前では泣けませんが、見えないところで大泣きです。

このドラマ『紳士とお嬢さん』、前回も述べましたが、現在本国韓国では視聴率三〇％超えで視聴率競争ブッチギリですが、最新話三十二話で三六・〇％の最高視聴率を更新しました。以前も述べましたが韓国でも視聴率は低落傾向ですが、その中での三〇％超えは尋常でありません。日本での『家政婦のミタさん』や『半沢直樹』のように一大ムーブメントを形成していること間違いないでしょう。

その証拠に年末のKBS演技大賞は先のジウンくんの受賞以外にもチ・ヒョヌの大賞受賞まで各賞を総ナメです。このドラマを観るためだけでもKBSワールドに加入する価値があります（現在はNETFLIXでも配信中）。近頃涙に飢えている方、私のように泣き虫になること間違いありませんからぜひ今からでもご覧ください。

今回ほど私の文章力のなさ、言葉のつたなさが恨めしいことはありません。十分の一程度しかドラマの良さを伝えきれませんが、そろそろここで筆をおきます。

六　ラブロマンス・ラブコメディ

愛の不時着はメルヘンの世界？　ドラマ『愛の不時着』（二〇一九年）

私は少々ひねくれてる性格でして、ストレートな見方が嫌いです。自分なりの新たな発見がないと文章にしたくありません。有名な作品より埋もれてる作品、有名だけど見逃してるかも知れない作品、メジャーでも誰も言わない良さや裏側などを述べることができる作品を取り上げたいと思っています。しかしさすがにネタ切れということで、今回はとうとう止むに止まれずオ・ソンホ版「愛の不時着」レビューを書きます。何だよ〜こんなのみんな言っているジャン〜と思ったら抗議を。その代わり、かなり辛口ですからご容赦を。一応レビューなのであらすじを。

ある日、韓国の財閥令嬢で実業家でもあるユン・セリ（演：ソン・イェジン）は、パラグライダーで飛行していたが、突然の竜巻に巻き込まれてしまう。その後、森の木に衝突し、辿り着いた先は軍事境界線を越えた共和国（韓国での呼称：北韓プッカン）の非武装地帯だった。

そこで朝鮮人民軍兵士のリ・ジョンヒョク（演：ヒョンビン）と出会い、ジョンヒョクはセリを自宅に匿い韓国（共和国での呼称：南朝鮮ナムジョソン）に帰国させる計画を企てるが次々と失敗、時間が経つにつれて、敵対国家の国民同士にも関わらず、互いに恋愛感情を抱くようになる。
しかしジョンヒョクには、デパート社長令嬢のソダン(演：ソ・ジヘ)という婚約者がいた。また、韓国の若き実業家ク・スンジュン(演：キム・ジョンヒョン)は、韓国でセリの次兄への詐欺の罪で追われており、時効成立までイギリス人外交官アルベルト・クと身分を偽って、ブローカーを通じて共和国に潜伏していた。スンジュンはセリのかつての見合い相手であった。(引用 Wikipedea)

さてここからが本題です。

このドラマの登場は、韓国で文在寅ムン・ジェイン進歩政権が成立し、もはや北が打倒勢力ではなしに、そしてアンドロイドや疎通不能なゾンビが住む異界ではなく、手を取り合って行くべき相手だという認識が韓国国民の間で広がっている傾向を捉えた現象だといえます。

しかし、ドラマのスタッフが利敵行為を取り締まる国家保安法違反で訴えられたとのニュースも知っています。実際、韓国や日本で共和国軍人の人気が急上昇していて、憧れる女性たちが北の軍人と知り合いになりたがる傾向があるといった記事が週刊誌記事、しまいには新聞のコラム欄に載ったこともありました。今まで情報を抑えられ悪者化されていた反動で、ある種偶像化されてしまっているといえます。

ドラマは韓国の息苦しい現実を反映していて、資本主義の負の本質といえる過当競争、闘争、黄金万能主義(金で買えないものはない)、社会的緊張、騙し合いと人間不信、自己防衛(自己責任)、格差といった、ＩＭＦ事態以来最も原初的＝純粋な資本主義的要素に支配されている韓国社会の閉塞感を埋めてくれる桃源郷＝メルヘン社会として、朝鮮民主主義人民共和国（共和国）を「借用」しています。

　共和国は先に挙げた韓国の社会的問題点と究極的な「対称」（表裏）の存在として描かれていて、日本式にいえば経済発展により失ってしまった『昭和ノスタルジー』の現実版といえるでしょう。勿論、これがメルヘンに過ぎないことは少し前に起こったＮＬＬ（北方限界線）不法侵入で銃殺、海上火葬？　された韓国公務員被殺事件を見れば明らかで、共和国には長身でイケメン、自己犠牲的で人間性豊かな『自分で判断して犠牲精神を発揮しあらゆる人助けをする軍人』もいなければ、上意下達の硬直化された社会で自分の職務を命令以上に捉えることを佳しとしない頭脳明晰な中間管理職も存在しません。

　誤解しないでいただきたいのは、私の立場は「韓国の国民登録をしている、北支持に近い中道左派」です。一九四五年祖国解放当時に例えれば、呂運亨リョウニョンに近いかも知れません。ある意味どちらからも非難されやすい立ち位置かも知れません。

　事実、『愛の不時着』を限りなく嫌悪する共和国ではこのドラマが共和国を不当に貶めていると猛烈に非難します。確かに監修を引き受けた脱北者達は共和国の国境警備が強化された二〇一〇年代前半以前の脱北者であり、現在の共和国を正当に代弁しているとはいえないという誹《そし》りは免れません。

　しかし、リアルを追求しているといっても所詮はフィクションの世界であり、「共和国アルアル」として笑い飛ばす余裕が必要だと思うのですが、共和国とシンパに取って些細な非難でさえ許せぬ『偏狭な愛国心』が今なお旺盛なのは、いつも西側メディアにイジメられて悔しい思いを抱いている反動なのでしょう。多少の誤謬はあれど、私は今までの韓国のプロパガンダに背き、なるべく共和国のありのまま、『人間味』を映そうとしたスタッフの努力を買いますけど。

そして逆に、韓国と日本の『愛の不時着』ブームが怖いのは、一種共和国を韓国の二等国民として、差別対象として自己優越感に浸る対象にしかねないという不安です。韓国でも日本や欧米と同様、自己民族(国民)でも中国朝鮮族や脱北者に対する差別が問題視されています。韓国式発音ができず、韓国式文化に馴染めないこれらの人々は就職差別や様々な社会的差別を受けており、失意のうちに韓国を去る人も増えています。

ドラマを観ていて、このように韓国国民に隠れた優越感を与えて、ストレスで疲弊している韓国国民を慰撫してあげようとする危うさを少しばかり感じてしまうのです。経済格差が一・五倍と少なかったドイツでも東ドイツ出身者が差別され自ら命を断つ人、精神障害に陥る人が多いと聞きます。価値観の違いに対する憧憬は表裏一体として優越感や差別を生みがちで、共和国に対するこのようなステレオタイプの描き方は間違った認識を植え付けないか少々心配です。

勿論そのような懸念に勝る評価点も現時点においては多いので、中道左派たる私は「愛の不時着」DVDを購入し、観られない人々に貸し出し普及活動に勤しんでいる訳でございます。物事、何事も善し悪しがあるので、誤解を恐れず、懸念すべき点には気を付けながら評価すべき点を伸ばして行くしかないですね。

『愛の不時着』レビューなのか「愛の不時着現象」批評なのか分からなくなってきましたが、いつもいう『非本格的レビュー』なのでどうか目クジラ立てず暖かい目で許してください。一人くらい私のようなアウトローがいても楽しいでしょう？　それより毎日リアルで付き合わされている我が家の家内がある意味一番可哀想です。でも「蓼食う虫も好き好き」と言いますから、さほど心配は要らないかも知れません。

このドラマ、最後まで視聴された方はご存知だと思いますが、予想に反してハッピーエンド(これをハッピーエンドと呼べるかどうか疑問も残りますが)で終わります。最後の最後まで予想を裏切る作りは憎いもので、そんなエンディングも今までの南北物とは毛色が異なります。さすがはスタジオドラゴン！　と言いたいところですが、最終回の一時間五十分という長さには誠に閉口します。感動もぶっ飛びそうです。毎度、韓国ドラマの悪習の一つですが、今後修正されて行くことを望みます。

最後に日本で韓国以上になぜ、このドラマ『愛の不時着』が支持されるのかを箇条書きで述べたいと思います。まず、ヒョンビンとソン・イェジンの知名度、人気、相性の良さを前提として挙げつつ、

❶日本での韓流ブームの牽引は「冬のソナタ」を始めとしたピュアなラブストーリーということ。

❷今やアンタッチャブルな存在でありつつ、自国との関連の深い未知の国『朝鮮民主主義人民共

和国』が絡む奇想天外さ。
❸ドラマがNETFLIXという配信サービス（OTT）のみで、何時でも視聴可能な媒体なため、口コミの影響を大きく受けやすいこと。
❹最後に私の独断的分析ですが、エンタメでの政治性を嫌う日本で政治性がほどよくスパイスされ、多少政治性を体験したいという願望をほどよく満たしてくれること。
などが挙げられると思います。以上、タブー破りのレビューおしまいです。

禁じ手入りの社会派ラブコメ？
ドラマ『イルタ・スキャンダル～恋は特訓コースで～』（二〇二三年）

エンタメ好きな国民性に則って日夜制作される韓国ドラマが日本でもリアルタイムで視聴できるようになって久しいですが、毎週二回ずつリリースされる新作ドラマ以外にも、旧作で話題だったドラマや無名のドラマなど……多少のタイムラグはあれど随時どこかのチャンネルで新たに放送開始しているので、溢れ返る韓ドラの洪水を泳ぐのにアップアップ、正に溺れ死にしそうです。とても全ては消化しきれず、取捨選択せざるを得ません。となると、日本にいる我ら韓ドラ視聴者は、視聴の前に「どのドラマをチョイスするか」がとっても重要な初期行動になるワケですが、自分なりの基準を設けてセレクトするしかありません。おそらく、

❶好きな俳優やカップル（相性：韓国ではケミという）
❷好きな監督や脚本家
❸好きなジャンル
❹話題性

などを加見して選択することになるでしょうが、見始めて「やっぱり違う」とリタイアすることも一再ならずでは？　（経験者は語る）

その中で一番失敗のないチョイスはやはり本国韓国での視聴率を参考にすることです。NETFLIXEなどで配信される作品もまずはリアルタイム放送されるので、視聴率が多いに参考になります。地上波三社以外にも「チョンピョン（総合編成）」と呼ばれるケーブルTV、乱立する配信サービスなど、日本より遥かにドラマ数が多く競争が激しい韓ドラは優劣の差がクッキリ出ます。そして良いドラマはどんなソースで放送すれど必ずヒットします。

二〇二〇年、日本でも配信され好評を博した『ウヨンウ弁護士』はENAという名もない弱小配信サービスで放送され初回視聴率〇・九四％という微々たる数字から始まりましたが、話題が話題を呼び、最高視聴率一九・二％、平均視聴率一二・八％と言うオバケドラマに成長しました。まさに二〇二二年度を代表するドラマだったといって過言ではないでしょう。

大まかに言ってホームドラマは除き、視聴率の目安が、

❶〇・一％～三％以下は失敗作

❷三～五％はまずまずの作品
❸六％～九％、一〇％弱で及第点
❹一〇％の壁を破ると注目のヒット
❺一五％以上は大ヒット作品

といえます。ここで例外はホームドラマで、常々申し上げておりますが視聴層が盤石なので、特に週末ドラマは前回今回のように駄作でも二〇％を切ることは珍しいです。

さて、今回の『イルタ・スキャンダル～恋は特訓コースで～』はタイトルも意味が分かり辛く、ポスターもキャッチーで南国調（例えばタイのようで多少暑苦しいイメージ）なので観るかどうか微妙でした。邦題はもう少し何とかならなかったのか？　と思います。特に「イルタ」という言葉は置き換えられなかったのかと……。ちなみに「イルタ」とは一等スター講師の略語で、塾で一番人気のスター講師を指す言葉です。

韓国では日常用語で日本以上に略語が氾濫していますので、元の言葉を知らないと理解し難いです。日本でいえば「林修」氏のようなカリスマ講師を指すのでしょう。その講師に降りかかる恋のスキャンダルということでしょうが、『賢い医師生活』のチョン・ギョンホ主演のラブコメということで軽く観ることができ、早速NETFLIXEのデイリーランキングの上位を走っていたので必ず観ようとは思いました。

しかし、ご存知のように私は記事執筆に忙しく、家内はオタ活のSNSに首っ引きで、二人とも忙しい身なのでドラマの視聴は二の次で、やっと一話のみ見始めましたが、ジックリと見られずいい加減に視聴してしまいました。すると、のっけからミュージカルが始まり、親同士のドタバタやヒロイン(オバちゃんっぽい)のお惣菜店のゴタゴタ、韓国の塾の事情などが延々と描かれるばかりで興味を惹きませんでしたので、何となく遠のき中断してしまいました。コレはドラマ視聴全てにいえること(特に韓ドラに顕著)ですが、初回をジックリと真剣に観ないとドラマ内容が良く掴めずリタイアに繋がりかねません。

特に、韓ドラはホームページにも登場人物のストーリーが紹介されているほど、人物設定や人物背景が詳しく練られており、設定が込み入っている分、些細に見える細かい描写を見逃してしまうとその後のストーリーが理解できなくなります。特に重要な事件などが冒頭に何の脈絡もなしに描かれ、その後の重要な伏線になったりするので、韓ドラは何を置いても初回を真剣に観て覚えて置く必要があります。

こういう手法は視聴者にとって非常に分かり難いので、ビデオに残して置いて後から見直す手もあります。配信サービスはその点楽ですが、戻って観る行為自体疲れます。先の理由でこのドラマ、しばらく封印してしまっていましたが、そうこうする内に本国韓国で評判とのニュースが。慌てて一話最初から見直しました。すると、思いの外、面白いです。まずはお約束の制作意図を。

イルタ・スキャンダルとは?

大韓民国の塾教育一番地の「ノクウンロ学園街」その別世界でスターになった一等スター講師

(★別名イルタ講師)とその別世界に遅ればせながら入門した「国家代表のおかず屋さん」女社長のクラクラと赤裸々なのに温かくて、甘くてほろ苦いスキャンダル。

無限の競争「入試地獄」の現実を背景にした、しかし結局愛の物語。そして結局「人・間・の・話」。家族のために国家代表を下りた不運の運動選手。そのまま使っても「新派(お涙頂戴)映画」五本も作れるこの女性は江南八学区の子供たちが塾のせいでコンビニのおにぎりを食べるのがどうしても心が痛い。

「誰が誰に胸が痛むの?」と思うんだけど、この女性はそういう女性だ。愛の器が大きい。年俸トップのカリスマ(イルタ)講師、ローンなしで購入した江南の高級マンションが何軒か、BTSも羨ましくない人気、人生設定自体がインターネット小説の主人公気質のこの男はご飯が食べられない。人間の消化機能を考慮していないタイトなスケジュール、講義室でアドレナリンを噴出した後、家に一人戻った時に訪れる空虚さ、いつ頂上の座を奪われるか分からないという圧迫感と不安感。

「お腹いっぱいなんじゃない?」と言うけど、この男は本当にお腹が空いている。ご飯も食べられず、眠れず、激しく席を守る私たちのカリスマ(イルタ)講師の男主人公も嘲笑してやまなかった塾教育のバックアップに飛び込んだ我らがおかず屋の社長、女主人公もこの入試地獄の圧迫の中でも友情を交わして、愛を芽生えさせる私たちの子供たちもある意味、人生史の、大韓民国入試残酷史の、笑える断面じゃないかな。(引用　公式サイト)

翻訳がなぜ難しいって、ピッタリ当てはまる説明が見つからないからです。韓国と日本、それぞれ事情が違うワケで、事情が異なれば表現も異なり、説明が困難です。特に世界最高・最悪といわれる韓国の入試事情が分からないと理解不能でしょう。読んで、何となく分かっていただけたでしょうか？　最近では『ＳＫＹキャッスル』や『国家代表ワイフ』そして『ウ・ヨンウ』でも受験戦争現場が描かれましたが、韓国での受験戦争の過熱はいまだに異常です。このドラマはこのような韓国市民の一番の関心事である受験戦争現場を赤裸々に、そしてコミカルに、デフォルメして描いているので人気があるのでしょう。テンポが良く面白いです。

韓国での受験戦争事情も、日本では多少分かり難い面がありはしますが、充分理解可能です。まさに『ＳＫＹキャッスル』のコメディ版、ラブコメ版だと思いましたが、それにしてもラブコメにしては主演男女の年齢が釣り合わないような……調べると劇中年齢は不明ですが、主演チョン・ドヨンの実年齢五十歳、チョン・ギョンホの実年齢三十九歳と少々ムリがありました。何でカリスマ講師と高校生の母親が恋に落ちるの？　と訝しんでいたら、なるほど、何話か目でワケは解明しました。多分チョン・ドヨンはワザと老けた格好をして不相応にしているんですね。

そして、ドラマ『椿の花咲く頃』の成功から一般化したと思われる「ジャンルの合成」、具体的にいえば「サスペンス」要素の挿入も確認できました。この手法、韓ドラでは今や普遍化してしまいましたが、ラブコメに「サスペンス」を合成するとはまさに「禁じ手」で、とってもズルいですよね。視聴者はズルズルと番組制作者のワナにハマって行きます。

三話あたりから眼が離せなくなってきました。韓国での反響は四・〇四四％、四・三一五％から始まった視聴率が、私が現在視聴し終わった第五話で一〇・四五％と「魔の一〇％」を突破、現在十二話終了で最高視聴率一五・九五八％と、「大ヒットドラマ」の仲間入りを果たしています。当分、このドラマと夫婦揃って格闘して見ます。

ラブ、サスペ二刀流? ドラマ『椿の花咲く頃』(二〇一九年)

今回は耳寄りなニュースを。『愛の不時着』見たさにNETFLIXに入会した人が迷うのはおそらく三作目。二作目は梨泰院クラスでしょうから。ウチも前評判の高い❶ミスターサンシャイン❷キングダム❸賢い医師生活❹アスダル年代記と迷って、友人の口コミを頼りに今回の『椿の花咲く頃』にしました。

聞けば韓国で二〇一九年最高視聴率、満足度ナンバーワンだったとか。全二十話で、最高視聴率は最終回の二三・八％、平均一四・六％です。今は韓国もケーブルＴＶ全盛で、地上波を観る人がかなり減っているとのことなので、このドラマも九〇年代であれば四〇～五〇％レベルの大ヒットだそうです。無敗神話を誇るコン・ヒョジンと軍隊除隊後初出演のカン・ハヌルが主演、二〇一九年ＫＢＳ演技大賞で彼らを含む十二冠王という記録達成、二〇二〇年第五十六回ペクサン芸術祭で審査委員万場一致でＴＶ部門大賞を受賞したとのこと。友人も普通のドラマとは少し変わってて目が離せないとの評だったので迷わず三作目に選ぶことにしました。ではまず、あらすじを。

住民たちは、顔見知りというオンサンの町に、一人のシングルマザーオ・ドンベク(コン・ヒョジン)が引越して来たが、周りの住民からはシングルマザーというだけで、ドンベクは差別・偏見の目で見られていた。しかしドンベクがカメリアというバーを経営して間もない頃、地元の警察官ファン・ヨンシク(カン・ハヌル)が訪れる。だが、ヨンシクは、恋に不器用ではありながらも、ただシングルマザーでバーを経営していろうが、ドンベクを一途に片思いをしていた。(出典 Wikipedia)

何が珍しい作りかというと、ロマンス四、ヒューマン四、スリラー二は名目だけの戦術ドラマとありました。つまりラブコメと人間ドラマとサスペンスが同時進行なのです。ご存知の通り、韓国ドラマは尺が長く結構ダラけることも多いです。これはその対策と見ました。同時に三つのスジで話が進んで行くのです。主人公は孤児出身で幸薄く、いいことありません。

しかし、地元警察官のヨンシクと出会うことで運命が変わります。元カレも現れ四角関係。そのうえ、彼女を捨てた母親も現れ、しっちゃかめっちゃか。(後で凄い感動が……)その彼女を狙うのが、店の客として訪れた連続殺人犯。日本語字幕ではジョーカーと出ますが、原語ではカブリ(ふざけた奴)。よくあるパターンで、登場人物みんなが怪しくて容疑者。果たして犯人は誰なのか? 番組開始早々殺されたのは彼女なのか? それとも? といった風で、息をつくヒマがありません。

とはいえ、やっぱり五〜六話目位から十話目くらいまではいつもの韓ドラのお約束、堂々巡りで飽きっぽい私なんかはマンネリで飽きてきました。その苦行を乗り越えた先には面白い展開が待っています。

ネタバレになるので言いませんが、まるでアガサ・クリスティー。周りも役者揃いでして、『パラサイト』のムンガンさん、『サイコだけど大丈夫』のガンテさん、『サンガプ屋台』の大王様、そして『愛の不時着』の班長さんが同じタイプの役で良い味を。ヨンシクのお母ちゃんも気持ちが分かる、分かる。名女優ですね。何といっても可愛いのが子供のピルグ。可愛いくて可哀想で抱きしめてあげたくなります。何で韓国の子役って演技が自然で上手いんでしょう。日本の子役は芦田愛菜ちゃんとか数えるほどしか演技が自然な子はいないというか、いかにも演技っぽくて興醒めすることが多いんですけど……そして何といっても魅力は主役の二人に尽きます。コン・ヒョジン、最初はさほど美人でもないし、フラフラしていてハッキリしない役なのでイライラしましたが、自然な魅力にいつの間にか彼女の幸せを祈りながら彼女目線でハラハラしてました。不敗神話所持者というのが分かります。

そしてミッドナイトランナーでも良い味を出していたカン・ハヌル。彼の不器用だけど素朴な暖かさはこのドラマの肝を成しています。二人の関係が自然で「もう、良い加減にしろ！」とツッコミ入れながらもハッピーエンドを願わずにいられませんでした。毎話、毎話、不幸の影が忍び寄って来る展開だけに尚更。

とにかくこのドラマを観ないとNETFLIXに入った意味がないくらい、損します。『サンガプ屋台』のように期待せずに観て良かったドラマも多いのですが、『愛の不時着』だけじゃないので、

NETFLIXぜひ見るべし！　決して廻し者ではありませんのであしからず。

最近は我が家夫婦二人も心得てきていて、いろんなドラマを同時進行で観てます。それだとダレないし、新鮮な気持ちで、その時の気分に合わせられるので。基本私は現代物はあまり好きではないので、彼女が好きなドラマを観る時はスマホ片手にセッセとレビュー記事を書き、「ながら視聴」です。やっぱり私の好みは時代劇。今は『新米史官クヘリョン』が一番のお気に入りです。十月に掛けて他のチャンネルでも時代劇がたくさん始まるので、それまではトンイを録画して準備体操に当ててます。

サイコだけど大丈夫？　ドラマ『サイコだけど大丈夫』(二〇二〇年)

二〇二一年、ドラマ『サイコだけど大丈夫』が第四十九回『国際エミー賞(International Emmy Award)』のテレビ映画／ミニシリーズ部門の最終候補に挙がったことで話題になりました。毎年十一月末にアメリカ・ＬＡで開催される『国際エミー賞』は、アメリカ放送業界をまたぐ代表的な受賞式で、長い歴史と高い名声を誇ります。そのアメリカを除く国家のコンテンツを対象にしたテレビ映画／ミニシリーズ部門に、スタジオドラゴンが企画・制作した『サイコだけど大丈夫』が最終候補にノミネートされたのです。残念ながらタイトル受賞とはなりませんでした。

しかし、ノミネートされた自体、このドラマの世界的・普遍的価値が認知された証左といえるでしょう。その意味で、今回も歴史とは無縁ですが、インパクトが強かったのでこのドラマを取り上げさせていただきます。NETFLIXに加入し初めてリアルタイム配信での視聴となり、毎週土日に観ました。この題名ずっと「……大丈夫?」とクエスチョンマーク付きだと思っていましたが、大丈夫!の言い切りだったんですね。大丈夫か? と視聴者に問うているドラマなのか? と勘違いするほど、最初の頃は珍しくて捉えどころのないドラマだったので。一体何をしたいんだろう?と疑問に思いながら観ていました。

そう思いながらも放棄しなかったのは、キム・スヒョン除隊後初出演という話題性のみ、言い換えれば彼見たさに観ていたようなモノです。ドラマ『ヘプムタル(太陽を抱く月)』で王役を好演していたので。事件が起こりそうで起こらない(起こりますが)、スリラー調でまるでお化けが出そうで出ない感じ。『椿の花咲く頃』で憎たらしいけど憎めない、狡猾だけど間抜けな社長役のオ・ジヨンセさんが、なんと障がい者役を演じるのも驚きでした。ヒロインも家内はよく知っていました。

ドラマの見どころを引用します。

韓国ドラマ『サイコだけど大丈夫』は、人生の重さがつらく愛を拒否する精神病棟の保護士と生まれつき愛を知らない童話作家が互いに傷を癒し合うファンタジー童話のような少しおかしなラブコメ。精神病棟の保護士ムン・ガンテを俳優キム・スヒョンが、人気童話作家コ・ムンヨンを女優ソ・イェジ、ガンテの兄で自閉スペクトラム症のムン・サンテを俳優オ・ジョンセが演じる。(出典 Wow! Korea)

あらすじも引用します。
金もなく、両親もなく、希望すらない精神科病棟の保護士。彼にあるのは自閉スペクトラム症の兄一人。ただひと月の月給で兄とお腹いっぱいに食べてゆっくり眠れさえすれば、それでいいという男の前に童話の中の魔女のようなおかしな女性一人が現れる。刃物の代わりにペンを振り回して童心を支配し、操る児童文学界の女王。そのうえ、先天的な欠乏で愛の感情を知らない彼女が、愛を拒否する男に運命的に惹かれてしまう。こうして血が飛び、身がえぐれる戦争のような駆け引きが始まる。（出典 Wow! Korea）
と、説明もやっぱり変わってますね。
韓ドラや映画でウリマル（正確には韓国式ウリマル）の勉強をしていますが、八割方分かるモノのやっぱり単語何文字か聞き取れないことがあります（もちろん方言はお手上げですが）。そんな時ウリマル字幕があれば何とか分かるのにと少し悔しい時があります。その点NETFLIXには作品によってウリマル字幕があり重宝します。日本語の意味が分からないこともありますが、大体ニュアンスで理解するようにしています。どうしても知りたい時は巻き戻して日本語字幕で確認します。意訳が多いのでその言葉の本来の意味までは分かりませんが、大体の意味は分かります。サイコだけど大丈夫で面白い言葉遊びがありました。引用します。
A　大変だ！　ビッグニュース！
B　〇〇さん、静粛に！

A　浄水器だろうが自販機だろうがそのまま置いときなさい

この何が言葉遊びなんでしょうか？　静粛チョンスクと浄水器チョンスギ＝チョンスク（イは助詞）に引っ掛けてるんですね。参考に日本語字幕では「シーッ！」「シーッじゃありませんよ」でした。翻訳できないですよね。こう言った言葉を限りなく使いこなせたらネイティブになれるのかな？　と思いました。以上です。

こういった言葉遊びってとっても大事で、かのルイス・キャロルの「不思議の国のアリス」にも満載なんだとか。童話ってユーモアが大事ですね。と、思わず本題に戻って来れました。

ヒロインが売れっ子の童話作家という設定ですが、書くのはトーンの暗い不気味な童話です。こんな童話作家いるか？　とイチャモン付けましたが、そもそも童話とは怖いモノだったってご存知ですか？　童話が文字に書かれたのは急速に都市化が進んだ近世・近代と密接な関わりがあるそうです。今のように危険を教える学校や授業はありませんから、親は危険を童話で伝え、近代に入り都市化と共に文字にされ人々に広く伝えられました。

世界で一番有名なグリム童話初版本は口伝で伝わった童話を忠実に採取しましたが、そこにオオカミに食べられた赤ずきんちゃんを救ってくれる猟師の叔父さんは登場しません。赤ずきんちゃんのようになってはいけないという単純な教訓で終わるのです。近代国家成立と共に童話は磨かれ文学ジャンルとなりました。それと共に残酷、血なまぐさい表現は削られ、近代的な教訓を取り入れ、アンデルセン童話のように物語の面白さ中心に文学的なアレンジを施した童話も登場しました。

しかし、植民地となり、遂に近代国民国家が成立しなかった我が国では、民話は磨かれることなく雑多な民話のまま残りました。世界に通ずる童話が成立しなかったことは少し残念ではありますが(「フンブとノルブ」などあることはあります)、その分原始的で素朴な民話が多いといわれ、また違った味わいを持たせています。

また、韓国の伝来童話集などを開くと、多少現代の子供に合わせアレンジした童話などが見受けられます。そう思うと、サイコな童話は童話の根本ともいえる訳で、決して邪道ではないのです。

このドラマ、毎回題名が創作童話か名作童話の名前になっていて、童話のストーリーに似せたお話が進みます。特に民話や名作童話などの回などは大まかなその回のストーリー概要が掴めるので、分かりやすく面白い設定だと膝を打ちました。主人公、ヒロインとも悩みを抱え、それと向き合い克服しようとする展開が良かったし、障がいのお兄ちゃん役のオ・ジョンセの演技も自然で可愛いくて良かったです。と思っていたら、二〇二一年五月に開かれた第五十七回ペクサン百想芸術大賞のテレビ部門の男性助演賞で『サイコだけ大丈夫』のオ・ジョンセが堂々と受賞しました。障がいを抱えた兄と懸命に向き合う主人公の姿が痛々しいですが、彼らの兄弟愛に胸が打たれます。

これ以上書こうとするとネタバレを含んでしまうのでこれくらいにしますが、見続けると最初の印象とはかなり違ってくるといっておきます。もちろんダークな面も多く、犯罪者の存在によりスリラー的なオドロオドロしさも持ち合わせているのでハラハラは付きものです。主役二人には因縁があるのですが、後半徐々にヴェールが剥がれて行くのでジリジリします。

とにかく韓国ドラマは才能がいっぱい詰まっているのだということを再度実感させられるドラマです。果敢に冒険、挑戦しているのでしょう。失敗も多いですが。一度それを知ってしまうと、まるで中毒の様に欲してしまうことが沼にハマるということなのでしょう。

基本ドラマ嫌いな私が一生懸命観ていることが、まさに沼の深刻さを物語ります。まあ今回は童話の歴史的意義について語っているということで何卒お許しを。

ありえないことが起こったら？　ドラマ『ワン・ザ・ウーマン』（二〇二一年）

この作品、メインジャンルは「アクションコメディー」という言葉が一番似合いますが同じくコメディーということでこちらのカテゴリーに。二〇二一年後半の作品ですが、韓国でかなり話題になりました。主演はドラマ『逆賊～民の英雄ホンギルドン』や映画『エクストリームジョブ』で印象を残したイ・ハヌィです。私は未見ですが、キム・ナムギルとの共演作『熱血司祭』もヒットさせました。ミスコリア出身の魅力ある女優です。

韓国の原題は『ワン・ド・ウマン』で『ワンダー・ウーマン』と同じ表記です。朝鮮語の英語表記で「the」は「ザ」ではなく「ド」です。そして朝鮮語は伸ばす「ー」《音引き》の言葉を使わないのでワンダーもワンザも同じ「ワンド」と言う表記になります。そもそも、このドラマタイトルは「ただ一人の女性」と言う意味の「ワン・ザ・ウーマン」とアメコミ・マーブル映画に登場する「ワンダーウーマン」両方に引っ掛けた模様です。韓国ドラマタイトルは、同音異義語が多いという朝鮮語の欠点を逆手に取って「ダブルミーニング」に使用するニクいネーミングが多いです。まずはドラマの概要を。

不正な検察官から一夜にして財閥の相続人として人生がチェンジ！　ヴィラン（悪役）財閥家に足を踏み入れた不良指数一〇〇％女検察官の「ダブルライフコミックバスター」（引用　公式サイト）

日本語では「いち夜」、朝鮮語では「ハルアチム（ひと朝）」と正反対な表現なのが面白いですね。ドラマは毎度お馴染み、韓国ドラマお得意のシチュエーション（お約束：ワンパターンともいえますね）を辿りますが、ここにそのお約束のパターンを箇条書きにしてみました。

❶ドッペルゲンガー（そっくりさん：双子）
❷記憶喪失
❸財閥家と庶民の絡み合い
❹出生の秘密
❺幼い頃からの縁（知らずに会った縁）
❻驚くべきヴィラン（悪役）の存在
❼正義と悪役の混沌（あべこべ）
❽ドンデン返し
❾復讐劇

長い話数を持たせるために多くの設定が必要です。

この中でも❷の記憶喪失は『冬ソナ』時代からの古典的手法ですが、二〇二〇年代に至っても未だ大事な設定として使用されます。そして過去の事件のミステリーを暴き出すストーリーも健在で、十年以上経っているにも関わらず録画・録音テープなどの証拠が存在、ヴィラン(悪役)の協力者が改心して捜査に協力、最後はメデタシメデタシ。もちろんドラマですからメデタシで終わらないと困りますが、無理クリ、強引な結末が多い気がします。一時間十分×(掛ける)十六話という長いランニングタイムに合わせる必要から逆算したかのような焦ったい展開はムダだと思うんですが……それを我慢できなければ韓ドラを観る資格ないですか?

ちなみにこのドラマ、先のシチュエーション中、❹の出生の秘密以外全部使われています。出生の秘密の代わりにヒロインはヤクザ出身(まさにごくせん)、お父ちゃんが重要な事件『ハンジュ』グループ工場放火犯として無期懲役で収監されているという不幸を背負っています。ということは、多分❽のドンデン返しで、実はお父ちゃん、無実であろうと容易に想像できますね。

ここでお約束の制作意図を。深い意味が込められているのでトクとご覧あれ。

ドッペルゲンガー(そっくりさん)に遭遇すると死ぬという言葉がある。これは自分自身に接した衝撃で、心臓発作が起こるからだという。それでは、メンタルが強いふたつのドッペルゲンガーが向き合ったら? 恐らく、その二人はそれぞれ違う生きてきた人生に対して「私があなただったら」という言葉で良い道を教え合って、お互いの歯抜けの人生を噛み合わせて行くかもしれない。

そして後悔をするかもしれない。「貴方が出来ることなら私もできたはずなのに……」と。一度、他人の人生を生きることができれば、あるいは今よりお金が多かったら、強力なバックがあったら……。誰もが一度くらい、してみる考えだ。人生の逆転が難しい最近のような時代にはより、そうだ。それが、今でも数多くのバージョンの「王子と乞食」(入れ替わり)物語が再生産され続けている理由だ。しかし、私は本当に他の人になりたいか？ ただ、今の私がもう少し良くなったら良いだけなのではないか？ 私が王子になったとしても、今の「自分」がどんな者かによって結果は変わってしまわないか？ 他の世界への扉を開くファンタジー映画の中の主人公のように、安っぽい性質アタマの『泥スプーン』出身の「不正(まみれ)な検察官」が、交通事故によって財閥家のド真ん中に入る。スペックが足りずに何もいえなかった彼女は、(キツイ)性質が足りず何もいえなかった(もう一人の)彼女の席に座って、スペックが足りなかった者だけが持っている能力で、上の立場の者を倒してしまうカタルシスを見せて、加えて、愛も勝ち取るだろう。だからこのドラマが終わったら、スーパーマンも、シャツを破るまで普通の会社員だったように、私が着ている服が、決して私を物語るモノだけではないということが、分かるようなドラマになることを願って、この話を始める。(引用　公式サイト)

何となく分かるような分からないような……といった内容ですが、もし外見が同じで性格が正反対の人間になり変わったらどんな化学変化が表れるか？ どんな面白い人生が送れるかを描くドラマだといえそうです。全くのメルヘンなれど。次にストーリーを。

不正のためなら暴力も振るう検察官チョ・ヨンジュ(イ・ハヌィ)は事故に遭い、目が覚めると財閥ハンジュグループの嫁であるカン・ミナ(イ・ハヌィ：一人二役)と入れ替わっていた。一方、ミナの元婚約者ハン・スンウク(イ・サンユン)は、父の不可解な死の真相を暴くために、海外から帰国したが……。(引用 Wikipedia)

典型的な入れ替わりものです。決して双子ではありません。世界には自分にそっくりな人が三人いるといいますが、顔も声も(ついでに体型も)全くソックリな人っていますか？　一卵性双生児でも親は分かるというし……いっそ、双子の設定の方が良かったような……出生の秘密。しかしドラマは完全な「赤の他人」が記憶喪失によって入れ替わったらという荒唐無稽な設定で進行します。何だかとってもウソっぽい。あり得ない話ですが、ドラマってそもそもそんなモノです。あり得ないと一刀両断してしまうと先に進めないので、「もしあり得ない話があり得たら」から話を進めるしかありません。すると、そもそも記憶を失っている(コレもいつもながらウソっぽいですが)ので、周りにいわれる通りに生活するしかありません。

そして性格は正反対ですから、コレまで財閥家の中でシンデレラのように虐げられていた彼女とは思えないほどに「歯に衣着せぬ」言い方で周囲に波風を立てること必至です。視聴者はイ・ハヌィ(一人二役)の変身ぶりに大笑い、スカッと爽快&拍手喝采です。韓ドラアルアルで、ヒロインはいつも周りの悪役にやられるばかりでロクな反発もできずガマンする姿にイライラしますが、彼女はそもそも赤の他人なので、ズバズバ言い返す姿が気持ち良いです。初盤はイ・ハヌィの二役が見どころといえそうです。(ちょっとガサツな検察官の演技がオーバーですが)しかし、記憶喪失が延々と六話まで続くのでさすがに飽きてきます。そもそも記憶喪失自体ウソっぽいですから。七話でやっと記憶を取り戻し、一人で二人分の生活を送ることになります。そこからはバレないためのウソと暴こうとするヴィラン(悪役)たちとの攻防戦が行ったり来たり。繰り返しが多く少々単調で退屈になってきました。そう思うと十六話ってやっぱり長いです。私の文章も長いですね。今後気をつけます。

七　SF・タイムリープ

ソ・ガンジュンのPVドラマ？　ドラマ『君はロボット』(二〇一八年)

このドラマ『君はロボット』は三十五分のドラマを二話繋げて放送しましたが、三十六話だったので週に二回、日曜日と月曜日、九週間掛かって観終わり、いざレビュー記事を書かせていただきます。

このドラマ、まさにぶっ飛んだドラマでした。韓国ドラマ自体、日本のドラマではあり得ないほどに設定がぶっ飛んでいますが、その中でもこのドラマはぶっ飛んでいました。ロボットが主人公といえば白眉は特撮ヒーローものですが、石ノ森章太郎の名作『キカイダー』です。開発途中の中途半端な『良心回路(ジェミニー)』を埋め込まれてしまったせいで人間とロボットの狭間、善と悪の間で苦しむ人型ロボット「ジロー」と兄弟ロボットたちの、悪の組織との闘いを描いたこの萬画(マンガ)は、少年誌に連載され特撮ヒーロードラマとしてテレビでも放送され大きな人気を博しました。テレビドラマは勧善懲悪、人畜無害なヒーローものでしたが、原作萬画(マンガ)は文明批判、人間批判、人類社会の疎外感など深奥なテーマを扱っていて、少年向きと片付けるには勿体ないストーリーでした。
彼の代表作『仮面ライダー』もそうですが、石ノ森章太郎の描くキャラクターのダークヒーロー的な哀しさは大人も鑑賞するに充分値する価値があります。『キカイダー』の最終回で主人公ジローは、良心回路（ジェミニー）が存在しないゆえに悪の組織に操られてしまった仲間ロボットたちを破壊するというまさかの行動に出て、読者たちにショックを与えました。彼の良心回路（ジェミニー）は完成していて、そのせいで悪の組織に操られることなく、正義の行動を取ることができたのです。兄や弟、仲間のロボットたちを破壊して、最後に一人寂しく立ち去るジローが呟くセリフが印象的です。

『ピノキオは人間になれて幸せだったのだろうか？』

このように、萬画『キカイダー』は善と悪の間で人間になろうともがく、名作童話『ピノキオ』をモチーフにしているのですが、『ピノキオ』の一歩先を行き、ロボットの悲哀を描いたのです。今回の韓国ドラマ『君はロボット』も同じ脈絡のモチーフである印象を抱きました。ちなみに、上記の萬画で「ロボット三原則」を知りました。「ロボット三原則」とは、SF作家アイザック・アシモフのSF小説において、ロボットが従うべきとして示された原則で、三箇条の項目で成り立っています。

第一条：ロボットは人間に危害を与えてはならない。また、その危険を看過することによって人間に危害を及ぼしてはならない。

第二条：ロボットは人間に与えられた命令に服従しなければならない。ただし、与えられた命令が第一条に反する場合はこの限りでない。

第三条：ロボットは前掲第一条及び第二条に反する恐れがない限り、自己を守らなければならない。

通常、全てのロボットドラマはこの「ロボット三原則」に則って描かれているはずなのですが、韓国のドラマ原作者はこの原則を知ってか知らずかぶっ飛んだドラマ内容に終始しました。韓国での放送時に暴力描写が批判を受けたとあったので、どんな描写かと思ったら主人公ロボットの「シンⅢ」がヒロインにエレベーターで暴力を振るったり、祖父の会長を屋上から突き落とそうとする行為でした。これは本物の「人間のシン」に手動モードで遠隔操作されて起こした行為ですが、どうあれ「ロボット三原則」に反しています。ドラマの進行上必要な描写だったとはいえ、確かに不適切な描写だったといえるでしょう。

それ以外にもドラマはぶっ飛んでいて、「シンⅢ」は自分がロボットであることを公言し、二人の「シン」が会社の後継者を争います。そして、遂には人間のシンをさて置いて会社の株式を亡き会長から遺産相続し、ロボットである彼が会長就任してしまいます。ロボットが本物の人間と争い、本物をさて置き会社の会長になるなんて、どこまで吹っ飛べば良いのでしょう?

このドラマはまさにソ・ガンジュンのプロモーションビデオの趣きがあり、様々な彼を見ることができます。彼のファンには堪らないでしょう。可愛いソ・ガンジュン、クールなソ・ガンジュン、すねたソ・ガンジュン、不器用なソ・ガンジュン、優しいソ・ガンジュン、冷酷なソ・ガンジュン……挙げればキリがないほど、いろんなソ・ガンジュンが見られます。

後半は、性格の異なる二人が画面狭しと活躍するのですが、視聴者はパッと見で人間のシンなのかロボットのシンなのか直ぐに区別が付きます。顔カタチは同じでも間違い無く別人なのです。二人を演じ分けるソ・ガンジュンの演技力に只々脱帽です。このドラマは彼の演技力により視聴率七％台とまずまずの成績を収めましたが、韓国でも彼の好演が取り沙汰された模様です。

二〇一八年のＫＢＳの演技大賞では彼が「中編ドラマ部門」の「男子優秀演技賞」を受け、ベストカップル賞にソ・ガンジュン＆コン・スンヨンが選ばれました。他にも男性助演賞をキム・ウォンへが、女性助演賞をキム・ヒョンスクが受賞し、大晦日の賞レースで存在感を誇示しました。内容がぶっ飛んでいたということは視聴者我々の予想を覆し、驚かせてくれたということの裏返しですから、楽しませてくれたという言葉と同義語かも知れません。最後も予想を裏切ってハッピーエンドで終わるので、バカバカしくはあっても後味良い終わり方で、気持ち良く視聴終了することができました。

今回ご覧になっていない方々、このドラマ『君はロボット』、このように日本のドラマ常識を超えた「ぶっ飛んだ」ドラマですから、ソ・ガンジュンワールドを楽しむべく、機会がありましたらぜひともご覧ください。

秘蔵っ子はどこでいつ放送する？　ドラマ『財閥家の末息子』(二〇二二年)

二〇二二年十一月から十二月にかけてソン・ジュンギ主演の表記ドラマ『財閥家の末息子』がニュースを騒がせました。世界各国でNETFLIXEやディズニープラスで配信され、デイリー一位を長らく独占したとのこと。当然我々もそのニュースを閲覧しますから、日本でのドラマ配信を心待ちにしましたが、待てど暮らせど放映開始のニュースはきません。結局、世界的に唯一日本のみ配信されませんでした。

私も縷々述べていますが、日本では特定のサービスによる独占を避けるためか、『カルテル』ともいえる取引が確立しており、大まかにいって❶ネットフリックス❷ディズニープラス❸KNTVか衛星劇場の後WoWow❹U-NEXTやHulu❺Amazonプライム、アップルTV、dTVなど(少数)❻たまにKBSワールドといったふうにドラマの貰われ先が分かれます。全てのサービスに契約しないと話題のドラマを漏れなく視聴することは不可能です。

今回日本での配信開始を待てず韓国版ＤＶＤを購入し視聴しましたが、大いに楽しめた作品でした。述べなくてはいけない事柄が多いですが、短めに述べたいと思います。

あらすじを引用します。

韓国を代表する財閥スニャングループに忠誠を尽くしながら、あっけなく切り捨てられて銃弾に倒れたユン・ヒョンウ。彼が目を覚ますとそこは、ソウルオリンピックを翌年に控え、民主化へと突き進む激動の一九八七年だった。スニャングループ創業者チン・ヤンチョル会長の孫チン・ドジュンの体に乗り移り、二度目の人生を歩むことに。自分の殺害を指示した人物の一族として生きることになったヒョンウが一発逆転を狙う、新たな人生ゲームの行方は……(引用　海外ドラマナビ)

といったスリリングなお話です。

リブートものでSF、時代もので経済ドラマで復讐もの、オマケにサクセスストーリーものといつもの韓ドラ特有の「ジャンル満載」ドラマ。原作はウェブ小説で、韓国ではかなり有名な作品だそうです。韓国では六%台から始まった視聴率が最終回、全国二六・九四八%、首都圏三〇・一〇一%の超特大ヒットで終了したことも話題になりました。そのうえ主演が人気俳優ソン・ジュンギときてますから話題が話題を呼びました。

ブログでも紹介している『ドラマ評判ランキング』や『映画評判ランキング』でソン・ジュンギとイ・ソンミンがたびたび上位にランクインしていることからも韓国での人気のほどが伺えます。切った貼ったの真剣勝負、騙し騙されオセロのような反転の連続、一九八七年からの激動の韓国最現代史を大事件と共にナゾってくれますから歴史の勉強にもなり、政治経済のおさらいにもなり、「一石三鳥」といえる「見なきゃ損」なドラマといえそうです。

このように書きながらも、ドラマ視聴から大分経って今更ながらレビュー記事を書いているのには、実は大きなワケがあります。

これでも一応は「レビュー記事」を謳っていますので、記事には最低限の体裁は保たなくてはいけません。簡単なストーリーの紹介と視聴所感、韓国本国での評判や話題、視聴ポイントなどです。一番気を付けるのはネタバレの件ですが、困るのは結末がレビュー記事の根幹を成すケースです。述べたいこと、意見したいことが結末に関して集中する場合、述べることができません。特にサスペンス・ミステリーものの映画・ドラマに顕著です。

いち早くドラマ視聴を終了したにも関わらずなかなか記事が書けなかった理由はまさしくこの点だったのです。ウェブ小説の原作をドラマ化するにあたり、ドラマ制作スタッフは結末を大きく変更、百八十度改変してしまいました。さてコレは、同一作品と見るに疑問符が付き纏うほどの一大事で、原作を知る韓国の視聴者からは抗議が相次ぎ、喧々諤々《けんけんがくがく》の論争に発展してしまいました。韓国のSNS上でも好悪入り乱れての意見が項目を立てて整理されているほどです。総じてネガティブな意見が主流を占めており、改竄により原作の持つ名作としての価値が毀損してしまったという意見が大半です。

私もほぼ同意見で、中学生の頃日本語の授業で芥川龍之介の小説『杜子春』を学習しましたが、最終回はその韓ドラ版を観た印象です。『杜子春』の内容とオチを覚えていらっしゃる方にはネタバレともいえる危険な叙述ですが、コレでも一応はネタバレ回避のタメの熟考に熟考を重ねた叙述であること、お察しください。できれば原作通りのストーリー結末で有終の美を飾ってもらえれば、かなりの名作として残ったと思われます。ネット上には他にも不満が多く書き込まれていて、原作の重要な場面を省き、不要な設定、人物、エピソードを挿入するなど、『韓ドラ特有の病質』が顕著だったとありました。

確かに経済ドラマで財閥会社の内部を描くドラマの特性上、専門用語が多く予備知識が必要で分かり難い展開で有るのに重要な過程を省いて視聴者の想像に任せる展開が有ったり、重要な反転部分をサラッと描き説明不足だったり、視聴者に凡そ親切では無いドラマ展開が目立ちました。ましてや今回の我々夫婦は日本語字幕も韓国語字幕も付かないＤＶＤでの視聴でしたから、ドラマ本来の「不親切」が大いに身に沁みました。結末の改変の良し悪しについては皆さんぜひドラマを観ていただきご判断してほしいと思います。そうならなかった結末が原作の結末ですから。

なぜこのような改竄が起こったかについて多くのメディアで触れていました。要約すると大きく二点に絞られます。

❶原作がウェブ小説ということで原作を軽んじてマウントを取ったという説

❷昨今の財閥の不祥事に見られる国民の財閥に対する避忌《ひき》現象を考慮して財閥家への否定的結末で終えようとした説

今回ドラマは財閥家を描くにあたり、軽いドラマに出てくる名ばかりの良い加減な財閥家を描くではなく、実際韓国でも有数の「現代財閥」と「サムソン財閥」をモチーフに、実際の人物を重ね合わせることが可能なほどに人物設定も細かく描写し、財閥家の裏側を生き生きと描いたと好評でした。役者の演技も勿論のこと、様々な企業や政治の裏側も赤裸々に描き、まるで史実を描いているかの如く錯覚に陥ることも間々ありました。一九八七年からの韓国の最現代史をなぞるかの如しで、仮想歴史ドラマとしての重厚感も持ち合わせています。それだけに最後の結末の「竜頭蛇尾」だけが大きく汚点として残ってしまったキライがあり、ドラマの「読後感」ならぬ「鑑賞後の余韻」が大きく削がれてしまったのは至極残念ではあります。そして何より、NETFLIXで同時期に配信されていれば『ウヨンウ』や『ザ・グローリー』の大きな対抗馬になったこと間違いなしで、運命の皮肉を感じます。

二〇二三年の韓国のゴールデングローブ賞と呼ばれる第五十九回ペクサン百想芸術大賞でイ・ソンミンが最優秀演技賞を受賞した作品なので、皆さん機会があればぜひご覧いただき感想を聞かせていただきたいと思います。

とりあえず日本では、動画配信サービス「Lemino」(旧dTV)にて独占配信するとのことなのでその方法が早道かと思われます。

Ⅱ　時代劇

一　古代中世

アスダルって言葉どこから来た？
ドラマ『アスダル年代記』『太王四神記』（二〇一九年、二〇〇七年）

古代史の謎は今も、我々に果て知れぬロマンを与えてくれます。特に日本では「邪馬台国論争」が有名で、それぞれの説の支持者達による熱い論議がなされていますが、未だ特定には至っておりません。我が国ではというと半万年（五千年）の歴史と呼びますが（中国四千年より古い！）こちらも定説と呼べるレベルの合意が乏しく主張が入り乱れているのが実情です。

古朝鮮にまつわる謎として①いつ成立したのか、②領域はどこだったのか、③首都（王倹城）と中心地域が果たしてどこだったのかなどがあります。

一応、区分として

❶ＢＣ二三世紀～檀君朝鮮《タングンチョソン》、
❷ＢＣ一一世紀～箕子朝鮮《キジャチョソン》（朝鮮では後朝鮮と呼ぶ）、
❸ＢＣ一九四年～ＢＣ一〇八年に（衛）満朝鮮《ウィマンチョソン》（衛氏朝鮮）が成立とあります。

まずは簡単に檀君神話を。

「今から二千年前に檀君王儉《タングムワンゴム》がいたが、彼は阿斯達《アサダル》に都を定め、新たな国を立て国号を朝鮮と呼んだので、これは堯帝と同じ時期だった」という文言から始まります。

ここから詳しい神話に入ります。昔ファニン（桓因）の庶子ファヌン（桓雄）という者がいましたが、いつも天下を占める志を持ち、人が住む世界を欲していました。父親が彼の志を知り、太白山テベクサンを見下ろすと、広く人間世界に利益を与えられそうだったのでファニンは天符印三つをファヌン（桓雄）に与え、人間の世界を治めさせました。ファヌンは、群れ三千人を率いて太白山の頂のシンダンス（神檀樹）の下に降りて来てそこをシンシ（神市）とし、ファヌン桓雄天王と名乗りました。彼はプンベク（風伯）・ウサ（雨師）・ウンサ（雲師）を率いて穀物・寿命・病気・刑罰・善悪などと、凡そ全ての人間の三百六十余種の仕事を管理して、世界を支配し教化しました。この時、虎一匹と熊一匹が同じ洞穴の中で暮らしていましたが、彼らはファヌンに祈り、人間になることを願いました。ファヌンが神霊なヨモギ一握りとニンニク二十個を与え「お前たちがこれを食べ、百日の間に光を見なければ、すぐに人になれる」と言いました。熊と虎がこれを受けて食べ二十一日の間暮らしましたが、虎は辛抱できず逃げ出し、熊のみが女性の体に変わりました。熊女は結婚して一緒に住む人がないため、日々シンダンス（神壇樹）の下で赤子の誕生を祈りましたが、ファヌン桓雄が人に変化して彼女と婚姻し、すぐに妊娠して息子を生みました。その子の名前をタングンワンゴム（檀君王儉）とし、彼は平壌城に都して初めてチョソン朝鮮と名付けました。また、都をペクアクサン白岳山アサダル（阿斯達）に移動して彼は千五百年の間、ここで国を治めました。以上です。

この時代を描いたドラマは長らくありませんでしたが、二〇一九年初めて古代人類史ファンタジーとして「アスダル年代記」が制作されました。アスダルが何をもじっているか、先の神話をご覧になった方なら簡単にお分かりですね。そう、檀君朝鮮の阿斯達（アサダル）で、檀君が都を構えた都市です。このアサダルをもじったと思われる架空の地「アス」に作られた都市アスダルを舞台に、そこで生きる人々の闘争と国家が誕生して行く過程を描きました。五四〇億ウォンの制作費が投入されたこともまた、話題になりました。ネアンタル種族、セニョク族、白山族、へ族の抗争と恋愛を描いていますが、いろんな言葉からもじっていて、今この文章を書きながらもクスッとしてしまいます。例えばネアンタルとは多分古代人ネアンデルタール人とアサダルのダルを掛けてると思われますし、その他にも古朝鮮・扶余・高句麗の神話から作られたと見られる名前が多いからです。現在NETFLIXとDisney＋にて配信中で、シーズン2、3も制作されているので、愛の不時着や梨泰院クラスといった定番を見終わって何を観るか迷っている方はご覧になっても良いかも知れません。

他に、この時代ストレートではありませんが、今は懐かしいヨン様ことペ・ヨンジュン監修・主演の「太王四神記」も主人公タムドク（広開土王：ペ・ヨンジュン）が檀君神話に出て来る檀君の父ファヌンの転生である設定になっていたり、神話的世界観を多分に含んだ奥の深い作品になっていて、心配された視聴率もまずまずで、お話が続く雰囲気のため続編が期待されましたが、とうとう作られることはありませんでした。制作に三年を費やし、彼が度重なる負傷をしたことでも話題になったので、続編制作のエネルギーを全て遣い果たしたのかも知れません。プロ意識の強い彼のことですから容易に想像は付きます。今や俳優はリタイヤして韓国でも有数の企業家に転身してしまったヨン様、彼の時代劇代表作として今でも観る価値はありそうです。時代劇が飽和状態になってきた現在、これからこのような古朝鮮時代のドラマや映画が多く作られると良いです。

トレンディ史劇のハシリ？　ドラマ『朱蒙《チュモン》』(二〇〇六年)

今回は往年の大ヒットドラマ「チュモン」について。このドラマは高句麗史を重点的に取り上げた最初の時代劇で、このドラマのヒットで三国時代の商品性が再照明され、以後三国時代を扱った時代劇が多く製作されるきっかけとなったエポックメイキングといえるドラマです。

特に二〇〇九年までに三国の中でも、高句麗を扱った時代劇が多く制作され、韓国で高句麗ブームが起こりました。韓国ドラマ界で高句麗ブームが起きた理由は、当時加熱した中国の『東北工程』問題が国内でナショナリズムを呼び起こしたからといえます。『東北工程』とは二〇〇〇年代に中国が押し出した歴史観で、高句麗が中国の地方政権であり中国史の一部であるという歴史観です。それまでも渤海を中国史と見做しましたが、高句麗までも自己の歴史だと主張し始めたのです。この主張に韓国国内で熱りたったのは当然の成り行きです。中国の横暴に傍観することはできないという雰囲気が盛り上がり、地上波三社すべてが高句麗時代劇を製作するに至ったのです。時代劇にも関わらず作家的な再解釈が多くなり、ファンタジーの要素が多く入ったファンタジー時代劇、フュージョン史劇ブームを起こしました。

ちなみにこのドラマは日本放送時に「朱蒙《チュモン》 Prince of the Legend」(プリンス・オブ・ザ・レジェンド)のタイトルが用いられました。「三国史記」などに記された朱蒙神話の伝承を元に製作された史劇ファンタジーである同作は平均視聴率四〇・九八%、韓国テレビドラマ史上四位の記録を打ち立てました。ちなみに一位は「ホジュン」(二〇〇〇年)の四七・一%、二位は「チャングム」(二〇〇四年)四一・六%、三位は「パリの恋人」(二〇〇四年)四一・五%です。ドラマは高句麗ブームを加熱させ、主演のソン・イルグクを一躍スターダムにのし上げました。

あらすじを引用します。

紀元前八〇年頃、朝鮮半島北部は漢の支配下にあった。隆盛を誇った古代国家古朝鮮は滅ぼされ、民は漢の圧制に苦しむ日々を送る。捕まれば重罪を免れないことを知りながら、国外に逃げる流民は後を絶たない状態だった。流民たちの唯一の希望は、多勿《タムル》軍を率いて流民を救い、漢に抵抗するヘモス解慕漱将軍であった。扶余国の若き皇太子クムワ金蛙もまた密かにヘモスと行動を共にし、同じく流民からの信奉を集めていた。しかし漢の圧力に屈したクムワの父、扶余国王の計略によりタムル軍は壊滅してしまう。重傷を負ったヘモスをハベク族長の王女リュファは献身的に看病し、いつしか二人は愛し合うようになる。やがてヘモスは漢に捕らえられて磔《はりつけ》にされるが、リュファの腹には新しい命が宿っていた。それが後の東明聖王チュモンである。クムワはチュモンを扶余の王子として育てることを決意し、リュファを側室に迎える。それから二十年が経ったがクムワとリュファの想いも虚しく、チュモンは臆病で無能な王子に育っていた。誰からも見下されていたチュモンが幾多の出会いと試練を重ねるうちに大きく成長し、やがて扶余を旅立ってタムル軍を再組織、漢との壮絶な戦を勝ち抜き、高句麗コグリョの偉大な初代大王として歴史に名を残すまでの軌跡が描かれる。（出典 Wikipedia）

このドラマでは、高句麗と扶余プヨの起源を古朝鮮に遡及させ、再解釈しました。実際には扶余とその前身である濊は古朝鮮と同時代に他の地域で共存した国であり、中心部も互いにかなり離れています。そして高句麗はよく知られるように、扶余から分かれ出た国で、古朝鮮と本格的に絡まるのは、古朝鮮の中心地の漢の四郡を第十五代ミチョン美川王が滅ぼしてからといえます。ヘモス、クムワ、チュモンの時代の高句麗と扶余が古朝鮮の所属意識を持つというのは多少無理な設定でした。そして、実際には仲が悪かった高句麗と扶余が力を合わせ中国との対決する構図を創作しましたが、コレは東北工程問題を意識して、中国に対抗してナショナリズムを鼓舞しようとする意図だったと思われます。チュモンとイェシ夫人、ソソノの家族関係を三角関係に設定しましたが、この設定自体時代劇で珍しいトレンディドラマ的な試みだったので、特に女性層の反応が良かったといわれます。まさに設定のみ史劇の枠組みを借りて内容は現代的な人間関係を描く「トレンディ史劇」と呼ばれる作風がここに始まったといえます。

このドラマは先ほど述べたように主演ソン・イルグクを一躍スターダムに押し上げ、その後続編『風の国』制作へと繋がりました。古代・中世史劇らしく、彼のスタイリッシュなアクションシーンが多く、朱蒙が弓を射る姿や双剣を振り回す場面などアクション自体かなりの迫力があり一見の価値大です。元々六十部作で企画された劇は好評を受けて二十一部延長して八十一部で完結させました。しかしその結果、ストーリー展開がダレる傾向が強く、ドラマの撮影時間が不足し、エキストラ動員が不十分だったなど不完全さを大きく露呈しており、クォリティ面で劣る結果をもたらしました。そして史料が乏しい時代ということでフィクションを多用しましたが、朱蒙を小中学生程度の悪ガキやチンピラ程度に描き、崇高な時代劇として描けなかったと指摘する声もありました。

このように欠点は多々あれど高句麗ドラマブームの先駆けとなった功績は大きいといえるでしょう。私もかなり前の視聴なので忘れている部分が多いですが、機会があれば再度視聴したいと思わせるドラマです。

朱蒙神話は詳しいストーリーが残っており、研究も盛んで史実上の彼の足跡を辿ることも容易なので史実とフィクションのドラマ、双方を比べて見るのも面白い作業になりそうです。

壮大なる歪曲ドラマ？　ドラマ『帝王の娘スベクヒャン』(二〇一三年)

このドラマは二〇一三年九月から二〇一四年三月まで、『クアムホジュン』の後継作として、なんと百八回もの長きに及んで放映されたMBC最後の大河ドラマです。数少ない、百済を舞台にした時代劇です。製作初期には韓国のネチズンが主張している、『武寧王の娘で、日本の継体天皇の妻になったという手白香皇女たしらかのひめみこ』を手白香＝スベクヒャンとして主人公に打ち出しました。

しかし、スベクヒャンの史料が非常に少ないだけでなく、武寧王の娘とする根拠が事実上皆無で、歴史歪曲論議が大きく巻き起こり、途中からドラマを事実上切り換え、仮想ドラマ、即ちフュージョン史劇に鞍替えしたそうです。スベクヒャンという名前は、劇中創作された百済の伝説に登場します。スベクヒャンは最も香り高い深香木に百年に一度咲く花で、花が咲いてその香りが広がれば戦場の戦士が剣を収め、病気に苦しんでいた人々の苦しみが止まり、別れた恋人たちが互いに心を通わせることになるとされています。当初百二十部作で、二〇一四年三月末まで放映予定でしたが、相対的な視聴率低調などで、最終的に十二回前倒しの百八回で放映終了しました。史劇ドラマの長さランキングで堂々と十位にランクされている大作です。

同じ放送局の『奇皇后』よりはマシでしたが、例に漏れず、このドラマも歴史歪曲論議に包まれました。そもそも、スベクヒャンという人物のモデル自体が、日本の皇女が武寧王の娘だったと仮定して始まった企画なので、無理がありました。以後、製作陣もほとほと手にあまったのかスベクヒャンの漢字を『手白香』から『守百香』に変え、「日本」の部分を抜き、仮想人物に変更しました。

それにしても韓国ドラマは「出生の秘密」が大好きです。これまで、フュージョン史劇ドラマで出生の秘密がないドラマが珍しいほど、定番化しています。『チャングム』しかり、『トンイ』しかりです。よくも出生の秘密を並べたものだと思いますが、このドラマは手がこんでいます。ヒロインたちも出生の秘密持ちなら、王子たちもまさかの出生の秘密持ちで、ダブル出生の秘密、入れ違い同士です。捻り過ぎていて、こんがらがりそうです。あらすじを。

時は六世紀の百済《ペクチェ》、第二十四代王東城《トンソン》王の治世末期。加林《カリム》城の城主ペクカの娘チェファは、王の従兄にあたるユンと密かに情を通じており、彼の子を身ごもっていた。ユンは佐平《チャピョン》として戦に明け暮れ、チェファが身ごもっている事実を知らなかった。そんなある日、戦地から帰ったユンはもし子供が出来、娘だったら百済を守る花という意味の『スベクヒャン』と名付けようとチェファに話す。その頃、チェファの父ペクカは東城王によって屈辱を受け、怒りを募らせていたが、娘とユンの関係を知り、東城王がいなくなれば娘が王妃になるのではと考えていた。そんな中、ユンの側近ネスクから「ユンも東城王の死を望んでいる」とそそのかされ、東城王の暗殺を実行する。東城王を敬遠していた様に見えたが、実は敬愛していたユンは、これに激怒しペクカを自害に追い込む。ネスクはチェファがユンの子を宿していることを知るが、ユンを王にするため、その事実を隠し、ユンにはチェファが命を落としたと伝える。ペクカの屋敷が炎に包まれ、父の側を離れようとしないチェファを家来のクチョンが助け、伽耶カヤへ逃げると、そこで女の子を出産し、その子にユンと約束した「スベクヒャン」ではなく、ソルランと名付ける。一方で、ユンは第二十五代王武寧《ムリョン》王として即位し、「息子を守ってほしい」という東城王の遺言に従い、よく似ているといわれる自分の息子と彼の息子を入れ替え、側におくことで身を守り、そして王位につけようと考える。時が経ち、チェファとクチョンの間に生まれたソルヒは、異父姉ソルランが武寧王の娘だと知って彼女に成り済ますことを考える。こうして激動の時代に翻弄されながらも次第に権力を掌握していくスベクヒャンの波乱に満ちた物語がはじまる……。（引用　KNTV公式サイト）

意外ですが、まともなドラマが少ない古代ドラマにしては考証が良いと評判だったそうです。確かに、古語や古い言葉、語彙をたくさん使って品があり、人物それぞれ個性があり、登場人物が魅力的です。何事にも増して、古代中世の煌びやかな雰囲気が珍しく、百済の風景を思い起こさせるのに充分です。現在八話まで進みましたが大作を予感させます。期待せず楽しみたいと思います。

イケメンパワーのPV？　ドラマ『花郎《ファラン》』（二〇一六年）

NHKでファランを放映開始しました。いつも新作をいち早く放送していたNHKで今更ファラン花郎を放送する意図は何でしょう？　世界でイチバン暇な私としては隠れた意図を勘繰ってしまいます。一番には今や世界的に旋風を巻き起こしているBTSのテヒョン（V）が出演していること、硬派でNHKの好きそうな史劇ドラマがないこと、パク・ソジュンなど人気のイケメンが大量投入されていること、そこそこ根強い人気があり、知名度が高いことなどです。それにもまして韓ドラの争奪戦が激しいことを勘ぐります。今や同時配信も視野に入れた同日配信を始めたNETFLIXなどバイヤーの世界でも戦国時代の到来です。おかげで消費者はアチコチ配信サービスに入らないと話題の新作は観られません。今更古いドラマなんて……と思いますが、やっぱり天下のＮＨＫが放送するんですから観ないと話題に乗り遅れますよね。

　ということで必死になって二、三話目を見て思うことですが、日本もドラマを週二回とか放送すれば良いのにということです。最初知った時はとっても違和感を抱いた韓国でのドラマ週二回放送ローテですが、慣れてくると次第に「それもありかも？」となるので不思議です。再放送では平日毎日放送する訳で、まとめて撮り貯めておけば問題ないのでは？　最近日本のドラマが苦戦といいますから韓国ドラマを真似て三十分を週二回放送して見るなど冒険しても面白いと思います。特にＮＨＫの韓ドラは本国と同じに週二回にしてもらえないでしょうか？　過去の作品なんだからできるでしょ？　とそんな思いでファラン二〜三話目を鑑賞しました。ファランについては以前ブログで歴史用語について書きましたのでそちらをご覧いただくとして、あらすじを。

　六世紀の新羅。第二十四代国王のチヌン真興王こと彡麦宗《サムメクチョン》は、十年にわたって摂政をしている母・只召《チソ》太后の命令で幼い頃に王宮を離れ、世間に顔を明かさず生きてきた。彼の顔を見たものは、禁衛将《クミジャン》によって口封じのため、誰彼かまわず無条件に殺害されていた。だが彡麦宗は、いつの日か母から王権を奪還しようと機会を伺っていた。ある日、彡麦宗は街頭で聴衆を集めていたアロの話を聞いているうちに眠りに誘われたことから、彼女に興味を抱く。実は彡麦宗はかねてから不眠に苦しんでいた。
一方、賤民の村で暮らす天涯孤独の青年無名《ムミョン》は、腕は立つが突然意識が遠のくという持病を持っていた。ある時、ムミョンは唯一の親友マンムンの家族を捜したいという願いに協力して、命懸けで都に潜入する。ところが、マンムンがひょんなことから彡麦宗の顔を見てしまったため、二人は禁衛将に追われて深手を負い、マンムンは命を落としてしまう。ムミョンはマンムンの本名のソヌを名乗り、彼の妹アロを守ると共に、親友を殺した者への復讐を誓う。そんな中、只召太后は新羅の未来のため、見た目が麗しい貴公子を集めて王の親衛隊「花郎ファラン」を創設すると宣言。ソヌは親友の命を奪った者への復讐のため、彡麦宗は王権を奪還するため、ジディという偽名で花郎に入隊する。だが、貴族の子弟の寄せ集めである彼らは互いにライバル心をむき出しにしてことあるごとに衝突し、なかなかまとまらない。ソヌとジディも例外ではなかった。しかしやがて彼らは次第に絆を深め、成長していく。（引用　Wikipedia）
実は初回を観て意味がよく分かりませんでした。説明もなくサムメクチョンとアロが既に知り合いだったし、マンムンは貴族たちにリンチを喰らっている最中だし……一番解せないのは『仮面の王イソン』じゃあるまいし、顔を見られてはならぬ、見た者は護衛武者が殺すだなんて、理解が行きません。ましてや不眠症だなんて、笑えます。話が途中から始まっている気がして、観るのが面倒になりました。Netflixで再度一話目から見直して、なおかつ二、三話目を観終わってやっと意味が分かりました。分かり難くてとっても不親切な気がします。一、二話連続で観ないと理解できないように当初から作られている気がします。青春群像劇として制作するのは良いのですが、若手イケメンのPVプロモーションビデオが作りたかったのか、時代考証はメチャクチャで、韓国で歴史歪曲だと散々叩かれた模様です。

しかしながら、以前のコルプム骨品制度に関する記事でも述べましたが、当時の階級差別、コルプム骨品制度の外に置かれた賤民の悲惨さを良く描いています。記事を書くためにもう少し観ようと思い四話目に突入しましたが、ドラマ追奴チュノと同じオルシン(大人)の人たちが何人か出ていて、雰囲気が朝鮮王朝の雰囲気を匂わせていたため、チュノと頭がゴチャゴチャになってしまい、オマケに眠くなってとうとう寝てしまいました。背景というよりもメイン出演者は、新羅の全盛期を導いた征服君主で、実際にファラン制度を整備した第二十四代王『チンフン＝チヌン真興王』で、彼の在位期を描いているのです。歴史的にも彼は有名な君主で、幼い頃から歴史授業で習ってきたのでよく知っていました。

簡単に彼について述べます。生年は「三国遺事」に則り、五二六年生だとされています。十五歳の時だった五四〇年、兄ポプフン法興王の亡き後王になり、五五一年まで母のチソ太后が摂政を、その年から親政したと見られています。同年、年号を開国と定め、伽耶の音楽家ウルクに、音楽を普及させました。ちなみに現在も我が国一番の民族楽器「カヤグム伽耶琴」はこの時、ウルクによってもたらされたとされています。五七六年、ウォンファ源花制度を作って花郎《ファラン》制度の母体になりましたが、痴情トラブルのため解散し花郎《ファラン》制度を整備しました。五十一歳で崩御するまで征服戦争に明け暮れ、大伽耶を服属させ、三国間の抗争を主導しました。五五一年に百済と共に高句麗の漢江上流流域を攻撃し、占領しました。高句麗が北方の突厥《トルクォル》との戦争で新羅の領土拡張に対応することができない隙を利用して、『火事場泥棒』的に現在の咸鏡南道、咸鏡北道をも占領、今も国宝として残る『真興《チヌン》王巡守碑《スンスビ》』を立てました。この時、百済と連合したにも関わらず、百済の故地、漢江下流流域を占拠したため、百済が往年の宿敵である高句麗と連合を結ぶキッカケになり、朝鮮史上最悪の罪悪である『新羅・唐』野合に繋がることになります。この時、新たに開拓した土地に立てた『チヌン王スンスビ』は現在まで、四つの碑(チャンニョンビ昌寧碑、マウンリョンビ磨雲嶺碑、ファンチョリョンビ黄草嶺碑、プクハンサンビ北漢山碑)が伝わっています。

このように新羅の全盛期を導いた征服君主なので、史実に絡めて描けばそれなりに大河ドラマ的要素いっぱいの大作にもなりそうです。しかし、ご存知のように、歴史的事実は完全に無視して、とんでもないファンタジードラマに終始してしまったため、「新羅と真興王を侮辱する韓国最悪の時代劇ドラマ」と史劇ファンから完全にこき下ろされています。新羅時代の突飛もないシャワーシーン、新羅時代のスポーツであるチュクク蹴鞠とは似ても似つかぬラグビーかアメフト、はたまた少林サッカーを連想させるチュクク蹴鞠、母親であるチソ太后の過度なパワハラ的統治、などなど深刻な歴史歪曲は数多く、時代考証を見ても、到底史劇と呼ぶことができないレベルになってしまいました。細かく見ていると「スターバックス」や「ダイソー」なども登場しますので注意して観てください。

歴史歪曲と時代考証のメチャクチャぶりはさておき、イケメン青春ドラマとしては見ごたえがありそうなので、今後ドラマとしての完成度が果たしてどうなのかを見守りたいと思います。

ナショナリズムの最極致？　ドラマ『大祚栄《テジョヨン》』（二〇〇六年）

今回は懐かしいドラマ「大祚栄《テジョヨン》」を。三国時代は新羅の覇権で幕を閉じましたが、共和国では新羅の覇権を「三国統一」と呼ばず「領土拡張」と呼びます。それは新羅が高句麗の故地を放棄、その地に渤海《パルヘ》が興ったためで、いわば「二国時代」突入したというワケです。一九九〇年代から韓国でもこの時代を「南北国時代」と呼び始め渤海も新羅と同等に扱うようになりました。

しかし中国では二〇〇〇年以降、高句麗を自国史に組み入れる「東北工程」を進行中で、渤海まで自国史として扱い、遺跡の復旧等に力を入れています。二〇〇五年から首都上京城の復元を行いましたが、南北朝鮮の学者は一切立ち入り不可にして厳重に管理したそうで、少しでも隙入る間を与えまいとする意図がありありと見えます。挙げ句の果てには近年、ロシアまでも渤海を自国史としているといいます。もはや領域が関係する全ての国が自己のものと手を挙げている状態で、我々は物心着いた頃から朝鮮史であることを疑いませんが、国際的にはなおも道は険しそうです。

このような状況下で制作されたドラマが『大祚栄《テジョヨン》』です。ドラマは二〇〇六年九月から一年以上掛けてなんと百三十四話もの長さで放映された二十四番目のＫＢＳ大河ドラマですが、二〇〇六年中国の東北工程に対抗する形でドラマ「朱蒙《チュモン》」「淵蓋蘇文《ヨンゲソムン》」と並ぶ高句麗ドラマ三部作の最終章として制作されました。放送当時中国の「東北工程」への反発もありドラマは大きな反響を呼びました。最高視聴率三六・八%、最終的に平均視聴率二七%を叩き出しKBS大河ドラマ全盛期の最後を飾りました。このドラマ以後十余年を超えた二〇二〇年代までもKBS大河ドラマや史劇シリーズで視聴率や興行面でこのドラマの反響には遠く及びません。いわば伝説の大河ドラマとして君臨しているというワケです。戦闘シーンなどドラマのクオリティ面が高く、以後も好評を受けた時代劇がありはすれど大衆的人気と興行面ではこのドラマの熱狂を超えるドラマは存在しないと言い切ることができます。いわばこのドラマが『時代劇全盛期の最終章』だと見て無理はありません。

日本でも繰り返し放送されましたからご覧になった方も多いと思います。前半五十話まで唐の戦争など高句麗の歴史に時間と予算を割き、後半息切れ気味になるなど不安要素はありましたが、高句麗末期から渤海建国までの過程を扱いスケールの大きい作品になりました。史劇ドラマの看板俳優チェ・スジョンが主人公テジョヨン大祚栄役を好演、親友コルサピウを演じたチェ・チョルホが人気を獲得するなど視聴者に大きなインパクトを残しました。余談ですがチェ・スジョンは数々の王や英雄を演じており国民的俳優と呼べる存在ですが、彼が演じた王もしくは主人公の遍歴を辿るのもまた一興です。二〇二三年韓国で放送するKBS大河ドラマ『高麗契丹戦争』でも主役として出演することが決定しております。このドラマはまさに韓国ナショナリズムの権化ともいうべき激しい「国粋ドラマ」ともいえ、歴史的誤謬もあり様々な批判も受けています。そして残念ながらこのドラマを境に史劇ドラマは下り坂を辿ることになりました。
韓国特有の「ご都合主義」「ワンパターンのマクチャン（ドン詰まり）展開」などが次第に視聴者の時代劇離れを招来したともいえますが、近年復活制作された大河ドラマ『太宗イバンウォン』ではそのような愚を繰り返すことなきよう巧みに工夫されており、往時の大河ドラマと見比べるのも一興といえそうです。機会があればぜひ。

どん詰まりドラマの唯一の救い？ ドラマ『千秋太后《チョンチュテフ》』（二〇〇九年）

全七十八話からなる大河ドラマ『千秋太后《チョンチュテフ》』を視聴しています。現在二十四話まで終了しました。本来なら一話～十話までの比較的早い時期にレビュー記事を書かせていただくのですが、躊躇していました。それはこの作品の評価が原因です。

このドラマは二〇〇九年に放映したKBS大河ドラマで、二十六番目の大河ドラマです。「KBS高麗史シリーズ」の四番目の作品で、このドラマの失敗でKBSは長い間、高麗を題材にした史劇を上梓する考えを放棄したとありました。主演はチョンチュテフ千秋太后役のチェ・シラ、キムチヤン金致陽役のキム・ソクフン、カンジョ康兆役のチェ・ジェソン、カンガムチャン姜邯賛役のイ・ドクファなど、歴史の教科書に残る重要人物を往年の名スターオールキャストで描いています。時代背景は九五五年から一〇三一年まで、高麗慶宗《キョンジョン》の代から玄宗《ヒョンジョン》代までです。空間的背景は首都開京《ケギョン》（開城）と朝鮮半島一帯です。

なぜこのようにスケールの大きそうなドラマのレビュー執筆が躊躇われたかというと、例に漏れず歴史歪曲の酷さです。要約するに、チョンチュテフ千秋太后を無条件に善役として描写する低質な脚本＋あまりにも遅い展開が相乗効果を呼び、所謂「どん詰まり：マクチャン」ドラマを作り出し、韓国で唯一な正統史劇として命脈をやっとのことで繋いできたKBS大河ドラマの悲惨な没落の発端となった作品だとの評価がありました。俗に韓国で現在旺盛な史実を無視した「ヒュージョン史劇」との対称として、史実を忠実に描いた「大河ドラマ」が存在します。「大河ドラマ」は日本同様、時間と莫大な費用が掛かることから国営放送であるKBSでしか制作できません。しかし、日本の大河ドラマがなるだけ史実に忠実にドラマを描こうと注力するのとは異なり、韓国の大河ドラマは史料が乏しい側面も含め、往々にして史実無視の展開が多いです。例えば以前視聴した『広開土太王《クアンゲテトワン》』などは史料にありもしない主人公の兄を設定、兄弟の王位を争う骨肉の闘いを延々と描き、最終的に兄が弟を庇い死を選択することにより主人公タムドクが王位を継ぐという「マクチャンどん詰まり」ドラマに仕上げました。このような前半のドロドロでのんびりとした展開によって主人公の最期まで描けず尻切れトンボで終了しました。他にも欲求不満に陥る大河ドラマは枚挙にいとまがありません。

このような稚拙な制作のおかげで二〇一六年以来「大河ドラマ」は絶滅、二〇二一年放映の『太宗《テジョン》イバンウォン』の登場まで待たなければなりませんでした。今作も同様の展開で「大河ドラマ」の没落を引導したとありましたので、とても真剣に視聴して、レビュー記事を書く気にはなれませんでした。それでも前半の子役が登場した初期には、賢くて自らの道を開拓して行こうともがく主人公ファンボ・ス(千秋太后の本名)のキャラクターの良さ、また政略結婚にも関わらず次第に心を開いて行くキョンジョン景宗役を演じたチェ・チョルホのツンデレキャラと主人公のやり取りが微笑ましく楽しく感じられ、幸先の良いスタートを感じました。視聴率も一三%というかなり希望的な数字だった模様です。特にチェ・チョルホは初期の短い出演にも関わらず、狂気の若い姿と息子に対する父性愛の演技で大きな好評を受けたようです。彼、演技生活はどちらかというとずっと助演級の俳優でしたが、以後ドラマでの主演級の俳優に成長します。

しかし、景宗《キョンジョン》が死んで千秋太后《チョンチュテフ》が成人すると状況は変わり、ドラマ製作陣はチェ・シラをジャンヌ・ダルクのように描きたかったのか知りませんが、強くて鋼鉄の様なキャラクターのチェ・シラと子役時代のキャラクターが合致しません。まるで清国末期の独裁者「西太后」の如くです。その「西太后」がジャンヌ・ダルクのように馬に跨って号令しているのですからミスマッチも甚だしく感じます。他にも不満は多く、「ながら見視聴」している訳ですが、二十二話から新たに興味が出始めました。契丹コラン(遼)の高麗侵略が始まったのです。元々、歴史教科書にも登場する徐熙《ソフィ》が登場するので期待はしていましたが、彼は契丹の侵略と理不尽な要求に断固とした胆力で彼らの要求を折り、高麗の危機を救った名将・名宰相です。このような歴史的大事件と史実を映像で覗くことができるのですから、やはり「大河ドラマ」は『腐っても鯛』です。朝鮮三大名将の姜邯贊《カンガムチャン》も登場するので、これまた朝鮮三大勝利の「亀州大捷《クジュテチョプ》（亀州城の闘いの大勝利）」まで描かれると思われ楽しみです。まだまだ足りない高麗時代の史劇ですが、今後制作再開されることを心待ちにすることとします。

このように「マクチャン（どん詰まり）ドラマ」に近い大河ドラマ『千秋太后《チョンチュテフ》』ですが、最後まで懲りずに視聴させていただきます。

二　朝鮮王朝

韓国版ゴッドファーザー？　ドラマ『太宗《テジョン》イバンウォン』（二〇二二年）

六年ぶりの大河ドラマ『太宗《テジョン》イバンウォン』の制作を知り喜びひとしおでした。ヒュージョン史劇はさしずめ『トッポッキ』や『ヤンニョンチキン』を食す様な物、現代ドラマは『チヂミ』や『ハットグ』みたいな存在でしょうか？　美味しくはあるのですが、やはりたまにはキムチやテグタンなど本場物の朝鮮料理が食べたくなります。特に私のように日本のドラマでも「大河ドラマ」しか視聴しない向きには『チュノ』や『緑豆の花』『赤い袖先クットン』など本場大河ドラマに負けずとも劣らない秀逸なヒュージョン史劇に時たま出逢う喜びはありますが、おいそれとは出逢えず一話の途中からあまりの「あり得なさ」にガッカリする運命が待ち受けています。ファンタジーだと割り切って観ればそれはそれとして良いのでしょうがどこか寂しさを免れません。

という訳で復活した韓国「大河ドラマ」とても楽しみにしておりました。しかし、制作タイトルを聞いて少しガッカリしたのもこれまた事実です。なぜならまたしても『麗末鮮初《リョーマルソンチョ》』もの、すなわち朝鮮王朝建国前後にまつわる物語だったせいです。本ドラマ前まで二十五年間、『麗末鮮初』を背景とする時代劇の数が地上波、ケーブルを合わせて十回にもなります。そのせいで韓国でもドラマ企画当時から『トバンウォン（またバンウォン）』の揶揄が止まりませんでした。

しかし、今までその時代を描くことはあれ、当のリバンウォンこと太宗を主人公に描いたことは皆無なので「コロンブスの卵」だったかも知れません。早速見始めましたがテンポが良く、吸い込まれます。あれよあれよといつの間にか二十三話まで観終えてしまいました。これは本ドラマが大河ドラマとしては短めの三十二部作として編成して制作をしているせいでもありますが、韓国ドラマ特有のダラダラ感がなくスッキリと進みます。韓国ドラマは基本週二回なので三カ月余りの期間内に「ウィファド威化島回軍」から始まり、「鄭夢周《チョンモンジュ》殺害」と「朝鮮王朝建国」、二回の「王子の乱」と「ミン氏兄弟たちの粛清」、「ヤンニョン大君の廃世子」など、大事件が立て続けに放映されます。

同じ時期を背景に制作した往年の名作『龍の涙』が百五十九話だったので、なんとほぼ五倍速以上に話が進むということです。このため、リバンウォンが関与していない事件は軽く触れる程度のレベルで展開します。特に、チョミンスの失脚やチェヨンの処刑など、主人公リバンウォンが関与しなかった部分の描写はあっさりしています。当時の事件は以前放送した『チョンドジョン』とほぼ重なるため、本ドラマはただ「全州《チョンジュ》李氏家族史」を中心に快速特急で進行する韓国史劇版『ホームドラマ』と見て良いでしょう。

実際、製作陣が韓国版『ゴッドファーザー』を目指したと述べているように『韓国版ゴッドファーザー』といえるかも知れません。なので、当時の詳しい歴史を知りたい「歴史ビギナー」には不親切に写るかも知れませんし、詳しく知るためには最低限『鄭導伝《チョンドジョン》』の視聴が必須です。歴史事件・事実も多少アレンジして描いているので、私のとなりで好きでもない史劇を見せられて「門前の小僧、習わぬ経を読む」の如くいつしかドップリと浸かってしまった我が家の家内などは「この場面チョンドジョンと○○が違う」などとのたまっており、難しい描写も難なく解釈してしまっています。

過去のKBS大河ドラマは当初先を見ずにグズグズ進行して、いざドラマで深く扱わなければならない後半の重要な事件は飛ばして批判を受けることが一再ならずでした。『大王の夢』しかり『大祚栄《テジョヨン》』しかり前置きで大事な時間を費やしてしまい重要な戦争や建国後の部分が少ないなどという本末転倒な展開で、ドラマ制作意図に疑問を持ってしまうほどでした。推測するに、久しぶりに制作する大河ドラマなのでこのような『韓ドラ慢性病』を予防するため、序盤から進度を早める手法を取ったと見られます。このような手法は歴史をよく知らない人たちには不親切な展開として残念ですが、ドラマ主視聴者層が歴史をある程度知っている人だということを前提としているため、歴史的事実に対する説明がダラけず見やすい設定になっています。

例えば第一話目プロローグで太宗(リバンウォン)が世子(セジョン)に自分が犯してきた悪事・廃倫行為をいちいち列挙する場面から始まりますが、今ドラマの主人公太宗のキャラクターの方向性を端的に見せる明快な導入部となっていて、導入部から視聴者は鷲掴みされてしまいます。このドラマは『麗末鮮初《リョーマルソンチョ》』という激動期に全州李氏家の群像を扱ったドラマで、時代劇よりは人物劇に近い作りです。今までのドラマでリバンウォン以外、影薄い存在でしかなかった彼の兄弟たちに熟練した演技派俳優を配置して比重とキャラクター性を持たせるなど今までの史劇と差別化しています。

残念なのは三十二話という少ない回数に無理やり長い時間帯を押し込んだために、そのキャラクターたちの個性が描かれていないことです。もう少し事件か人間を絞ったほうが『韓ドラ版ゴッドファーザー』としての人物劇を丹念に描けたと思います。十話まででリソンゲ李成桂とシンウィ信義王后から生まれた五人の息子たちとの葛藤と、その間に介入してリソンゲ李成桂を振り回して自分の息子を世子に上げようとするシンドク神徳王后カン康氏との葛藤までかなり細かく描写され、後日の『王子の乱』の背景が詳しく描かれました。特に『第二次王子の乱』はほとんど描かれたことがないので描き方が楽しめました。

このドラマ、韓国で全般的に好評を博しました。同時代を描写した歴代のどんなドラマと比較しても史実を最大限反映、既存のドラマと差別化されたキャラクター性と正統史劇にふさわしい俳優たちの立派な演技力で視聴率も一〇％前後を保ちました。二〇二三年に入り馬虐待事件が大きく騒がれ一か月ばかり休映しましたが、その他には大きく申し分ないとの評価を受けています。三十二話と少ない回数であることが残念だという評価がとても多く、素晴らしい完成度のおかげで正統な時代劇を期待した多くの視聴者の渇望を満たしてくれたといえるでしょう。

このような新しい展開で話題になったドラマの中で他に目立ったのは、イバンウォンの妻、ウォンギョン元敬王后ミン閔氏（パク・ジンヒ）、イバンウォンの継母シンドク神徳王后カン康氏（イエ・ジウォン）などの女性キャラクターです。特にミン氏はイバンウォンと真正面から対立する、主人公と同等の位置の人物として描かれます。二十話の終わりでミン氏はイバンウォンと葛藤しますが、「私が王です」というイバンウォンに「その王を作ったのは私です」と言い返して強い存在感を示しました。二十一話からはとうとう彼の「政敵」にまで成長します。これが史実なのかどうかは分かりませんが、実際に彼女と太宗イバンウォンは仲が悪く、歴代王の中で一番喧嘩が多かった夫婦だそうです。

しかし、政敵として描くということは時代劇として画期であることに違いはありません。この描き方に評論家は「女性の役割が目立ったが、これには女性が能動的なキャラクターとして登場することを要求する時代的な視線が含まれている」と述べ、「実際の歴史の中の人物たちも普通の人物ではなかった部分が反映されたものだ」と分析しました。他にも「これまでがイバンウォンの強力なコンセプトがドラマの主な内容だったとしたら、今回は奥さんの役割まで詳しく描きながら今までとは違う展開を描こうと努力したようだ」と論評しています。このような「女性の自立」は最近の『袖先赤いクットン（邦題：赤い袖先）』でも繰り返し描かれました。主人公の歴史的行為が想像の範囲ながら現代的感覚に基づいて描かれたのです。

今回の『太宗イバンウォン』では、二十一話から、例えばこれまた韓ドラで人気を博した現代劇『夫婦の世界』の朝鮮王朝版を観るが如しの緊張感が漂い始めました。元々、イバンウォンの妻、ウォンギョン元敬王后ミン閔氏の存在感が大きく感じましたが、今や影の主役です。このような進行にこれまた目が離せません。

歴史ミステリー真犯人は誰？　映画『世宗大王　星を追う者たち』（二〇一九年）

この映画のレビューを書こうと決めて、話の筋立てを組み立てようとしましたが、肝心な感想はオチ部分に対してがほとんどで、ネタバレせずに述べることができるかいささか不安になってきました。ドラマや映画ってチョットしたストーリーや感想がネタバレに繋がることになり兼ねないし、かといって幾らか匂わせないと興味を持ってもらえないし、痛し痒しです。ものいえば唇寒し秋の風ではありませんが、一番良いのは何もいわないこと？

とはいえ、そうなると私がここに存在する意味がないので、薄氷を踏む気持ちで述べることにします。この映画は一言でミステリーです。誰が？　何の目的で？　かの歴史的事件を起こしたのか？　事件とはチャンヨンシルが罷免、失脚となった世宗の御駕崩壊事件（事故）ですが、この謎解きが大事な縦糸となって貫いています。そして横糸はいわずもがな、主役二人、国王世宗と奴婢出身の天才科学者チャンヨンシルとの身分を超えた友情で、この二つの糸が映画全編を貫き、雄大な歴史ロマンを紡いでいます。前振りとして、こういう時の強い味方、映画公式ホームページより概要を引用します。

社会現象を巻き起した傑作『シュリ』の初共演から二十年。再び名優二人が顔を合わせた。『ベルリンファイル』『白夜行　白い闇の中を歩く』など深奥の演技派ハン・ソッキュが、朝鮮王朝最高の名君と称され、のちにハングルを創製した世宗大王を演じ、『悪いやつら』『新しき世界』の名優チェ・ミンシクが天才科学者に扮して君主と共に夢を見ながら数奇な運命に翻弄される男を熱演する。ハン・ソッキュは、その圧倒的な存在感で二〇二〇年大鐘賞主演男優賞にノミネートされた。先輩と後輩として実生活でも友情を深めてきた二人が、身分を超えて強い絆で結ばれた君臣の美学を観る者の心に刻む。（引用　公式ホームページ）

ウム、面白そうと思いナムWikiを覗くと、韓国では観客動員数二〇〇万人と振るわなかった様子。ヒットしなかったといってしまって、一緒に観に行ってくれなくなると困るので、時代劇に興味のない家内には内緒です。ハン・ソッキュとチェ・ミンシクの名優コンビで推すしかない。と、評価欄を見るとやはり二人の演技力は高く評価されていました。ちなみに映画館は平日でコロナにも拘らず結構混んでいました。参考までに、韓国での本題は『天文　空に聞く』で、日本版のタイトルとはかなり違います。世宗王なら知名度高いし売りやすいと見ましたか？

ストーリーを。

朝鮮王朝が明国の影響下にあった時代。第四代王・世宗（ハン・ソッキュ）は、奴婢の身分だったチャンヨンシル（チェ・ミンシク）の優れた才能を認め、武官に任命する。豊富な科学知識と高い技術を持つヨンシルは「水時計」や「天体観測機器」を次々に発明。それらは庶民の生活に大いに役立てられた。一方で、「明の従属国という立場から脱し、朝鮮の自立を成し遂げたい」という夢をもつ世宗も、朝鮮独自の文字である〝ハングル〟を創ろうとしていた。天と地ほどの身分の差を超え、特別な絆を結んでいく二人。だが朝鮮の独立を許さない明からの攻撃を恐れた臣下たちは、密かに二人を引き離そうとする。そしてある日、世宗を乗せた輿が大破する大事故が発生。輿の製作責任者であるヨンシルに疑いの目が向けられるが……（引用　公式ホームページ）

身分を超えた友情って普段、現代の我々が触れることないとお思いでしょうが、実は誰もが体験済みです。幼くあればあるほど、資産家、庶民、公務員キャリア関わらず同じ学校（幼稚園）で学びます。普通なら知り合うはずのない同士が知り合い、親友になる体験を少なからず誰もが体験済みだからこそ、あり得なさそうな王様と奴婢出身の友情をもすんなり受け入れられるのでは？　そのうえ、相手は朝鮮王朝随一の聖君世宗。彼であるからこそ、あのような友情が実際に築けたのではないかとイマジネーションを膨らませることができます。付け加えると正祖もですね。友情って一歩間違えると恋愛みたいなモノで、観る方もワクワク感やホノボノ感をもらえます。チャンヨンシルが、星を見たがる世宗に障子を使ってプラネタリウムを作ってあげる様子はまさに恋人同士そのもの。その友情が最後のオチにまで絡んできますが、結末には少しクエスチョンが付き纏います。でも、ミステリーだから仕方ないかも。ミステリーにはアッ！　というオチが付きもの。

ここでチャンヨンシルの生涯を簡単に綴ります。蔣英実の父親は中国からの移民出身の子孫で高麗時代の高官でした。朝鮮へと王朝が交代すると、高麗重臣への迫害を始めた王朝政府により、蔣英実の一家も賤民身分に落とされ、母親は妓生とされる辱めを受けます。彼はトンレ東莱の官奴婢でしたが、才能を認められ宮中の工匠に抜擢、明に派遣されます。帰国後世宗の信頼を受け、水時計を製作、この功績で一四二三年に尚衣院別坐の官職を受命し、奴婢の身分から免賤されました。天文機器研究の機会を持つようになり、一四三二年に景福宮に設置する天文観測儀器作成に着手、李蔵と共に天文機器を設計製造。簡儀と渾天儀、二つの観測機を完成し、一四三七年に携帯日時計などを製作しました。数ある業績の中でも、一四三四年に完成した自動水時計のジャギョクル自撃漏の製作が彼の最高の業績とされています。これは国内の標準時計として採用され、この功績をもって正四品・護軍に任じられました。最終的に従三品・上護軍にまで上っています。一四三八年には、世界の水時計のあらゆる文献を徹底的に研究し、独創的な天象時計オクル玉漏を発明。他にも金属活字の鋳造事業に心血を注ぎ、朝鮮時代の活版印刷技術を代表するガプインジャ甲寅字とその印刷機を完成させています。

しかし、彼の監督下で製造された王の輿が破損したため不敬罪に問われ、杖刑を受け追放。その後の足取りはわかっていません。この史実に照らし合わせて映画のストーリーがフィクションで作られている訳です。

余談ですが、この映画以外にも彼はドラマで結構描かれていて、ドラマ『大王世宗』『チャンヨンシル』、最近では『ポンダンポンダン』なんかもあるので探して見るのも手です。ともあれ、この映画に出て来るエピソード、例えばチャンヨンシルの作ったホンチョンウィ渾天儀などが世宗期に壊された史実はありませんが、映画を観ていると当時支配していた身分制の壁や中国・明の圧力、臣下たちの事大思想の抵抗など朝鮮王朝を取り巻いていた重苦しい空気を存分に味わうことができます。

　そんな中で、臣下たちの猛反対を押し切りウリクル（訓民正音ハングル）を発明してしまう世宗はやっぱり偉大だな～としみじみ実感してしまう訳ですが、世宗とチャンヨンシル、二人の天才の化学反応が、ハン・ソッキュとチェ・ミンシク、二人の名優の化学反応とダブルで心に滲みる、とても趣きのある映画だということを述べつつ、この文を締めます。

占いを信じますか？　映画『観相師』（二〇一三年）

　占いを信じますか？　不景気になると手相占いが流行るそうですが信じますか？　私は自分に都合の良いことだけは信じます。

　観相は迷信とも、統計学なので科学だともいわれますが、基本、科学とは見なされないようです。この占いは東洋でしきりに見られてきた占法です。相を見て運命縁起を判断して、将来的に迫ってくる凶事を予防し、福を呼ぶことを目的とします。顔の骨格・色沢《いろつや》と主要部位を重要に見、このほかシワ・イボ・ホクロ・毛髪や傷の跡、手足の形状、身体挙動の特徴と音声なども一緒に見ます。

　体の観相は顔・骨・手・眉・鼻・口・耳・胸・足などを観る、面相、骨相、手相、眉相、鼻相、口相、耳相、胸相、足相などがあります。

現代の東アジアにもあまねく通用する観相は、中国で体系化されてきました。劉邦の相を見て、王になることを予測した呂公や三国時代の管輅が観相師として名を上げ、南北朝時代にはダルマ(達磨)が、インド・中国に入って禅を起こすと同時に「ダルマ達磨相法」を使って観相を後世に伝えました。

中国の観相が本格的に朝鮮に輸入されたのは七世紀初め、新羅の善徳女王時と推測され、当時僧侶がダルマの相法を受け、有名な人の相を見て、将来のことを占ったという話が伝えられます。高麗末ヒェジン恵澄がリソンゲ李成桂の相を見て、将来王なることを予測した話、世祖の時霊寺(靈通寺)の度僧がハンミョンフェ韓明澮を見て宰相になることを予測したという話などは、その隆盛をよく示しています。我が国で開発された相法に顔の各部位の寸法を測る相法、五行原理による相法などがあり、古典小説「九雲夢《クウンモン》」にも出てきます。日本にも命名の手伝いをする観相師などがいますが、韓国には巫教のシャーマンを含み、観相師が全国に約二十万人いると推定されています。

そういった意味でこの映画は現実を表しているといえ、怖い映画だといえます。

顔でその人の運命が分かってしまうとは……いつも以上に前置きが長くなりました。

あらすじを。

義理の弟や息子と貧しい暮らしをしていたネギョン(ソン・ガンホ)は人相学に通じており、顔を見ただけで性格や過去、未来までも言い当てることができる観相師だった。妓生をしながら占いを営むヨノンに招かれて都で占いを始めたところたちどころに評判となり、ついには宮中の左議政に認められ宮中の要職に就く。王から重臣の中に逆賊の相を持つものを探せと依頼されたネギョンは、王の弟の首陽大君スヤンテグン世祖(イ・ジョンジェ)に逆賊の相があることを見つける。急死した王の後を継いで十一歳で王位を継承した端宗を首陽大君から守ろうと奮闘するネギョンは、国を揺るがす争いに巻き込まれる中で残酷極まりない運命に翻弄されていく。(引用 Wikipedia)

この映画は韓国ではよく知られる世祖による王位簒奪事件を背景としており、歴史的事実に観相師という「パズル」を上手く嵌める作りになっています。歴史を知る我ら観衆は、果たしてどう描くのか? と興味津々で観ることになり、結末が否応なく予想されるだけに、そこに向かう過程を手に汗握り、ジリジリしながら観る羽目に陥ります。主演はこちらもソン・ガンホ。まさにカメレオンです。平凡な人間がインパクトを受け化学変化する主人公を主に演じる現代劇と違い、時には「頑固な潔癖王」英祖を、時にこの映画では人の顔相を観る非凡な観相師をリアルに演じています。

しかし、非凡な役であろうと平凡な人間として演じることができる彼の才能は、彼による先の歴史的事件発生防止のための行動に、我ら観客を同じ目線で同行させることを余儀なくさせます。映画の中で、首陽大君(偽物)を初めて観た時の彼の安堵は、我々を逆に強い不安に陥れます。顔と存在を隠し、後になりやっと顔を見せるウ・サンジョン演じる黒幕の顔を初めて見る我々の衝撃も、彼目線で計算されています。さも我ら自身が観相師になった如く。

この映画はあくまでフィクションです。朝鮮王朝で、映画のように観相で国事を決定することはありませんでした。批評家たちは総じて少々辛めの評価でしたが、観客には好意を持って迎えられ、観客動員数九一三万五八〇六人と歴代史劇ランキング第四位をマークしています。第五十回大鐘賞で最優秀作品賞や主演男優賞、助演男優賞、監督賞など六部門受賞、その他の映画賞も席巻しました。様々な小道具が歴史的事件に与えたインパクトを想像しながら、フィクションを楽しむのも歴史のもうひとつの愉しみ。そんな至福のひとときを百四十分の映像で体感しては如何でしょうか。

映画とは話が外れますが、二〇二〇年に韓国で放映されたドラマ『風と雲と雨』も、朝鮮王朝末期、占い師が王を即位させるキングメーカーとして暗躍するお話ですから非常に面白いです。併せてどうぞ。

二人の燕山君《ヨンサングン》？　ドラマ『逆賊民を盗んだホンギルドン』と『七日の王妃』(二〇一七年)

『七日の王妃』と『逆賊　民を盗んだホンギルドン』がたまたま同時期に放送中だったので、観始めました。『ホンギルドン』は先に観了し、『七日の王妃』も途中文句を吐きながらも何とか見終わりました。奇しくも二作品ともライバル局で同じ二〇一七年、同時期(一週間違い)に制作された燕山君《ヨンサングン》ものということで、今回はまず彼に関する事柄を書かせていただきます。書こうと思えば小説でも書けそうですが、簡潔に。

燕山君（一四七六～一五〇六）は朝鮮第十代の王で、先王成宗の長子、廃妃尹氏の子であり、王妃（妻）は『七日の王妃』の主人公チェギョンこと端敬王后慎氏の叔母（チェギョンの父親シンスグンの妹）に当たります。のちに中宗反正（クーデター）で王となる中宗とは異腹兄弟で、二人とも領議政（今でいう総理大臣）慎氏と縁戚関係にありました。自分の生母が廃妃尹氏であることを知り、母を王后に追尊しようとするも反対する士林たちと衝突、「戊午士禍」と「甲子士禍」を起こし、士林派（新進儒林：中小地主）を弾圧します（なお士禍については近日ブログで説明します）。士林派のみならず彼らと敵対する勲旧派（功臣：大地主）をも制圧して独断政治に入りました。司諫院、司憲部など王権牽制機関を大幅に縮小、削減。全国から二千人もの妓生《キーセン》を集め、儒生養成の大事な機関の成均館を妓生養成場やナイトクラブにするなど横暴を尽くします。まさにローマのネロと見間違うかの如き暴君でした。同じ廃された君主でも光海君は近年再評価されていますが、彼は再評価しようがありません。

このような稀に見る暴君だったため、史劇に描きやすいといえます。『逆賊　民の英雄ホンギルドン』では極力空想的な設定を排除し、生身の人間としてのホンギルドンを描き燕山君と対峙させました。燕山君を演じたキム・ジソクも名演技で、史実に近い設定を上手く生かし、亡き母の妄想から次第に権力欲と奢侈欲に取り憑かれ、次第に狂気の人となって行く独裁者の恐ろしさを好演していました。ホンギルドンとの絡みだけフィクションで、義賊というよりは必殺仕置人のホンギルドンの行動に疑問符は付くものの、勧善懲悪ドラマとしてかなり見応えがありました。誰も犠牲にならずハッピーエンドで終わるのも嬉しいエンディングです。『愛の不時着』でヒョンビンのフィアンセとサブロマンスを展開してくれるモリ(キム・ジョンヒョン)も納得の結末。

主人公のユン・ギュンサンも父アモゲのキム・サンジュンも勿論良いのですが、一番私が心奪われたのはあろうことか悪女チャンロクス役のイ・ハヌィ。元々ホンギルドンを慕い庇う役でしたが、彼女の美貌と表情、特に目ジカラにやられました。お金と権力の野望のために堕ちて行く哀しさを上手く演じていました。彼女は演技派で、最近の映画『エクストリームジョブ』でも紅一点で良い味を出していますが、従来のチャンロクス像に加え、新しいキャラクター性を持たせました。このドラマ、ホンギルドンの超能力の出番がほとんどなく、そういう意味では小説とも史実とも異なり不満ですが、痛快史劇として観る価値ありといえます。

ここまで書くとお分かりでしょうが、『七日の王妃』は全く逆です。中宗が燕山君に反乱を起こす設定。燕山君は弟へのコンプレックスから彼を憎み排除。狂気王というより、まるでシェイクスピアの戯曲の主人公ハムレット。暴虐の限りを尽くしますが憎めないキャラで、浮かれた主人公二人のコメディタッチの中、一人重々しく存在します。このドラマ、U-Next版には最初に必ずテロップが流れ、史実ではなくフィクションですよと釈明するのですが、誰が観ても分かります。多分に主人公チェギョン役のパク・ミニョンのために作られたのかと思います。コメディエンヌの彼女に似せて、カカア天下、強い女性、自立する女性を描き、現代において、今まさに韓国で要求されている男女関係像を訴えているように思えます。史実はそこの端々にエッセンスとして使われているだけ。なのでそのエネルギー（によるストーリー性）が『七日の王妃』という悲劇的なタイトルをも凌駕してあまりあります。イケメン俳優を単に完全な悪役として描けなかっただけかも知れませんが。義理の姪っ子に一途に恋する彼イ・ドンゴンが燕山君でないことは確かですが、ハムレットを朝鮮王朝で再現してくれているのでＫＢＳ演技賞受賞も納得です。悲劇的でも明るく、映像美を楽しめ、時代劇を好まないウチの妻でも夢中になるくらいですから史劇が苦手な女性にも打ってつけ。現代劇を設定だけ史劇にしているだけともいえますが。

どうであれ同時期に同じ時代の人物を描くことは稀なので、配信サービスにアクセス可能な方、ぜひ二作品を比べて見てください。

韓流ブームの決定版？　ドラマ『チャングムの誓い』（二〇〇二年）

今回は満を持して『チャングムの誓い』をレビューさせていただきます。私よりも詳しい方が多いことは重々承知していますが、このドラマを避けて先に進むことが憚れたので。みなさんご存知の通り、二〇〇三年に韓国で放送されると平均視聴率四〇％を記録。日本でも二〇〇六年のＮＨＫ地上波での放映時は土曜深夜にも関わらず、一六％の高視聴率をマークしました。さらに中国、台湾などアジアのみならずヨーロッパやアフリカなど百カ国以上にも輸出され韓流ブームの決定版として有名です。当時日本で冬ソナブームのあと、韓ドラは主に女性ファンで成り立っていましたが、チャングムでそれまで韓国ドラマに興味のなかった男性中年層にまでファン層を広げ、韓流は冬ソナに始まりチャングムに終わるとまでいわれたほどでした。

あらすじを記します。

朝鮮王朝第十代国王燕山君《ヨンサングン》の生母尹ユン氏毒殺に関与したとして誅殺された軍官ソチョンスと宮廷の混乱のなかで陰謀を知ってしまったために謀殺され(かけ)た宮女パクミョンイとの間に生まれた娘ソジャングムが母の遺志である「スラッカン水剌間の最高尚宮チェゴサングンになり、最高尚宮だけに伝えられる秘伝の書に母の無念をつづること」を叶えるため女官となるが、謀略により謀反に関与したという無実の罪を着せられ、奴婢の身分に落とされる。(ネタバレのため省略)「悲しんではだめ、泣いてもだめ、簡単に諦めてもいけません」との母の教えを一生にわたって守り抜き、母の親友とは知らずにハン尚宮(サングン)のもとで修業し、尊敬・信頼関係で結ばれ、親友であるイヨンセンとの友情を育み、ライバルのチェグミョンとの料理対決、ミンジョンホとの恋愛を通し、数々の策謀に翻弄されつつも強く生き抜こうとするチャングムの姿を描きながら、華麗な朝鮮文化や宮廷料理の数々、当時の朝鮮の医術も紹介されている。(出典 Wikipedia)

とあります。まず歴史学徒として言いたいところは、コジシクハダ(クソ真面目で融通性がないこと)といわれそうですが、チャングムとは一応実在する人物ですが、実際の記録は朝鮮王朝実録の『予證女醫知之』(予の証は女医これを知る)という一行のみだという事実です。女性でありながら王の主治医を務めたといわれますが、そんなことは史実ではなかっただろうと推測します。しかし、それほど何も分からない人物だからこそ想像の羽根を広げてこれほどまでの雄大なストーリーを紡ぎ出すことができたということでしょう。このようなファンタジーにも似た史劇を作り得た韓国と、史実にこだわるか捕物帳的なストーリーのフィクション時代劇以外作り得なかった日本とで時代劇の多寡が分かれてしまったのでは、と推測します。

実際、『チャングム』や『ホジュン』を作ったイ・ビョンフン監督はヒュージョン史劇と呼ばれる時代劇の新境地を開きました。そして、今現在韓国ではそのレベルをも超えて、トレンディー史劇（ファンタジー史劇、ロマンス史劇とも）の制作が盛んです。一つ記事を引用します。朝日新聞Grobe+の記事です。

イ（ビョンフン監督）は、「韓国テレビ時代劇の革新者」と言われている。それまでの時代劇は韓国で一般的だった白い平服を着て演じられていたが、監督は一九九九〜二〇〇〇年の歴史ドラマ『ホジュン　宮廷医官への道』で、衣装に色鮮やかな韓服を取り入れた。音楽も伝統的な音楽ではなく、現代風に切り替えた。物語の展開もテンポを早めた。もう一つ、気を配ったのは庶民を主人公に据えること。九〇年代以前の韓国時代劇は、王族や歴史上の偉人を主役にした一代記的な作品が多かった。それが『ホジュン』以降、宮廷などが舞台にはなるものの、無名の医官だったり側室の一人だったりする人物が主役にとりあげられるケースが増えてくる。「普通の人である彼らを主人公に据えることで、見る人に親しみをもってもらえる」とイ（監督）は語る。（省略）

他にも興味深い話をしていますが、これ以上引用すると私の存在する意味がないのでここら辺でやめて、記事の一読をお勧めします。一つ間違えれば考証無視になり兼ねない冒険です。実際、日本のネトウヨさん方は歴史歪曲だと騒いでいます。あくまでドラマ上でのお約束事と承知のうえで観るべきでしょう(明らかな考証不足については今後も指摘すべき)。

この前提のうえでチャングムがこれほど愛されたのはやはり、まずは主役イ・ヨンエの魅力でしょう。十四歳から雑誌モデル、大学生の頃からCMモデルとして芸能活動を始めたイ・ヨンエ。透明感のある美しい顔から化粧品のCMモデルを長らく務め、そのCMのキャッチコピーだった『酸素のような女性』がいまだにイ・ヨンエのキャッチフレーズです。出演作が少ないことでも有名で、韓国ではモデルとして見られがちとのことですが、二〇〇〇年に入り「JSA」「春の日は過ぎゆく」などのヒット作品で演技力も認められました。チャングムで一躍韓国を代表するスターとなりましたが、長らく沈黙、極秘結婚のち久方振りに「師任堂　色の日記」で復帰。作品は脚本や演出などが批判を浴び視聴率も伸び悩みましたが、彼女の存在感は称賛されました。そして二〇一九年映画『私を探して』で往年の巨匠ナ・ウンギュ監督の号を冠した『第二十五回チュンサ春史映画祭』で主演女優賞に輝き、彼女の実力を再度知らしめました。チャングムの脚本家も「イ・ヨンエさんは知的な冷静さの中に、芸術的な情熱が溢れた役者。聡明で情熱的なチャングムのキャラクターを一二〇％消化できたのは、彼女の内面がチャングムに似ていたから」と絶賛しています。

次にストーリーの妙味も欠かせません。最下層の主人公があらゆる困難を強いられ成長し、それを妬むライバルや見守る足長おじさん的な彼などが多彩に存在。そして従来描かれることのなかった、親子の愛にも勝る女性同士の師弟愛と友情、その愛を試すかのように繰り広げられるサスペンスタッチな陰謀の中で最後に幸せを掴み取るサクセスストーリーが、フィクションならではこそのカタルシスを観る者に与えます。

最後に日本でチャングムがこれほど愛されたと思われる理由も個人的な独断として何点か挙げてみます。まず、それまで縁がなかった中国とは違う華麗な王朝絵巻、朝鮮宮中料理と東洋医学という新鮮さ、時代劇の主人公が女性という珍しさ。困難を機知と知恵で乗り越える姿は『一休とんちばなし』などの昔話、ライバルとの一騎打ちは宮本武蔵を観てるかの如くです。ちなみに料理対決は日本の漫画『将太の寿司』から着想を得たと脚本家が述べていました。義経に似た判官びいきを誘う挫折と流配、復讐に燃えての一歩一歩綿密な歩みと成功は『忠臣蔵』、そして日本人が一番シンパシーを感じるといって良い秀吉の『太閤記』(朝鮮侵略は蛇足ですが)、最近では『半沢直樹』に似た作りまで、日本人の遺伝子に訴える要素満載です。

いささかこじつけが過ぎました。しかし、所詮何事も理由付けや分析などは大いなるこじつけに過ぎません。何事も理屈では説明しようのないフィーリングが我らを惹きつけるのでしょう。

世界的な普遍性が前面に？　映画『ハンサン～龍の出現』(二〇二二年)

待ちに待った映画『閑山《ハンサン》～龍の出現』が日本でロードショー開始しました。本国では二〇二二年七月公開でしたから八カ月遅れの公開で、ほとんど一年待ちです。本国でのニュースを見るたびに今か今かと痺れを切らしましたが、やっと放映開始したので早速鑑賞と相なった次第です。この映画はキム・ハンミン監督の李舜臣《リスンシン》シリーズ第二弾です。第一弾の映画『鳴梁《ミョンリャン》』のプリクエル(prequel：前日譚)で、二〇一四年に公開された映画『鳴梁』の五年前、壬辰倭乱の初期の闘い「閑山大捷《ハンサンテチョプ》」を描いています。この手法は例えばスター・ウォーズで披露された手法で、『エピソード1：ファントムメナス』はスターウォーズ三部作の最初を構成する物語ですが、最後に製作・公開されています。

　遅過ぎる日本公開ですが、それでも日本でロードショー公開されるだけ、邦題も本題に近い形で命名されただけ喜ばないといけないかも知れません。第一弾の『鳴梁《ミョンリャン》』はロードショー公開もされず、『バトルオーシャン』という国籍不明なタイトルでDVDがリリースされただけですから。屋上屋を架すようですが、韓国・朝鮮で李舜臣《リスンシン》の人気がどれだけ凄まじいかは全くもって表現不可能で、「信長＋秀吉＋家康」は勿論のこと、「西郷隆盛＋坂本龍馬」を足しても未だ足りないかも知れないほどの人気で、まさに『救国の英雄』です。

　この映画シリーズ、朝鮮では民族的英雄『聖雄』とも称される圧倒的な存在の李舜臣の三つの大きな闘いを軸に描いた大作ですから、韓国での期待感も凄まじいモノがありました。一作目の『鳴梁』は観客動員数一七六一万五八四四人と国内上映映画動員数歴代一位を未だにキープしています。この数字がどれだけすごいかといえば、韓国の人口が五千百万人ですから何と二・八九人に一人が観た計算です。まさに国民的映画といえるでしょう。
しかし『国粋《クッポン》』と揶揄される、内容的に過度なナショナリズムを含む『反日映画』だったことも
また確かで、やり過ぎ感から韓国でも内容的に多くの批判を受けました。私も戦闘シーンは圧巻だ
と認めますが、その他の内容的には首を傾げる部分が多かったことを覚えています。日本の人が観
るには正直、抵抗があるであろうと想像に難くありません。
しかしながら今作は、結論からいうとそのような批判材料が上手く解消され、世界的な「普遍的
価値」に則って鑑賞できる内容に昇華されました。それは劇中、李舜臣が『降倭(朝鮮に投降して
協力した日本軍兵士)』に向かって、この戦争を『国と国との戦争ではなく、義と不義の戦争だ』
と述べるシーンが全てを物語っています。「義と不義の戦争映画」という定義を前提に鑑賞するな
らば、当然日本人も含む平和を愛する全世界の人々全てが共感して映画に没入することが可能でし
ょう。些細なことにせよ、先の『降倭』を前面に描いた点も含め、この映画を鑑賞した一番の印象
として、二〇一四年当時とは歴然と異なる韓国映画の世界的ステータスとそれに伴う責任的地位の
存在を実感しました。
今回の映画の特徴は敵将「脇坂安治《わきざかやすはる》」の視点で描いた点です。まるで主役がパク・ヘイル演じる
李舜臣《リスンシン》ではなく、ピョン・ヨハン演じる彼、脇坂安治のようです。会話も彼の日本語の会話が多く、
ダブル主演といっても過言ではありません。皮肉なことに日本ではほとんど無名に近く、むしろ朝
鮮で超有名人の彼「脇坂安治」は、秀吉と柴田勝家のあいだで起きた賤ヶ岳の戦いで輝かしい戦績

を上げた「賤ヶ岳の七本槍」と称えられる猛将として、同じ七人衆の加藤嘉明らと半島へ送り出されていた武将ですが、李舜臣との闘いの前に陸での闘い『光教山の戦い＝龍仁戦闘《リョンイン》』で、たった二千人以下の軍勢で五万人の朝鮮勤王軍を蹴散らすなど大勝利を収めた武将でした。李舜臣の好敵手として登場した彼が、閑山大捷《ハンサンテチョプ》でいかに李舜臣《リスンシン》に大敗するかという視点で描くことで、李舜臣の偉大さを見事に浮き上がらせました。李舜臣の会話が少なかったことで多少の不満は残りますが、史実としても寡黙だったという李舜臣の存在感を増すことに一応は成功したといえるでしょう。

ピョン・ヨハン始め日本人役の役者の喋る日本語が以前より改善されたにせよたどたどしくぎこちない点が最後まで気になった面は否めませんが、両軍入り乱れての闘いだと会話で判断せざるを得ませんから、敵味方を分ける重要な材料として水先案内人にさせていただきました。海上決戦の見どころはいうまでもなく何度か見直したくなるほど、迫力満点で観る価値があります。大スペクタル映画そのもので、韓国では4DXでの上映が人気だったといいますから、エンタメ映画としても見どころ満載だったことでしょう。そして、この映画のもうひとつの主人公『亀甲船《コブクソン》』の存在を忘れることができません。映画の最初に亀甲船の欠点が議論されますが、クライマックスでの亀甲船の突然の登場とその改良が意表を突きます。大事な場面で大活躍しますが、亀甲船の出陣を憂慮していただけに（登場することは分かってはいましたが）、その活躍は観客に大きなカタルシスを与えてくれます。

この映画は前作に続き「一千万人映画」となることが期待されましたが、残念ながら七二八万三九三〇人に留まりました。それは世界的インフレによる映画代金の急激な高騰、新型コロナ禍の第八波騒ぎ、そして大きくは二〇二二年度のソウルの大洪水騒動が影響したといえます。このように興行成績が満足できる結果でなかったことが残念ですが、損益分岐点はクリアしたようなのでまずは安堵です。シリーズ第三弾にしてラストの『露梁《ロリャン》～死の海』が現在製作中で、二〇二三年十二月十六日に韓国で公開とのことですから、そちらも期待大です。

語りたいことは尽きませんが、今回はこのくらいに。

家康どうする？　ＮＨＫ大河ドラマ『どうする家康』（二〇二三年）

ＮＨＫ大河ドラマ『どうする家康』が佳境に入っています。本日放送の三十八話のタイトルは「唐入り」、即ち朝鮮侵略が描かれました。本日は今回の放送を中心に今年の大河ドラマについてしばし語りたいと思います。秀吉の無謀な野望から始まった朝鮮侵略、日本でいう『文禄・慶長の役』、我が国でいう『壬辰倭乱《イムジンウェラン》・丁酉再乱《チョンユチェラン》』。以前は伝統的な「太閤記」や植民地主義の延長から秀吉の壮大な夢が彼の死によって挫折したというふうに、半ば「肯定的に」描かれることが多かった事案、近年では反戦主義のうねりのなかでその野望と戦争がいかに無謀で多くの犠牲を伴ったかなど「否定的に」描かれることが主流になっています。戦国時代を描くどの大河ドラマでも秀吉の朝鮮侵略を周囲が反対する姿がクローズアップされます。

今回の『どうする家康』でも秀吉は「狂気の人物」として家康目線で描かれていることもあり、徹底して否定的に描かれます。部下の浅野長政、妻の寧々など多くの登場人物が秀吉の「野望」を諌める姿が描かれましたし、主人公の家康までもが戦争の拡大に反対する姿を描きました。先の浅野長政や妻の寧々が秀吉の無謀な野望に反対したことは史実ですが、家康が諌めたという話は史実というよりも主人公持ち上げの一種と見られます。

そもそも今年の大河ドラマ『どうする家康』はタイトルの示す通り我々のイメージにある家康像をぶっ潰すことに主眼がおかれています。家康像といえば両極端なイメージ❶偉人や「聖人君子」❷何を考えているか分からぬ「古狸」といったイメージが確立していますが、従来のステレオタイプではなしに我々と変わらぬ平凡で現代人が共感できる人物、神話ではなく身の丈に合った家康像を描くことに主眼をおいて制作されました。

序盤では毎回押し寄せる困難を前に悩み決断できぬ優柔不断な青年像が描かれ、主人公役の松潤のおよそ家康らしからぬ現代的風貌からも往年の大河ドラマファンの顰蹙を買いました。家康とソリの合わなかったとされる奥方「築山殿」に清純派で好感度女優の有村架純を配役し、二人の仲睦まじい純愛と彼女の思い描く夢物語、少々時代錯誤的な『世界平和の構想』を描き視聴者のクエスチョンマークをも呼び起こしました。しかし、ドラマ中盤のクライマックス『本能寺の変』あたりから序盤の優柔不断な青年像はなりを潜め、我々が知る「熟考と忍耐の人」のイメージに近くなってきました。

とはいえ演者松本潤のイメージに合わせてか突拍子もなく短気で激情家の一面をも描き、これまでの家康像への挑戦も止む気配はありません。「ジャニーズと闘う出版社」文藝春秋の「週刊文春」で十月十二日、松本潤のパワハラ記事が出ました。なかでも彼が脚本無視の良いトコ取りで、他の俳優の台詞を奪うことから『台詞泥棒』のあだ名が付いたとの件《くだり》に思わず吹き出しました。元々プロデュースに興味がありコンサートなどの演出などにも手を出しているといいますから必然の帰結でしょう。幾ら主演とはいえ演技の世界では青二才の彼にこのように傍若無人な振る舞いを容認すること自体、いかにテレビ局の「ジャニーズ」への忖度が常態化しているかを物語る一例では？　今年の大河ドラマの不振は先に挙げた全ての事象のトータル的スコアといえるでしょう。

彼のパワハラはさておき、このような『主演俳優のイメージありき』な企画が横行するようでは日本のドラマのさらなる衰退は防ぎようがないと憂います。今回の家康の描き方について賛否両論ありますが、所詮はドラマですから史実におもねる必要はなく、ドラマならではの芸術的虚構があって然りと私は考えます。

勿論、先の築山殿の『世界平和の構想』などのような時代的制約を無視した描き方は大河ドラマという範疇においてはいささか承服しかねる部分はございますが……「大河ドラマ」というタイトルで日本と韓国でドラマ制作が行われていますが、両国の制作方向は大いに異なります。韓国で制作される「大河ドラマ」は何せ絶対的に史料が乏しい事情もあり、芸術的虚構つまりフィクションを多発する傾向があります。逆に日本では史料が日々吟味され、新しい説を大胆に取り入れながら概ね史実に沿ったドラマが制作されます。韓国の大河ドラマでいかにも史実を無視したフィクションと分かる描写については鼻白むこと必至で日本の重厚な大河ドラマが恋しくなりますが、逆にその分日本の大河ドラマは史料が豊富なだけに制約も多く、自由度が低い点でマイナス面も抱えています。少子高齢化社会を迎えタダでも若者のＮＨＫ離れ、大河ドラマ離れが叫ばれるなか、ワンパターンでステレオタイプの時代劇から脱皮し、若者も楽しめる大河ドラマを制作しようとするＮＨＫの姿勢には総論賛成、各論反対ですが、長年のファンの期待も裏切らず、そのうえ新たな参入者も増やしつつ大河ドラマのクオリティーを保つという難題がＮＨＫ大河ドラマに課されています。

私のように若い時分から大河ドラマに親しんできた層を繋ぎ留めつつ堅いドラマと敬遠し興味持たない若い層をもいかに獲得するか、まさに「二兎を得る」ことは容易ではありませんが飽くなきチャレンジをお願いしたいとツトに思います。

朝鮮版王子と乞食？　映画・ドラマ『王になった男』（二〇一二年）

朝鮮王朝時代の王様で庶人に廃されたのは三人、その内その後復権されず廟号がもらえぬまま「君」の名前で呼ばれる王が二人、燕山君《ヨンサングン》と光海君《クワンヘグン》です。燕山君はローマ皇帝ネロの様な暴虐の限りを尽くし中宗反正《チュンジョンパンジョン》（クーデター）で失脚しました。一方、光海君《クワンヘグン》は壬辰倭乱で焼失した宮殿の再建を急ぐあまり民政をないがしろにするなど多少の暴虐はあったものの、仁祖反正《インジョパンジョン》（クーデター）の根拠としては明への「再造之恩」を忘れたことや異腹兄弟を弑害、継母廃妃など人倫に反するとの名目で、政争(党争)の気配がありありと見えます。

　なので韓国でも評価を見直すべきとの声が多く、二〇一二年に高校の教師に向けたアンケートで再評価が必要な人物の設問でなんとナンバー1に選ばれたそうです。その意識を反映して作られたのがこの映画です。監督は『拝啓、愛しています』のチュ・チャンミン。主演に日本でも有名なイ・ビョンホン、リュ・スンリョン、トンイで一躍人気のハン・ヒョジュを迎えミステリアスかつコミカルなストーリーを雄大な映像美で繰り広げました。あらすじを記します。

　一六一六年、暴君の悪名高き朝鮮第十五代王の光海君(イ・ビョンホン)は権力争いの渦中にあり、常に暗殺の危機にさらされていた。そんな折、彼とそっくりの容姿を持つ道化師ハソン(イ・ビョンホン)が王の影武者として宮中に上がることになる。重臣たちは、何とかして身分の低い平民であるハソンを王に仕立て上げようと画策するが……。(出典　シネマトゥデイ)

　この映画は何といっても一人二役を演じるイ・ビョンホンの演技力に尽きます。今やハリウッド進出も果たし韓国の渡辺謙と(日本で)言われている彼ですが、若い頃韓流第一次ブームの立役者の一人でヨン様ことペ・ヨンジュンやチャン・ドンゴン、ウォンビンと共に韓流四天王と呼ばれていたくらいなので、人気先行なイメージ(先入観?)があり、泥臭いイメージがないのですが、先入観などなんのその、体当たりで役に立ち向かっています。彼はこの映画で芸人の顔は明るめに、王のメイクは目に隈を付けて影を出すなど演出に徹底的にこだわったようで批評家にも演技を絶賛されています。観客動員数一二三二万三五九五名で国内映画歴代十一位、時代劇では「鳴梁バトルオーシャン」にその後抜かれたものの歴代二位です。韓国では観客一千万人を超えると大ヒットとみなすので大ヒットといえます。そして二〇一二年の韓国大鐘賞では本作品は歴代最多の十五個の部門で受賞したそうです。

感想ですが、パターンとして既視感があり観やすかったです。この映画レビューを思い立って直ぐに思いついたのが「王子と乞食」で、迷わず題名にしました。そして韓国での評価を見るとケイヴィン・クライン主演の一九九三年のアメリカコメディ映画『デーヴ』(原題 Dave)との類似性が問われているとか。そして日本の黒澤明監督の『影武者』とも。監督自身はインタビューで先のマーク・トウェインの童話『王子と乞食』にインスパイアされて制作したと述べています。デーヴや影武者に限らずこの手のパターンはおそらく定番なのでしょう。後は料理の仕方です。

この映画は映像美がもう一つの見どころで、ほとんどの撮影が王宮内ですが、ゆったりと流れる空間と緊迫感ある空間を上手く使い分け、画面に吸い込まれます。重厚な雰囲気が、コメディでありながらしっとりした歴史大作に仕上げています。光海君は、個人的には以前、彼の生涯を書いた韓国出版の本を読みとても好きになった王様なので、この映画で光海君の一般のイメージに一石を投げてもらえたら良いことだと思いました。二〇一九年に本題の映画をリメイクしたドラマが作られ、こちらも評判が良く視聴率も良かったです。主人公は子役時代、飛び抜けた演技力で将来性を手中に収めたヨ・ジングで、最近日本でも放送が終了したのですが、楽しく視聴しました。内容は映画と少し違うようでケーブルのHPを引用します。

ドラマ版の大きな見どころのひとつが、ハソンと王妃ソウンとのラブストーリー。別人と知らずに愛情を示す王妃と、真実を隠しながらもソウンを想うハソン、その愛の行方は……。また、臣下のイギュとハソンとの絆にも注目。イホンが暗殺や謀反の恐怖に飲まれ徐々に狂気の王となっていくことに心を痛め、影武者を立ててまでイホンを守ろうと尽力していたイギュだが、ハソンの才覚を認め、右腕として彼を支えていく絆も熱い！（出典 LaLaTV）

ドラマは映画と異なりパラレルワールドとなっており、結末も異なりますが、映画とドラマを見比べるのも一興です。

息をつかせぬ展開？ ドラマ『推奴《チュノ》』（二〇一〇年）

至高の史劇ドラマに出会いました。配信サービスでも配信中なのでみなさんもご覧いただきやすいと思われます。それにしてもチャン・ヒョクとオ・ジホの組み合わせとは何と『濃い』『肉体派』の組み合わせでしょうか。顔も濃いですが肉体も濃い。肉体派でもあり、東洋人離れした彫りの深い顔でそれこそ彫刻みたいです。このドラマはそっち系を狙っているのか、これでもかこれでもかと裸を見せつけます。そっちを眼福に思う向きには打ってつけといえるでしょう。ここでKBSワールドの回し者としてCMに加担します。概要をどうぞ。

「KBS World 開局十五周年記念～イケメンシリーズ」第二弾！

チャン・ヒョク&オ・ジホ&イ・ダへ主演！　瞬間最高視聴率四一・九％&平均視聴率三二％を記録、韓国時代劇の歴史を変えた大ヒット・アクションドラマ！

身分制度に苦しむ下層階級の悲哀をメインに取り上げた、全く新しいタイプの時代劇。奴婢《ぬひ》を追う狩人の推奴《チュノ》、奴婢に転落した朝鮮最高の武将、そしてその二人を愛した女奴婢の物語が壮大なスケールで展開される！　チャン・ヒョク、オ・ジホの鬼気迫る演技力、ほぼスタントなしの迫力あるアクションシーン、逞しい肉体美まで一瞬も目を離せない超大作！　（引用　KBS World 公式サイト）

毎度ながら何とも気合が入っている謳い文句ではありませんか。ところでイケメンシリーズって何ですか？　イケメン以外を主人公（もしくは相手役）に据えたドラマってありましたっけ？　イケメンを謳い文句にするのも大概にしてもらいたいです。できれば実力派シリーズとでも銘打ったドラマが観たいような。次にあらすじです。

裕福な貴族階級・両班《リャンバン》の家に生まれたテギル（チャン・ヒョク）は、召使で奴婢のオンニョン（イ・ダへ）と密かに愛を育んでいた。しかし、奴婢の身分に我慢できなくなったオンニョンの兄、クンノムが火を放ち、オンニョンを連れ逃亡する。十年が経ち、テギルはクンノムとオンニョンを捜し回るうちに、奴婢を追う推奴《チュノ》師になっていた。一方、かつて朝鮮最強の武将といわれたテハ（オ・ジホ）は、友人チョルンの裏切りにより奴婢に。そしてある日、丙子胡乱の際に清国に人質として捕えられ、苦労を共にした次期国王昭顕世子《ソヒョンセジャ》からの手紙を受け取り、昭顕世子の息子・石堅を朝廷の陰謀から守るために逃亡奴婢となることを決意する。逃げるテハは推奴師テギルに追われることになるのだが、同じく逃亡中のテギルの初恋の相手・ヘウォン(オンニョン)と出会い、行動を共にすることになる。(引用　KBS World 公式サイト)

全くのパラレルワールドだと思いましたが、このあらすじで丙子胡乱《ピョンジャホラン》前後を舞台としていることが判明しました。仁祖期ですね(朝鮮王朝最大の屈辱となった丙子胡乱についてはブログをご覧ください)。丁卯胡乱と丙子胡乱は朝鮮王朝時代において豊臣秀吉の侵略・壬辰倭乱と同様に、もしくはそれ以上に我が国に打撃を与え、様々な社会的変化をもたらした戦争です。この戦争は封建社会の弛緩・解体をもたらし、朝鮮王朝は後期社会へと移行します。戦争による影響で、没落して奴婢に堕ちる者、社会的成功により両班身分を買う者など身分制度が劇的に崩壊・解体しました。

ドラマはこうした社会を背景に描いています。一気に二話観ましたが一言で吸い込まれました。テンポも良く、アクションシーンが多く息をつかせません。まずチャン・ヒョクの存在感が絶大です。春香伝のリモンリョンのようなウブトリョンニム(おぼっちゃま)から汗と泥だらけの汚れ役の推奴《チュノ》に身を落としても愛する女性を追い掛ける彼の執念に心を持って行かれます。そして体を張ったアクションの連続と鋼のような身体に釘付けになります。それにしても韓国の俳優は皆モムチャンです。みんな何でここまでボディービルダーのようなんでしょう？　当たり前のようにモムチャンです。チャン・ヒョクが追い焦がれるヒロイン、イ・ダヘさん。初めて見ますが透明な美しさに思わず見惚れます。ド・ストライクの朝鮮美人です。同じ美女でも見るからに清純そうで心まで美しく見える美女とそうでない美女と二つのタイプがあるのはどうしてでしょう。

　このドラマ、市井の人物、それも下層民の暮らし、生き生きとした姿を描いていて、史劇のツウにはたまりません。特に私も知りませんでしたが、チュノとは？　推奴《チュノ》は実際に存在した職業です。「チュ」の字は「追う」『追《チュ》』ではなく、逃げた奴婢を本来の所有者に返すという意味である「推刷《チュスェ》」するという意味の推奴《チュノ》です。漢字の世界は非常に奥深く、限りないほど雄大です。元々、朝鮮王朝時代に主人の家から別に離れて独立した生活をするウェゴ外居奴婢を管理してモムサク(身代)を徴収したり、主人の家などから無断離脱をして逃げている奴婢を調査して逮捕することを意味する言葉だそうです。民間の奴婢に関連してチュノをする民間業者はチュノクン(推奴屋)、官奴や官妓などの官公署に関連してチュノをする者たちを奴婢推刷官、または推奴官と呼びました。これらチュノの存在については粛宗、景宗、英祖実録に主に記録されており、国の飢饉が起きた時にはその行為を禁止したものの、官吏がそれを破って、盗賊を捕らえるという口実で勝手にこれらを捕らえては売買してお金を稼いだと記録にあります。この過程で官吏同士が結託して、奴婢ではない良人《リャンミン》の民を捕まえる場合も多かったそうで、不法な逮捕とそれに伴う訴訟が後を絶たなかったそうです。

　推奴《チュノ》制度と推奴《チュノ》クンは一七七八年(正祖二年)に奴婢《チュスェ》官が正式に廃止され、歴史の中に消えました。このように歴史にクローズアップされることのない職業人を主人公に、実際の重大な歴史を絡めてドラマ化するのが二〇〇〇年代の韓国史劇ドラマのパターンです。歴史背景に仁祖の時期の丙子胡乱とその後の昭顯世子《ソヒョンセジャ》の悲劇を描いています。彼は人質として八年間暮らした清国より帰国した二カ月後、突然の死を遂げますが、死因は不和だった父、仁祖による毒殺といわれており、昭顯世子《ソヒョンセジャ》の家族、子孫はことごとく抹殺されました。彼を巡る政府内の政治陰謀、遺児を救出すべく命さえ投げ出す忠臣たちの戦いに、追う者追われる者のハラハラさせるスリルとサスペンスが絡み、肉体派同士のぶつかり合いのアクションが息もつけぬ展開を呼びます。

ドラマ『チュノ』はアクションシーンだけに目を取られがちですが、全体的なストーリー、つまりこのドラマが視聴者に伝えようとしているテーマとメッセージを見つけることもまた面白いといえます。歴史的背景について述べると、朝鮮の歴史の中で最も憎んだ異民族の一つが「清国」です。明まで続いていた漢族の中国ではなく、女真族の子孫が作った清国を我が国支配者たちは『野蛮人』として非常に嫌いました。一言で、明との君臣関係は正義で、清への服属は恥辱という区分です。俗に言う、野蛮と文明の違いでしょうか？　歴史を見ると、仁祖は時代遅れ的な『親明排清』政策で清の怒りを買い、清の太宗十万の大軍により侵犯されました。清は最初の「丁卯胡乱」の時『兄弟之国』と関係を設定しましたが、朝鮮に斥和論が広がり親明的な態度が目立つと再度「丙子胡乱」を起こし、朝鮮王朝を攻めました。突然の侵略に仁祖は江華島に逃れることもできず南漢山城に籠城し、結局屈辱的な降伏をし、王世子《ソヒョンセジャ》は清に連行されます。その事実から、清国に服属はすれど「面従腹背」で決して清国から習おうとせずに侮蔑して無視し、清国を討とうという「北伐論」が台頭します。このような史実が朝鮮王朝の近代化を大きく妨げる結果を生み出しました。ドラマでも清国はいつも悪役です。

しかしこのドラマで清国は、他のドラマとは異なり善役で出てきます。それは、清のヨンゴルデがソンテハのサポート役として描かれるからです。ソンテハは丙子胡乱の際に清国に抵抗しましたが、ソヒョン世子が丙子胡乱の降伏の際、人質として清国に一緒に連行され清の将軍と義兄弟の契りを交わします。ソヒョン世子は清の発達した文明を受け入れ、朝鮮王朝を発展させようとする所信を持った人物でした。結局、仁祖は自分のプライドを損ねるソヒョン世子を憎み毒殺しました。そして、自分の言葉をよく聞いて清を憎む次男、鳳林《ポンリム》大君を王位に上げます。鳳林大君は孝宗として即位した後『北伐』を叫び、朝鮮の民衆に敵愾心を煽りました。その影響で我が国の時代劇では清を仇敵として描き、清国を憎む勢力が愛国者で、清国と友好親善を育もうとする勢力は売国奴的に描かれました。

ところが、ドラマ『チュノ』は異なります。ドラマでソンテハを助けた勢力は野蛮人と呼ばれた清の中核部隊ヨンゴルデでした。清国が朝鮮王朝の内政に干渉する姿を描いたとはいえ、清国が正義に組する姿はそのような意味でも新鮮です。十八世紀に盛んになった「実学」で朴趾源《パクチウォン》を筆頭に、夷狄の国ではあれ清国から習い商業を発達させ、国を豊かにしようとする「北学派」が存在し、特に朴斎家は国王正祖に『北學議』を建議するなど活発な活動をしました。ドラマ『チュノ』での清国の描き方は、その後のそれら「実学」の動きに重なる方向性ともいえ、歴史叙述の多様化を思わせる貴重な描き方です。

以上のように、ドラマ『チュノ』は時代劇のパラダイムを変えた作品であるといえます。奴婢という階層についての具体的な描き方、新たな歴史観の提示、他にも朝鮮王朝の愚かな国王と姦臣の権力欲がいかに国家に深刻なダメージを与えるかなど、現代に生きる我々の人生と進む道を考えさせてくれる、良好なドラマだと結論できます。配信サービスも多く観られる機会は多いので、その衝撃をぜひご体験ください。

大君主のビッグマザー？ ドラマ『トンイ』(二〇一〇年)

今回はドラマ『トンイ』を取り上げることにします。イビョンフン監督マジック作品。元々五十回だったのが六十回に増えました。韓国での視聴率は最高二九・一％、平均二三・〇％で、前作の『イサン』の遺産を少々崩してしまいました。まずはあらすじをどうぞ。

一六八〇年三月初旬の深夜、ある湖畔で司憲府《サホンブ》大司憲《テサホン》チャンイクホンが何者かに重傷を負わされ、後に帰らぬ人になる。その事件の容疑者として、無実の罪を着せられたチェヒョウォンと息子のチェドンジュは、真犯人を探る中で罠にはまって捕縛、逃げ出したが、部下共々殺害された。命からがら逃げ出したヒョウォンの娘トンイは身を隠すために宮殿に入った。そして父と兄の無罪を証明するために奔走することになる。（出典 Wikipedia）

チャングムからイサン、トンイ、馬医《マウィ》、オクニョまでイビョンフン監督の制作パターンは決まっていて、名もない貧しい庶民(イサン除く)が出自の不安を抱えながら、波瀾万丈な人生の末に自分の手で勝利と成功を勝ち取るサクセスストーリーです。勧善懲悪なので、善・悪人をひとたび頭に入れれば固定不変で、悪役さんはこれでもか！　と暴れてくれるので、ある種最後に破滅が待っているると思うと楽しみで、ドキドキハラハラですが最後は良いストレス発散になります。必ず最初に歴史的事件と絡めていて設定に説得力を持たせます。

トンイは特に主人公が女性ということもあり、チャングムの焼き写しの面が多く、韓国では全く同じだとの評が多かったそうです。これをワンパターンと見るかお約束事として既視感を楽しむかは人それぞれですが、寅さんや水戸黄門、サザエさんの伝統を持つ日本にとっては後者のほうが優勢な気がします。頭を捻る必要がないので観ていて心地良く安心して観てられます。トンイもムスリ出身(賤しい水汲み)という以外、他のドラマと違わず前半生は不明で名前すらフィクションだそうです。前近代の朝鮮では基本早婚なので、身分の高い女性は結婚すると名前を持たず金氏や崔氏と呼ばれていました。あの明成皇后(閔妃)すらも名前が分からず、小説家が野史から紫英チャヨンという名前を拾ってきたそうですから。トンイも淑嬪(位階)崔氏スクピンチェーシが正式名で、普段は淑嬪や崔淑嬪などと呼ばれるのです。なのでトンイという純朝鮮的な名前は新鮮な響きで、過去に描かれている淑嬪崔氏とは別人に感じます。

ストーリーには誤謬が多く、事件や因果関係をかなりアレンジしていて、韓国の歴史オタクからはかなりクレームがきたそうです。日本でも大河ドラマ『江《ゴウ》』で、幼いお江が本能寺の変の時に徳川家康と会う場面が物議を醸しましたが、それすらも可愛いほうだといえます。なので、あくまで歴史的人物を題材にしたファンタジーだと思ったほうが良いかもです。トンイは逆境においても冷静沈着、優しくおおらかで芯が強い、現代に求められている女性像を先取りしているといえるでしょう。チ・ジニ演じる粛宗《スクチョン》とのラブストーリーが素敵で人気だったので、当初考えていたストーリーとは大分変更されたそうです。私も粛宗というと仁顕王后《インヒョンワンフ》と禧嬪張氏(張禧嬪《チャンフィビン》)の間でフラフラしている優柔不断でいい加減な王様のイメージがありますが、今では凛々しくキリッとしたチ・ジニの姿が浮かんでしまいます。おかげで粛宗に人気が殺到したとか。粛宗は党争に引きずられ、あっちに行ったと思うとこっちに行き、己巳換局《キサファングク》、甲戌換局《カプスルファングク》と呼ばれる換局政治、つまりは数回に及ぶ派閥の大弾圧を行なったことで有名です。

最近の研究ではそれら換局政治が、粛宗の王権強化政策の一環だったとし、彼を主体に見る向きもあるといいますから、ドラマでの姿はそれを採用したと見ても良いかも知れません。

朝鮮王朝の歴史の中で「三大悪女」といえば、張緑水《チャンノクス》、鄭蘭貞《チョンナンジョン》、張禧嬪《チャンフィビン》ですが、その筆頭張禧嬪と仁顕王后とのエピソードでは、今までのステレオタイプとは違う張禧嬪像を描いていて、人物像を深めたとの評を得ています。

もちろん、ここでも主人公トンイ(つまりは淑嬪崔氏)の美化が酷くて首を傾げることもありますが……後半部分を引っ張るのは後の英祖こと延仍君《ヨニングン》・昑《クム》とのお話で、子役の可愛さに思わず他を忘れるほどです。一番のクライマックスはお忍びで会いに来た粛宗を相手に、父親と知らぬクムが、一度もお会いしたことはないがとても偉いお方で自分の誇りだと堂々と答える場面です。クム役の子の名演技と併せ、それを見守る国王とのやり取りが、フィクションと知りながらも観る者の目頭を熱くさせる名場面でした。

余談で、劇中粛宗がトンイに指輪をプレゼントする場面がありますが、前作のイサンでイスンジェ演じる英祖が崩御前、正祖の恋人ソンヨンに母親淑嬪崔氏の指輪を渡す場面があり、二つの作品の時間のつながりを見せてくれる装置としてファンの間で話題でした。今こうして文章を書いていると無性にまたドラマを観たくなりました。

骨太のシリアス・ヒュージョン史劇登場？
ドラマ『袖先赤いクットン赤い袖先』(二〇二一年)

最近韓国で放送された史劇ドラマの内、一番視聴を楽しみにしていた韓国史劇ドラマは三作品で、❶哲仁王后《チョリンワンフ》、❷暗行御史《アメンオサ》、❸袖先赤いクットンでした。『袖先赤いクットン』は二〇二一年十一月から二〇二二年一月まで放送されたMBCテレビドラマで、2PMジュノの除隊後初のドラマです。主演はジュノ、イ・セヨン、カン・フン、時代設定は第二十一代国王英祖〜第二十二代国王正祖の時代です。KNTVで放送開始しましたが、日本での題名は『赤い袖先』となりました。

そもそも題名の「クットン」という名前が不思議で訳し難いのでしょう。私も当初不思議でした。人名だろうか？　それとも？　「クットン」といえば、我々のような往年のウルトラマン世代は初代ウルトラマンを倒した憎っくき「ゼットン」を思い出すでしょう。ヒーローが最終回に怪獣に倒されるという展開は幼心にかなり衝撃的で大きなショックを与えました。このショックと共に「ゼットン」の名前は長らく語り継がれ、今ではウルトラマン怪獣の中で一〜二を争う人気怪獣になっています。

話は戻りますが、「クットン」とはチョゴリ・韓服の袖先を表すそうです。つまりチョゴリの袖の先端部分に付け足された布の部分を意味するそうです。私も聞いたことがなかったので初めて聞く言葉で勉強になりました。小さな頃からウリハッキョ（朝鮮学校）で朝鮮語を習い、私も「準ネイティブ」レベルには達しているつもりですが、一〇〇％ネイティブレベルとはいかず、たまに知らない言葉があります。そういえばチョゴリで色とりどりの袖をセクトンといいます。クットンとはセクトンの終わり（クッ）のトンだと思えば良い訳ですね。さらに調べたら「トン」は純粋な朝鮮語で、チョゴリの袖に継ぐ切れ端のことをいうそうです。セクトンは五色の布切れを継ぎ合わせた袖口を指し、クットンとは袖の端に継いだ切れ端を指す言葉のようです。袖先赤いクットンとは王宮内で働く「宮女《クンニョ》」を指す言葉で、袖先に赤い布を足したことからそう呼ばれたとのこと。さすがにこの題名では難解と思われたか日本での題名は前述の通り『赤い袖先』になった訳です。

次に制作意図を。

自身が選んだ生き方を守ろうとした宮女と愛よりも国家が優先だった帝王の哀切な宮中ロマンス記録。トッケビよりも恐ろしいという王がいた。王は漢《おとこ》である前に君主である。愛する女性より一国の運命が優先であり、万民の安寧が先だ。恋愛は遠く最後の順位に追いやられる。もっとも純粋で熱くなるべき初恋でさえ冷静な理性で抑え、政治的に計算する。細く長く生きたい宮女もいた。袖先を赤く染め着た彼女ら宮女《クンニョ》。袖先の赤いクットンは王の女性だという印である。ならば彼女らはどんな存在だったのだろうか？　ただ素直に王や王族に仕える案山子《かかし》のような人形だったのだろうか？　朝鮮王朝時代、宮廷内の基本的な生活全般を管掌する立派な女官として、宮女たちにも彼女らだけの大きな夢や素朴な幸せがあったであろうという「仮定」からストーリーは始まる。倒れた感情のダム、運命を揺るがす洪水になる。漢《おとこ》である前に至尊《しそん》(君主)たることを選んだ王だったので、恋愛すらも結局ひとつの将棋の駒に過ぎない。それゆえ傷付く女性の心など眼中にもない。心が捻れた宮女は敢えて、王の愛を拒否する。後宮になることを拒否し、宮女として残ろうとする。それでも最後まで互いを心に湛えざるを得ない彼ら。平凡たろうとしたが、決して平凡たらざるを得なかった帝王と宮女の愛を描こうとする。（引用　公式サイト）

この制作意図を読むとかなりシリアスな「悲恋もの」といえそうですね。今や、長らく朝鮮王朝歴代人気トップだった聖君四代国王世宗《セジョン》をいつの間にか凌ぎ、人気ナンバーワンに躍り出た朝鮮王朝時代末期の聖君正祖《チョンジョ》のラブストーリーを描いていますから。聖君ではあれ、私生活においてはもっぱらストイックに過ごした彼のこと、恋愛においても「カタブツ」のイメージが付き纏います。

そのイメージは正祖《チョンジョ》人気を決定付けたイ・ビョンフン監督の名作『イ・サン』でも如実に描かれました。今や正祖《チョンジョ》といえば私の中では若きイ・ソジンが浮かびますが、このドラマが現在のチョンジョのイメージアップに寄与したことは間違いないでしょう。その後のドラマ・映画もそのイメージを追って、「王」としての貌よりも若くストイックで不器用な彼の人間性、人間味溢れた表情を映し出すことに注力してきた感があります。即ち、永遠の凛々しき青年王のイメージです。このドラマもその脈絡で鑑賞すれば良いこと間違いなさそうです。次にあらすじを。

幼い女官見習いのトグィム(ドギム)は女官長の命令で亡くなった王の側室嬪《ヨン》の実家に行くことになる。一方、世孫サンは英祖に隠れて嬪の実家に向かう……。(引用　公式サイト)

あらすじがこれだけではどんな話かトンと分かりません。簡単に続きを述べると、幼い頃に偶然出会った二人ですが、その後もトグィムは世孫《セソン》(チョンジョ)の重大な危機を人知れず救います。しかし二人が出会うことはなく、大人に成長します。成長して東宮付きの見習い女官になったトグィムは東宮(王世子:世孫《チョンジョ》のこと)と知らず、仕事場の書庫で無礼を働く青年をチョンジョお付きの洪尚書《ホンサンソ》と勘違いし友情を温めますが、偶然彼が王世子であることを知って憤慨するという流れです。

このドラマ、韓国では五・七%から始まった視聴率が最終回には一七・四%の高視聴率を叩き出し、大当たりしました。イ・ビョンフン監督のトレンディー史劇とは異なり色合いもモノトーン、パステル調で現代風を極力排除して、時代性の接近に努めています。とても骨太な史劇の予感がします。あるブロガーさんの記事に「カジュアル史劇」との命名がありました。思わず唸りたくなるような絶妙なネーミング。真似っこの嫌いな偏屈な私としては「大河ドラマ」と「ヒュージョン史劇」の間を取り、「シリアス・ヒュージョン」と名付けましょう。

オマケですが、このドラマが名作たる所以を箇条書きしましょう。❶モノトーン風の作り❷過剰なコメディーを排した演出❸時代考証の確かさ❹主演男女の「美男美女度の低さ」❺その他俳優陣の「美男美女度の低さ」❻主演ジュノの演技力、これらをひとつひとつ述べるとどれだけ文章を費やせば良いか分かりません。

しかし、ドラマ中盤で登場する悪の組織「広寒宮《クァンハングン》」は原作にもない、ドラマのフィクションだそうです。壮大なる「嘘っぽい」設定で私も思わず笑いましたが、これはドラマ性を持たせるために加えたフィクションと思われ、別段この設定については「歴史歪曲」の論議は起こらなかったそうです。ドラマに創作は付きものですから、設定如何によっては「歪曲」論議になることもありますが、適切に加える分には問題ない良い事例でしょう。この設定のおかげで、主人公トグィムの立ち位置と役割を際立たさせる効果を生みました。重厚で美しいフュージョン史劇の傑作『赤い袖先』、ぜひご覧ください。

三　仮想史劇・ヒュージョン史劇

朝鮮王朝宮中を背景にしたどん詰まりドラマ？　ドラマ『シュルプ』（二〇二二年）

【1】

韓国ドラマを本国と同時にリアルタイムで観られるとは良い時代になりました。NETFLIX配信ドラマ『シスターズ』の後番組として始まったドラマですが、現在十六話中十二話まで放送が終わり、韓国でも最新話で視聴率全国一三・四一五％と首都圏一四・二〇％というヒット指標に入る「魔の一〇％」を堂々と突破し、クライマックスにおけるさらなる盛り上がりを多いに予感させるポジションに付けています。

まずタイトルの『シュルプ』ですが英語やフランス語のようなシャレた語感ですが、「傘」を意味する朝鮮語の固有語です。今では「傘・雨傘・日傘」にその存在を譲りましたが、ウリクル《ハングル》の創始時に発刊された『訓民正音解例本（一四四六）』にも散見される由緒あるワードです。詳しい来歴は探せませんでしたが、ウラル・アルタイ語で「シュ」という単語は空を意味する言葉の発音だとありました。「シュルプ」という単語はその音写語（当て字）だとも思われますが、おそらく空を遮るアイテムを指すのではと推察できます。ドラマタイトルの意味はおそらく、朝鮮王朝時代の宮中でキム・ヘス演じる主人公「王妃」が、息子である世子たちの傘になり守って行く姿を描く意味と思われます。

ここでお約束、ドラマ公式サイトからドラマの制作意図について引用します。

「テチドン大峙洞(ソウル江南の予備校・学習塾激戦区)」より熾烈な「王室教育」

宮廷の母たちの「皇太子競争」

アイドルも羨む「イケメン王子軍団」

あなたたちが育った分だけ「オモニたちの成長」

時代だけ過去、現代にオーバーラップ。予備校時間のラッシュアワー、テチドン大峙洞の塾に並ぶ長蛇の列。一：一の授業、テスト問題予想の家庭教師、外国語スピーキング、集中力向上、ブレーンのケア。この激しさは過去の王室にもあった！　もしかしたら今日の入試戦争よりもっと猛烈だったかもしれない。五百年前、天才教育の秘密王室ロイヤルファミリーの教育法は別にあった。腹の中で受ける胎教を皮切りに、誕生後の教育までとても徹底した体系的な勉強法と礼儀作法、食べもの、情緒教育、頭脳発達など過去の王子たちが受けた上位一％の英才教育法をドラマのあちこちに散りばめるであろう。皇太子たちは学問を向上させるために、洗顔からして特別な方法でしたんだと？　その秘訣が気になるなら一度見て。興味深いだろう。偉大な時代、偉大な助力者高い宮殿の塀の向こうには、王が歴史を書く間に見えないところで巨大な秩序を築いた助力者もいた。

幾重にも包まれた「九重宮闕《くじゅうきゅうけつ》」の中を覗いてみるとあらゆる事件・事故を防ぎながら足が速く動いていた誰かがいたかもしれない。シュルプはそのような「想像」から出発した。（引用　公式サイト）

今の韓国での教育熱と受験戦争を朝鮮王朝時代の宮廷内における「それ」に掛け合わせて、母親の内助の役割を描いたヒュージョン時代劇です。韓国で「教育ママ」を『チマパラム《スカートの風》』と呼びますが、まさしく主人公の王妃、現代の自立した女性を演じさせたら右に出る者がいないキム・ヘスがチョゴリの裾を風で切りながら疾風の如く駆け回ります。現代韓国での教育熱を朝鮮王朝時代の宮中でのそれに置き換えているので、名前は「時代劇」ですが、実際には「現代劇」そのものです。まさに時代劇の設定だけ借りたヒュージョン史劇で、架空の設定になっていますので、とても朝鮮王朝時代の宮中をキチンと描いたとは到底思えないオカシげな設定が、歴史専門家を自認する私でなしにしても、少々朝鮮王朝時代の歴史に詳しい人が観ただけでも荒唐無稽な設定に、随所でダメ出しを出したくなります。王宮の内命婦の長として絶大なる権力を握る王妃と後宮が同列レベルで争ったり、後宮の子たち（庶子：君《クン》）が正妃の息子である大君《テグン》に喰って掛かったりと疑問符が後から後から出ます。陰謀劇はあるにしても太妃が露骨に王妃をディスするなど、韓国ドラマ必殺の「どん詰まり《マクチャン》ドラマ」の展開で視聴者を引っ張りたい模様です。現在ようやく五話まで視聴完了しました。世子が亡くなり、本格的な後継者争いに突入するというワケですが、「現代劇のすり替え版」「マクチャンドラマ」としてはかなり面白いので、歴史は抜きにして楽しみたいと思います。

もう少し視聴した後、朝鮮王朝時代の宮中での法度《はっと》などを書きたいと思います。

［2］

ドラマ『シュルプ』を観覧して書きたい内容が満載でした。さして感動したり気に入っているワケでもないのにレビュー記事を何度も書くなんて不思議です。それは突っ込みどころ満載だったという意味でもありますが、書こうと思えばあと二回くらいは書くことができます。

とはいえ、『シュルプ』ばかりにかまっていられないので、今回だけ、かいつまんで書き終えることといたします。「波濤のドラマ展開」と「波濤の特別講義」が私の頭の中で全面衝突してしまったため、書きたかった内容の記憶も薄れ、パッションもクールダウンしてしまっています。ということは冷静に書けるということですから、ある意味結果オーライ。

さて、本題に入ることといたしましょう。韓国ドラマ・映画の特徴(固執的な欠点でもある)としてジャンルがひとつに絞られずたくさんのジャンルに跨ることが挙げられます。それを大雑把に分類すると、❶初盤～コメディー(喜劇)❷中盤～ミステリー❸終盤～シリアス(悲劇)、「新派《シンパ》(お涙頂戴)」の流れでドラマが進行します。特に韓国で視聴者や評論家が指摘するのが❸の「新派劇的進行」です。ここでいう「新派」とは戦前日本の影響を受け隆盛した演劇の流派ですが、必要以上の「お約束」＝「お涙頂戴」「感動の押し売り」がコレでもかと押し出されます。ジャンルがガラっと変わってしまうので、それはそれである意味「新鮮味」もなきにしもあらずですが、ネコも杓子も同じパターンなので、いつも観る側としては既視感しか漂って来ず、ワンパターンの誹りは免れません。このドラマ『シュルプ』でも後半、十三話辺りからサスペンス調が強くなり、かのドンデン返しで人気を博した「シドニーシェルダン」もマッ青な「ドラマティック」な「あり得などんでん返し」の展開で視聴者を霧の中に追い込む波濤の展開が起こりました。

ネタバレになるので多くは語りませんが、端役に見えた「クォン医官」が後半の主役をかっさらって行きました。悲劇過ぎる結末はまるでシェイクスピアの四大悲劇の筆頭『ハムレット』、ハムレットを逆から見るかのような悲劇性がやはり新派劇的だなぁと実感しました。しかし確かに意表を突いたストーリーではありました。聞けば演じた俳優さんも有名な俳優さんだそうで「こう来たか？」といった感じです。ワンパターンの韓ドラなれど視聴者を色んな世界に連れて行ったり置き去りにしたり、縦横無尽の展開で我々をアッと言わせてくれるワケですから、コレはコレで韓ドラに「天晴れ！」と言わないといけませんか。勿論「絶対にあり得ない！」と断言できますけど。最終話はほとんどストーリーが終了したあとの後日談的なお話。それにしても、後日談の長いこと。日本のドラマや映画ならサラッと描いて爽やかな余韻をくれて終わりそうですが、『シュルプ』はそれが長過ぎて「いつ終わるの？」とダラけそうでした。まぁ、架空の王室の架空のストーリーなのでどう飛んでも良いんですけど。

ちなみに韓国での視聴率を見ると、最終話は全国一六・八五％、首都圏一八・一五％と最高視聴率を更新し、あわや二〇％突入かという輝かしい数字で有終の美を飾った模様です。全般を通して歴史的考証を完全に無視した時代劇版「どん詰まり」ドラマ＆「イケメンパラダイス史劇」だったこの『シュルプ』、私が投げ出さず最後まで観たのはなぜだろうか？　と振り返って見ると一番の理由はやはりキム・ヘスの存在感です。彼女が出ているだけで軽い「マクチャンドラマ」が重厚感のある本格派史劇に思えてくるから不思議です。最近では若い美男美女カップルが主人公を務めることの多い韓ドラヒュージョン史劇で、どうあれ彼女のような名優を主人公に据えているだけで格式が出ます。そして、彼女と対を成した太妃役のキム・ヘスクの存在感。彼女が最終的に選んだ選択の場面で彼女の出《い》たちは清国の最後の女帝「西太后」を連想させました。ただコチラも余談ですが、朝鮮の歴史上後宮の子が王になったとしてもその生母が生前に王太妃の称号を受けることはありませんでした。

例えば朝鮮の歴史上、後宮の子が王になりその生母が生きていた唯一の例は正祖《チョンジョ》の後宮「スビン朴氏」だけですが、彼女は純祖《スンジョ》の即位後「嘉順宮《カスングン》」という称号を受け、王妃よりは高く、しかし王太妃よりは低い序列の待遇を受けました。一方、清では先の西太后のように後宮であっても、子が皇位に就くと皇后と共にその生きた生母も太后になった例が存在するので、彼女のモデルはまさに西太后だったのかも知れません。

四　近代

日本の人にぜひ見てもらいたいドラマ？　ドラマ『緑豆の花』（二〇一九年）

［1］

このドラマは、ヒュージョン史劇ではあれどファンタジー史劇やロマンス史劇ではなく、最近流行りの歴史的史実を基にした「ファクション（ファクト＋フィクション）史劇」です。全琫準《チョンボンジュン》始め歴史人物が多く登場します。知る人が見ればタイトルだけでモチーフが分かります。

元のタイトルは「ウグムティ（ウグムチの古語）」だったそうです。牛禁峙《ウグムチ》とは忠清道公州《コンジョ》付近の峠です。ここで、農民軍と日本軍及び朝鮮官軍との最終決戦が有りましたが、武器、技術、作戦においで優劣が大きかった両軍の勝敗は明らかで、この「牛禁峙《ウグムチ》戦闘」で農民軍の敗退が決まったといえます。このタイトルも特徴的でしたが、敗退の決定的な戦闘名だけに悲壮感が漂います。『緑豆の花』のほうが、全琫準が頭に浮かび、甲午農民戦争全般を思い浮かび良い印象です。

ここであらすじを。一八九四年、朝鮮は、西欧や日本などの列強から開国を迫られていた。そんな中、金を没収して悠々と暮らす悪徳役人ペク・カの庶子ペクイガン（チョ・ジョンソク）は、父から日々認められるために、借金取りとして生きていた。一方、日本から留学帰りしたイガンの異母弟ペクイヒョン(ユン・シユン)だけは、唯一イガンを家族として慕っていると共に、やがて朝鮮を日本のような文化国家にしたいと心に誓っている。しかし運命は、彼らの仲を引き裂いていくのであった。（引用　Wikipedia)

当時のイメージを重視してか、最近の史劇のカラフルでクリアな画面を排除して、重苦しくモノトーンのタッチでリアリティーを出しました。最近のヒュージョン史劇で民衆がカラフルな衣服を着ているのとは違い、史実に近い白の古びた色彩の衣服を纏わせました。反面、両班《リャンバン》たちには絹の色彩ある衣服を着せ、衣服によって両者の違いを際立たせています。一話から農民たちの古阜《コブ》農民暴動を描きました。悪役になり切ろうとしたチョ・ジョンソクと、開明に向かおうとした異母兄弟ユン・シユンの運命のねじれを描いて行きます。このドラマ、前作『熱血司祭』の成功を受けて、初回は一一・五％とスタートダッシュを切りましたが、その後伸び悩み、六％～八％台を行き来し、低迷のまま終了しました。しかし、その作りの完成度で評論家からは絶大な評価を受けました。実際、史実は農民軍の敗退と全琫準《チョンボンジュン》の処刑、朝鮮の半植民地化の深化と、結末が暗いだけに仕方ないともいえますが、同じ暗い時代を描いた『ミスターサンシャイン』の成功に見るように、描き方によっては幾らでも大衆の支持を得ることはできるので専門家の評価と大衆の人気の双方を両立させてもらいたいです。確かに四話まで闘いだけが延々と続き暗いです。

このドラマは写実的でシリアス、かつメルヘン調やファンタジー系は極力排除しています。チヨ・ジョンソク演じる「アレ」(コシギ)というあだ名のリガンを陰ながら思慕するハン・イェリ演じる客主ソンジャインの恋心は若干描かれますが、恋愛話つまり「コイバナ」が前面に出ません。それはそれで骨太で良いのですが、ストーリー上あらゆる層、特に我が家の家内のように時代劇が苦手な人種、堅い話が不得意な人たちを惹きつける手段としてはやはり美男美女の恋愛話があったほうが没入しやすいと思うのです。同じ時代を扱った『ミスターサンシャイン』の成功も案外ソコにあるのではと邪推したりして。勿論、この二つのドラマを同列に見ることはできません。『ミスターサンシャイン』は歴史的事実、つまりは史実を省く傾向にあったのですから。義兵闘争をモチーフにしてはいた物の、よりヒュージョン史劇要素が大きくて、我が国の文明開花期を描きたいのではと思うほどの背景描写でしたから。

反面、このドラマは甲午農民戦争を真正面から描いていて、敵味方間の微妙な空気感もシッカリと描いています。五話まででチョ・ジョンソク演じる「アレ(コシギ)」ことリガンが、人々に憎まれる衙前《アジョン》から如何に農民軍に参与するようになるかを丁寧に描きました。納得行く展開です。

ひとつ残念なのは、衙前《アジョン》一家の兄弟間の矛盾を描くストーリーにしようとしたあまり、甲午農民戦争の前段階、すなわち古阜《コブ》農民暴動の直接的な引き金になった趙秉甲《チョビョンガプ》の悪事が強調されていない点です。チョビョンガプは我が国の貪官汚吏の内でも折り紙付きの悪人で、直接彼を処断するために農民たちが立ち上がったのですが、その手下であった衙前《アジョン》のペクカが強調され過ぎていて、少々肩透かしを喰らいます。チョビョンガプはさっさと逃げてストーリー上は脇役になってしまうのですから仕方がないといえばそうかも知れません。全琫準《チョンボンジュン》を演じているチェ・ムソンの演技がとても良くて、民衆の英雄だった緑豆《ロクトゥ》将軍を格調高く演じています。

もうひとつ、五話での描写で素晴らしいのが白山《ペクサン》での再決起、つまり農民戦争の始まりです。有名な言葉「立てばペクサン白山、座ればチュクサン竹山」が見事に描かれました。これは、蜂起に立ち上がった農民軍の姿、白いチョゴリを着た大勢の農民軍で丘が白くなったさまを白山に喩え、竹槍《チュクチャン》を持っているので農民軍が座ると彼らが持った竹槍が山の様に聳えているさまを竹山に喩えた言葉です。白山も竹山も農民軍が蜂起した付近にある地名です。農民軍の気勢を的確に表した言葉で有名ですが、映像を見るとまさに壮観です。このドラマは甲午農民戦争を最初から最後まで知るうえで保存版かも知れません。朝鮮の歴史を習う人々、学生たちにもぜひ観てもらいたいと思いました。書きたいことはまだまだ多いですが、続きを鑑賞後、出没させていただきます。

【2】

『緑豆の花』の二十二話から三十話まで観終わりました。全四十八話の前半のクライマックス二十九話が圧巻でした。もしこのドラマを未だご覧になってない方は騙されたと思ってこの回だけでもご覧ください。保存版です。

何が描かれているかというと、日本軍の朝鮮王朝王宮襲撃です。これは一八九四年日清戦争の前に朝鮮と日本の正規軍同士が闘った「朝・日戦争」「景福宮戦闘」とも「甲午倭乱カボウェラン」

とも呼べる戦闘です。一八八二年『壬午軍乱』後の「済物浦条約」で日本軍の漢城駐屯が認められました。一八八四年『甲申政変』での日清の軍隊衝突及び日本公使館放火と居留民殺害について日本と清の間で責任のなすり付け合いが続きましたが、日本軍は朝鮮政府には「漢城条約」で責任をなすり付け、清国とは「天津条約」を交わしお互い朝鮮から撤収し軍隊派遣の際は通知する旨を約束します。一八九四年甲午農民戦争で農民軍が五月三十一日全州城を占領するや戦争危険が日に見えるにも拘らず政府はあろうことかまたもや清に出兵を要請し、清軍は六月八日牙山湾に上陸しました。待ち構えていた日本軍は六月九日仁川に上陸し首都漢城に進軍し始めます。国土が戦場になることをよしとしない農民軍は六月十一日政府側と「全州和議《チョンジュ》」を結び停戦に応じました。この模様を観たい方は『緑豆の花』二十二話から二十五話をご覧ください。

口実のなくなった日本は清に朝鮮の内政改革を呼びかけますが、清の拒否を受けると七月二十三日午前四時、手薄になっていた漢城の景福宮を襲撃し午後二時までの十時間、朝鮮軍と激戦を繰り広げこれを制圧しました。当時宮殿を守っていた三百名からなる平壌軍精鋭は死にもの狂いで反撃しますが、日本軍は宮の西門、迎秋門《ヨンチュムン》を爆破しこじ開けると一斉に雪崩れ込み、恐怖のあまり避難もできず後宮・宮女たちの居所・咸和堂《ハムファダン》に隠れていた国王高宗と明成王后を脅迫して反撃を止めるように強要します。未だ命を賭して戦う兵士をよそに高宗は直ぐさま武装解除を指示、これで全てが決しました。すなわち景福宮の武装解除によって朝鮮政府は日本の傀儡と化しその後の命運が定まりました。この闘いがドラマ『緑豆の花』の二十九話で丁寧に、とても生々しく描かれたのです。

当時、朝鮮王朝軍の本隊京軍が甲午農民戦争の農民軍の鎮圧に向かっていたので、平壌《ピョンヤン》の監営軍三百人をもって守備に当たっていましたが、軍事準備を巡る大院君と明成皇后のいざこざ、日本軍との駆け引き、そして一八九四年六月二十一日(新暦七月二十三日)に日本軍が景福宮を攻撃する過程が丹念に描かれ、観ていてまさに手に汗握ります。軍は猛烈に応戦し、日本軍を相手に一歩も引かず闘いましたが、その姿も丁寧に描かれています。これほど事実に即して描かれたのは初めてといって良いほどです。

勿論、ドラマ内で景福宮の戦闘過程は実際の歴史と多少違っています。ドラマではまず、光化門での銃声を筆頭に戦闘の火蓋が切られた景福宮の戦いが描かれます。実際の光化門は非常に大規模で、当時の六朝《リュクチョ》通り(現在の光化門広場)は朝鮮随一の大通りでしたから、日本でいえば東京駅から皇居前通りをイメージしてもらえば良いほどの広さでしたが、ドラマはセットなのでそのスケールは小さく描写されざるを得ませんでした。これはドラマという制約上仕方のないことといえるでしょう。セット場が小さいのでドラマで見る戦闘は大規模な戦闘に見えませんが、一八九四年の戦闘現場は非常に巨大で熾烈でした。不思議なことに、一八九四年に起こったこの事件の歴史的用語はありません。景福宮クーデター、景福宮占領、景福宮戦闘、甲午倭乱などの表現が使用されていますがいずれもメジャーではありません。

ドラマ『緑豆の花』では「甲午倭乱《カボウェラン》」という名称を使用しました。「倭乱」という名称は日本の蔑称を含んでいるため、日本で大っぴらに使用することは非常に憚れますが、一五九二年豊臣秀吉の侵略戦争を朝鮮で「壬辰倭乱《イムジンウェラン》」と呼んでいることに比肩して非常にインパクトがある名称だと思います。日本軍は夜明け四時頃から猛烈に攻撃を加え、朝鮮軍も勇猛に応戦しました。日本軍の激しい砲撃を受ける光化門がドラマでしっかり描かれます。史実で景福宮迎秋門《ヨンチュムン》を爆破して日本軍は宮殿に雪崩れ込みました。セットの限界で景福宮迎秋門も実際の姿とは非常に異なってました。日本軍が強烈な攻撃を浴びせた景福宮迎秋門はドラマに出たような小さな路地に位置する門ではなく、石材で建てた堅固なとても大きな城門でした。彼らは爆薬を仕掛け、城門を斧でこじ開けて門を壊し突入しました。一国の宮殿を占領するというのは普通のことではありません。いくら国力が弱くても宮殿は次元が異なります。その宮殿を攻撃したのです。これが戦争でなくて何でしょうか。

このような事実を日本は隠蔽して、朝鮮を平和裡に併合したといっています。ネトウヨはこのドラマの描写を「いつもの過度の反日だ」とほざき、「ドラマの歴史捏造」だと騒ぎ立てることでしょう。しかし、これはオーバーではない歴史的事実です。ドラマは予算上、規模を小さく描くしかありませんでしたが、この描写から史実のイメージを膨らませていただきたいと思います。ただの戦闘ではなく、完全に戦争レベルだったといえます。夜を超えて昼間まで続く景福宮の戦い。実際の景福宮の戦闘は夜明け四時に始まり、十時間後の午後二時に終了しました。日本軍は予期せぬ朝鮮軍の強力な反撃に簡単に光化門を突き抜けません。ドラマでは日本軍が火をつけた藁を光化門に突進させるシーンまで入れました。ここはフィクションかも知れません。大砲まで動員した双方の攻撃は非常に熾烈でした。韓国で作られた旧韓末の映像を見ると、ほとんど朝鮮軍は外国軍隊と戦うたびに押されて死んで行く情けない場面だけ出てきます。これらの描写は、「我々の先祖は何もしなかったし、能無しだった」という誤った先入観を植えかねません。

しかしドラマ『緑豆の花』は毛色が異なり、一八九四年の朝鮮軍が日本軍と勇敢に戦った史実を反映して日本軍と対等に戦う姿を描いています。ゲートリング機関銃やクルフ砲など最新の武器を使用する描写もあります。当時、開花改革が進み、朝鮮王朝軍の軍備は非常に高いレベルでした。残念ながらこの戦闘で敗北し日本軍により武装解除され、当分の間武器を持つことも許されず、その後も劣悪な武器しか持てないように日本にコントロールされてしまったのです。

余談ですが、明成皇后(閔妃)がその後(一八九五年)、王宮内で一国の公使の主導により外国軍・浪人に弑害されるという悲惨な事件「乙未事変《ウルミサビョン》」が起こりますが、この事件もこうした日本軍の武装制圧と朝鮮軍の武装解除という布石があって実現可能な蛮挙だったということを付け加える必要があります。迎秋門《ヨンチュムン》が突き破られ日本軍が一斉に進撃、この時光化門ではまだ激しい戦闘が行われる最中でしたが恐怖のあまり避難もできず後宮・宮女たちの居所・咸和堂《ハムファダン》に隠れていた国王高宗と明成王后を脅迫して反撃を止めるように強要する日本軍に促され、未だ命を賭して戦う兵士をよそに高宗は直ぐさま武装解除を指示、これで全てが決した様子がドラマでも印象的に描かれました。実際の戦闘で日本軍の死傷者はあれほど多く出てはいませんが、これくらいのドラマの誇張は許容範囲でしょう。それほど戦闘が熾烈だったことを物語っています。

このように、一八九四年を理解するうえで『緑豆の花』は必見といえ、長く面倒で全部観てられないとおっしゃるのであれば、できれば全州和議の二十二話から二十九話前後だけでもご覧になることをお勧めします。このドラマはいつも韓国で常套の「反日」要素は全くなく、史実を多少のフィクションを交えて「ファクション(事実ファクト+フィクション)」として描いているだけなのですが、あまりにも酷く日本の方が観るのはシンドいでしょう。そこのところは覚悟して掛かる必要があります。私の文章を読んでくださる方には特に不要でしょうが。このドラマは多分、日本の地上波で放送されることはないでしょう。あまりにショックが大き過ぎますので(と思っていたらその後BSでは放送しました)。NHKの大河ドラマの幕末維新モノでこの戦闘などを描いてくれると良いのですが、期待はできません。

『ミスターサンシャイン』はNETFLIXで配信されていますが「恋愛」や「映像美」が強調され、これまた残念というしかありませんが過剰な「反日」が描かれています。市中で誰彼ともなく銃をぶっ放したり、平気で日本人が朝鮮国王を侮蔑したり、私も首を傾げる描写です。韓国ドラマ映画は国内世論におもねり過剰に描くではなしに歴史的リアリティーを優先してもらいたいと思います。くれぐれも歴史ドラマを政治の道具に使って欲しくはないのです。その流れでこのドラマ『緑豆の花』も所詮は「ウソ」の塊で「オーバー」な「夢物語」と日本の人々に曲解されるとしたら、それは悲しいことです。ドラマ『緑豆の花』は真実をありのまま描くことに主眼をおいた良質なドラマといえ、日本の人々に「反日フィルター」なしに史実を描いた秀作として、ぜひご覧になっていただきたいです。

［3］

『緑豆の花』全四十八話、遂に視聴完了。印象的な主題歌♪セヤセヤ　パランセヤ〜♪のフレーズが耳を離れません。この間、耳が良く一度聞くとすぐに歌ったり口笛を吹くウチのミックスツインズの片割れの息子もすっかり口ずさむようになってしまいました。

このドラマは韓国・朝鮮人は視聴必須、そして朝鮮と日本の近代史を知り我が国との関係を真剣に考えようと思ってくださる進歩的な日本の方にもぜひご覧になっていただきたいドラマです。甲午農民戦争と日清戦争など日本に都合が悪い歴史を描いていることに変わりはありませんが、過度な反日を描かず歴史歪曲なしに真実の歴史的事実を淡々と描いています。つまりオーバーな歴史ではなしに、日本では教えられず語られることのまずない本当の事実を描いているのです。だからこそ「農民軍に対する虐殺も反日という歴史ファンタジーに過ぎない」と言い張るネトウヨさんではない、事実を知って真の和解を遂げようとする進歩的な日本の友人の方々にぜひ観ていただきたいのです。良心を失わない進歩的な日本の方々に真実の歴史的事実を知っていただくうえでこのドラマはとても有効だと思います。せめて韓国で大ヒットして大いに話題になれば良かったのですが、残念ながらヒットしませんでした。それは題材が題材だけにユーモラスな場面やロマンスのある場面は所々にあれど全般的には重苦しい雰囲気で一貫していることが大きいと思われます。

韓国ドラマ・映画は面白いもので、一般大衆の評価とドラマ評論家など専門家の評価はハッキリと相反しています。なかなか一致しません。これも一種、現代の文化の断絶でしょうか。「甲午農民戦争」、韓国では主に「東学農民革命」と呼称していますが、最終巻オマケの主演の人気イケメン俳優ユン・シユンのインタビューが印象的でした。

彼曰く「各国には誇るべき歴史があり、フランスには『フランス革命』がありますが、我が国には『東学農民革命』があります」と述べました。今まで『甲午(東学)農民戦争(革命)』を中国の『太平天国(の乱)農民戦争』と比肩することはあれどまさか『フランス革命』と並べて考えたことがなかったのでとっても新鮮で、そんな見方もできるのかと恥ずかしながら「眼から鱗が落ち」ました。どんな失敗した運動でも世界的に有名な事実と並べて誇りに思えるって素晴らしいです。この一言でユン・シユンに好意を抱いてしまいました。

ドラマ終盤では「甲午農民戦争」の終焉が描かれます。首都漢陽《ソウル》を武力で占領し、国王高宗に清国と結んだすべての条約を破棄させた日本軍は朝鮮王朝政府に「自主国宣言」を強要し、高宗の名前を借りて朝鮮の全ての清軍が去るよう要求する声明を発表させました。これは日清戦争が起きる始点となりました。また、朝鮮を掌握して日本の思い通りに改革させるために「改革」という内政干渉を起こしたため、東学農民軍はこれに怒り日本を追い払う趣旨で第二次甲午農民戦争を起こしました。牛禁峠《ウグムチ》に布陣した官軍兵力主力は公州《コンジュ》方面を担当した兵力三千五百人のうち二個大隊千人あまり、日本帝国陸軍兵力二百人と日本帝国陸軍の訓練を受け、彼らが指揮する官軍三百五十人を増強しました。この時、日本帝国陸軍はイギリス製スナイダーライフルなどの最新鋭の武器を使いました。片や武装面で劣る農民軍の武器は旧式の火縄銃が関の山で、それすら足りず竹槍が主な武器です。

そのうえ、近代式軍事教練を終えた日本軍に比べ、「農民軍」とは名ばかりで所詮は烏合の衆に近い素人集団です。武力の差は誰が見ても一目瞭然でした。牛禁峠《ウグムチ》の戦いで、官軍・日本連合軍は官軍京軍兵力が主力になり、日本軍の主力部隊は忠清監営のある公州《コンジュ》に向かって南進し、朝鮮軍の兵力は農民軍に向かって南下しました。進撃した農民軍は公州《コンジュ》周辺で官軍と衝突しました。農民軍は猛烈に官軍を攻撃し、官軍が軽く後退した間に景天の峠を奇襲的に攻撃、占領して公州《コンジュ》占領のための橋頭堤を確保しました。そして牛禁峠《ウグムチ》を攻撃し始めた農民軍はしかし、官軍と日本軍の強力な火力により、落ち葉のように倒れました。農民軍は五十回に近い攻勢を浴びせましたが、官軍の強力な火力の前に農民軍は撤退するだけでした。結局二万人の農民軍は残兵力五百人になるまで一方的に虐殺されました。ドラマではその様子がリアルに描かれています。このような写実的な描写はドラマの精密度を示すうえで非常に優良であり、今後の範となると思われます。このような写実性も観ていただきたい重要な要素といえます。

ユン・シユンが述べたように、たとえ失敗したとはいえ甲午農民戦争の持つ今日的な意義は揺るぎないものがあり、フランス革命と比肩してもその価値を充分確認できると思います。評価が分かれるのは最後のユン・シユン演じるイヒョンの極端的選択で、この時期にそのような選択をすることは皆無だったといえ評価が分かれることが首肯できます。ドラマの進行上仕方がなかったとはいえ、少々早計な結末だったのでは？　その後、この戦いが金九《キムグ》の戦いと合流され我が国の義兵闘争に発展する様子は上手く描かれました。今後に希望を与えてくれるこのような描写は暗澹たるその時代の歴史描写に一抹の希望を与えてくれ、観ていて楽しい終わり方でした。

このように、ドラマは悲惨かつ暗澹たる歴史的事実を描きながらも、甲午農民戦争の持つ意義を遺憾なく描いているので、ＤＶＤレンタルもしくはＢＳでも何度か放送済みなので機会を見てご覧いただきたいです。述べたいことは尽きませんがレビューはこれにて終了とさせていただきます。一人でも多くの方々がこのドラマを観ていただけることを祈りながら。

新規軸？　ドラマ『ミスターサンシャイン』（二〇一八年）

今回はドラマミスターサンシャインを取り上げます。製作費四百三十億ウォンというから約四十億円です。すごいですね。そのうち三百億ウォンをNETFLIXが負担したそうですからかなりの太っ腹。近年NETFLIXは韓国コンテンツの青田刈りに力を入れていて、見事な相乗効果を生んでいます。地上波はそれに太刀打ちできず、一部「生態系を乱している」と批判しています。確かにリアルタイムに近いタイミングで韓国ドラマが世界中で見られるのは喜ばしいことではあるのですが、エンクロージャーではありませんが配信会社の囲い込みが強まり、配信サービス会社たちの群雄割拠が起こると、お金を払わずにドラマを視聴できなくなる恐れが出てきたり、あちこちの配信サービス全てに入らないと話題作が観られなくなるなど、結局は視聴者の負担になってくる気がして少々不安です。『愛の不時着』にしても有料というのがネックで、身近でも観ていない人が多いです。以前なら再放送を待つとかDVDを借りるとか、BSで長い宣伝と大幅カットを我慢してでも何とか観ることができましたが、そのような機会は永遠に来ない訳で、言い換えるとそういう人は観る機会が永遠に来ないという。これも一種のデジタルデバイトではないかと不安に思う次第です。

映画界もNETFLIXという最大の黒船を迎え、認めるか否か喧々諤々の議論中ですが、ドラマ界も対応が必要な時期がきているのかも知れません。

本作は売れっ子作家キム・ウンスクと監督イ・ウンボクが『太陽の末裔』『トッケビ』以来三作目に組んだ話題作で、九年ぶりに主演のイ・ビョンホンと『アガシ』で新人賞を総なめにしたキム・テリをメインに旧韓末の義兵をモチーフに据え、育ちの違う男女の四角関係を描きながら近現代史を雄大に描いています。

まずはあらすじを。朝鮮の貴族の下で働く奴婢の両親の下に生まれたチェ・ユジン（キム・ガンフン）は、一八七一年勃発した辛未洋擾の混乱の中で軍艦に一人乗船し、アメリカに辿り着く。その後、米軍海兵隊の大佐となったユジン（イ・ビョンホン）は、アメリカ大統領の命により自身を捨てた祖国・朝鮮に帰還する。朝鮮に駐在することとなったユジンはある夜、朝鮮最高名門家の最後の血族である令嬢コ・エシン（キム・テリ）に出会う。祖国を守るため密かに戦う高い志を持ったエシ

ンとの出会いによって、ユジンの運命は大きく変わっていく。（出典　Wikipedia）
と、こういう展開です。まず題名ですが、ウリクル（ハングル）を知らない人には関係ないかも知れませんが、ミスターションションインで、サンシャインではなくシャンシャイン（正確にはションシャイン）です。これは旧韓末の発音を表したそうで、私は何となく古臭い雰囲気が開化期を思い起こさせ良いと思いました。韓国でも慣れるまでスペル間違いが絶えなかったそうです。視聴率は一〇％前後から始まり中盤以降一五％を超え最終回は二一・八％、tvN歴代ドラマナンバーワン、歴代ケーブルTV放映ドラマ視聴率四位となるヒットとなりました。
日本では時代劇や大河ドラマといえば戦国時代か幕末維新期ですね。鉄板の戦国に比べ幕末モノは当たらないことが多いです。それは、スケールはあるものの結局のところ密室クーデター中心で、きな臭い終わり方が今に繋がっているようで視聴者の興味をさほど惹かないせいだと思います。古くは敗者に目を向けた『白虎隊』やNHKの『篤姫』などが大ヒットしましたが、『八重の桜』などは苦戦し、近年は渋沢栄一が放送され、吉沢亮効果もさほどではありませんでしたが……。総じて幕末モノは鬼門とされているようです。
韓国の場合、全ての闘いが失敗に終わり日本の植民地に転落したという厳然たる不幸な事実が横たわっている訳で、そもそも制作が極端に少ないし、ヒットしたドラマは数少ないです。最近も話題作として評判だった全琫準と甲午農民戦争（東学革命）を描いた『緑豆の花』も初回に一一・五％

と高い視聴率を挙げた後、まさかの低空飛行を続け結局這い上がることはできませんでした。そういう意味でこのドラマがなぜ人気だったのか自分の目で確かめたくもありました。

まず初っ端から一八七一年アメリカとの戦争「辛未洋擾《シンミヤンヨ》」の戦闘場面に度肝を抜かれました。素人の目にもお金がかかっていることが一目瞭然です。雑誌の記事に「最初の頃は登場人物が多く難しいのでユックリ観て」とアドバイスがあったので目を凝らして真剣に観ましたが、いうほど難しくはなかったです。

しかし、時が経つにつれ、大した事件が起こらずゆったりと進む、韓ドラにしては珍しい展開と、天国にいるようなキレイな映像美に、途中うつらうつらと天国かお花畑に吸い込まれることが多々あり、天国・お花畑より戻ってもストーリー展開がさほど進んでいないことも多く、中盤は天国・お花畑との闘いに多くのエネルギーを費やしました。後半は動きが多く何とか見終えましたが、そこに至るまでの歴史的事件を期待したにも拘らず、あまり映像で見せてはくれませんでした。辛未洋擾が大迫力だっただけに私的にはチトガッカリ。

それと時代背景も途中不明になります。日露戦争あたりからは時代背景もしっかりしますが、時代背景を全面に絡めてくれたら私のブログでここぞとばかり引用させてもらうのにという展開が多かったです。韓国でも映像美はかなり評価された模様で、映画のインチ画面で作り、お金をかけたと一目で分かる風景に私も釘付けでした。ドラマセットは忠清南道ロンサン市にできたサンシャインランドを中心にいろんなスタジオを移動、駆使して、その距離なんと四万キロかけて撮ったそうです。もの珍しい近代のセットを観るだけでもこのドラマを観る価値があります。そしていつもながら少々反日というかナショナリズム過多ではありますが、名もない戦士たちの闘いが心に沁みます。肝心の韓国ではいつもの如く歴史歪曲の議論が持ち上がり、国民請願にまで及び一万二千人の署名が集まったそうです。朝鮮の文化を見下した表現、反逆者を合理化、日本の侵略を断片化し、朝鮮が自ら侵略されざるを得ない状態で、自業自得かのように描いているとのこと。私はあまり感じませんでしたけど、韓国の視聴者は厳しいんです。

とはいえ、終わり方がちょっと呆気なくて少し寂しかったかも。主演俳優さんたちはみなさん良い雰囲気を醸し出しています。まずはヒロインのキム・テリさんがとても良い。イ・ビョンホンの演技も勿論良いのですが、巷の批判通り年齢が違い過ぎるかも。親子の年齢差。フィアンセ役も良いのですが、一番印象に残ったのはクドンメ役の人。初めて見ましたが、結構出演されているみたいで、その後見た『賢い医師生活』でもメインで出てました。名前を覚えられず、その後はずーっとクドンメさんと呼んでいます。それほどこのドラマの役が印象的だったので（ユ・ヨンソクさんです）。その後、彼の出演する『賢い医師性格』に見事ハートを射られ、『幸せのレシピ　メンドロントトッ』でまたもや大いにハマり、夫婦で彼の過去に遡り、魅力に大いに魅了されています。NETFLIXを見始めたら観る順序は、一番目がもちろん『愛の不時着』、二番目は『梨泰院《イテウォン》クラス』と定番で、三番目からは思案のしどころで悩ましいのですが、私は『椿の花咲く頃』『キングダム』『サイコだけど大丈夫』『サンガプ屋台』『アスダル年代紀』『賢い医師生活』と並び、この

『ミスターサンシャイン』をお勧めします。個人的な印象では四～五番目が良いかもです。

韓国で人気だった理由は何となく分かりました。まず映像が美しく天国かお花畑に行った気分になること。そして画面が重厚で、大作を感じさせる作りになっていること。登場人物に感情移入しやすく、みないろんな目に会っているけど国を忘れないこと。何よりも名も無い義兵と市井の人々を描き斬新なこと。ということで、ぜひお勧めです。

そうなって欲しい歴史？　映画『ラストプリンセス』(二〇一六年)

徳恵翁主《トッケオンジュ》を知ってますか？　一九一二年に、最後の皇帝純宗と英親王李垠《リウン》(皇太弟)の妹で元皇帝高宗のウェドンタル(唯一の娘)として生まれ、十三歳で日本に留学として人質に、十九歳で日本人と政略結婚、女子一人産むも精神を病み長らく入院。戦後、政権の弱体化を嫌ったリ・スンマン政権が親日を理由に旧皇族の帰国を拒否したため帰国も叶わず、一九六一年ようやく帰国し昌徳宮樂善齋《ラクソンジェ》で李正子妃と余生を過ごした旧韓国最後の皇女です。長らく忘れ去られていましたが、小説を基に二〇一六年に映画化されました。知られざる朝鮮近現代史です。

解説とあらすじを。『私の頭の中の消しゴム』『四月の雪』のソン・イェジンが、実在した大韓帝国最後の皇女・徳恵翁主《トッケオンジュ》を演じたスペクタクルドラマ。『四月の雪』『八月のクリスマス』のホ・ジノ監督が、徳恵翁主の激動の生涯をフィクションを交えて描いた。日本統治時代、大韓帝国の初代皇帝・高宗の娘である徳恵翁主は、政略に巻き込まれ、わずか十三歳で日本へ留学させられてしまう。祖国へ帰ることを心待ちにしながら大人になってしまった彼女の前に幼なじみであるチャンハン（パク・ヘイル）が現れる。チャンハンは大日本帝国に従事する一方で、徳恵と彼女の兄である皇太子の上海への亡命計画を秘密裏に練っていたが……。ソン・イェジンのほか、チャンハン役を「殺人の追憶」「グエムル　漢江の怪物」のパク・ヘイルが演じ、日本からは戸田菜穂が出演。（引用　映画.com）

徳恵翁主の病気は今でいう統合失調症です。十代後半から発症し始めたそうで、映画の中では長年の心身消耗によるとされていますが史実ではありません。幼少期に父母から引き離され学習院の寄宿舎で生活し、父高宗の突然の死（毒殺と見られる）など、長期の精神的負担が原因とされています。不幸な結婚生活ではありませんでしたが、政略結婚と出産、育児などで悪化し長らく入院していました。映画ではさすがに独立運動家としては描かれませんでしたが、独立運動のため、臨政の上海へ亡命しようとして果たせない姿が描かれています。これらは全くのファンタジーで、韓国旧皇族が独立運動をした事実はなく、基本日本総督府に協力していたのが現実です。韓国特有の過度なナショナリズム、いわゆる「愛国病」がこの映画でも如実に表れていて、王室は最大の愛国者として描かれます。そしてオーバーな反日も。市街地で軍が大勢で銃を放つなど過激な行動をするはずがなく、弾圧行為を描くにしてももう少しリアルに描けないものかと毎度思います。

そういった鼻白むステレオタイプの描写は親日派を長年放置してきたという、今も韓国社会が抱えるコンプレックスとその反動の反日同調圧力によるものでしょうか。先に挙げた徳恵翁主の人生はこうした脚色なしでも充分波瀾万丈といえます。映画では主人公を演じるソン・イェジンの好演技が彼女の悲劇を浮かび上がらせます。特に後半精神を病みながらも祖国を想う姿は鳥肌が立つほどです。パク・ヘイル他出演者も好演しており、あらすじにもありますが戸田奈緒が出演していたことに驚きます。

この映画は韓国で好意的に迎えられ興行四日で百万人、七日で二百万人を突破しました。最終的に五三〇万六五一一人のヒットとなり時代劇の歴代観客動員数で現在八位をキープしています。史実は別個において、完全なるフィクションとして観ればほどよい「新派劇」的な作りとプリンセスという言葉の持つ神々しい響き、どんな役であろうと自分自身と同化させるソン・イェジョンの本領発揮で感動すること間違いなしです。私はいつも泣き虫の家内を泣かせることができれば合格、泣かせられなければ不合格にしていますが、フィクションだよと鑑賞前に散々説明した後でも軽く合格でした。

ちなみにドラマ・映画は基本評論するためにあると思っている醒めた私から涙の一筋を流させたのはこの数年間で『タクシー運転手』のみです。しかし上には上がいて、我が家には楽しみにしていた食べ物を食べられてしまった時にしか泣かない娘と、小学校時代からあくび以外泣いたことのない息子がいまして、アニメ以外イマイチ理解力に乏しいこのミックスツインズを泣かせる映画は今後果たして……。

ともあれ、古くは映画『私の頭の中の消しゴム』で、最近ではドラマ『愛の不時着』でソン・イェジンの魅力を知った方も多いと思います。『愛の不時着』での少し勝気で行動力のある現代的な財閥令嬢も十二分に魅力的ですが、この映画での控え目でかつ芯の強い典型的なプリンセス役で、彼女の違う魅力を発見するのはファンにとって楽しい作業といえそうです。『愛の不時着』を観てハマったあなたはぜひこの映画を。

五　現代

歴史に残る名作？　ドラマ『黎明の瞳《ひとみ》』（一九九一年）

【1】

とにかくこれほどの僥倖《ぎょうこう》はありません。伝説のドラマ「黎明の瞳」をこの眼で観ることができるのですから。何をどこから書いたものか見当にも及びませんが、まずは書き出さずにはいられず書き始めた次第です。このドラマを私が、現在においてこの眼で観ることができるのは奇跡といえるかも知れません。このドラマは韓国で「韓国ドラマは黎明の瞳以前と以降で区分できる」といわれるくらい、韓国ドラマの画期をなす作品、分水嶺をなす作品として今も名高い作品です。視聴率も連日五〇％を超え、スケール、使用した製作費、事前撮影の労力など、全てが伝説になっているドラマです。

その出来にリメイクも何度か検討されましたが、あまりのスケールのため、再製作が不可能といわれており、演出・演技も同様のクォリティーを維持することができないといわれています。作家キム・ソンジョンが一九七五年から一九八一年に書いた十巻にも及ぶ同名の長編小説を、ソン・ジナが脚色、その後キム・ジョンハク軍団と称されることになる著名なプロデューサー、キム・ジョンハクが手掛けた初の作品となりました。このドラマの凄さは、とてもレビュー記事で表すことは困難ですが、まずはあらすじを述べます。

ドラマは時代劇で、❶日帝期、❷解放直後期、❸朝鮮戦争期の三つの時代に跨ります。ユン・ヨオク、チェ・デチ、チャン・ハリムの主人公三人の壮絶で波瀾万丈な人生を通して、朝鮮を中心とした日本、中国、アメリカ、ソ連をも含めた国際的な「朝鮮現代史」を浮かび上がらせます。

日帝期のあらすじ。

ユン・ヨオクは独立運動家の父親を持ったせいで従軍慰安婦に堕とされ、満州で学徒兵として送られたチェデチと出会い、子どもを授かります。しかし、チェ・デチはビルマのインパール作戦に出征し、別れ別れになってしまいます。チェ・デチはビルマで日本軍が玉砕されると命からがら逃げ延び、中国八路軍(共産党軍)に救出され将校となりますが、あまりの残虐さに追放、馬賊団に加入しました。彼は、馬賊団が襲おうとした或る朝鮮族の村を救おうとするも村人に裏切られ、死ぬ寸前でソ連軍により救出されます。

一方、ユン・ヨオクはチェ・デチと別れた後、従軍慰安婦として日本軍に従い中国各地を転々としながら、とうとうサイパンに行き着きました。サイパンで彼女はチャン・ハリムと出会います。チャン・ハリムは日本で、日本人の許婚《いいなずけ》を強奪しようとする将校により学徒兵として徴兵され、生体実験・細菌部隊である悪名高い「七三一部隊」に配属されますが、人道の問題で苦しみます。中国八路軍により「七三一部隊」が壊滅すると、彼はサイパンの「七三一部隊」に配属され、臨月のヨオクに出会い、助けます。ヨオクはサイパン陥落に際して、証拠隠滅のために慰安婦を皆殺ししようとする日本軍を逃げ延び、浮浪人化していたのです。彼はアメリカ軍によるサイパン陥落時に「七三一部隊」の壊滅に尽力した功労でアメリカ軍属に迎えられ、済州島の探査に派遣、その後、京城《ソウル》にて工作活動を命じられます。そこで彼は、料亭のキーセンとして働くヨオクと再会します。ヨオクはハリムと別れた後、アメリカ軍の諜報機関に迎えられ、密命を帯び京城でキーセンとして活動していたのでした。彼らは親日派の団体結成式に爆弾テロを行い逮捕され、死ぬほどの拷問を受けますが、ある日朝鮮の解放の日を迎え、西大門刑務所を後にします。細かい枝葉はありますが、以上が大まかなあらすじです。

まずは従軍慰安婦が主人公という設定、「七三一部隊」に配属された学徒兵、インドのインパール作戦で玉砕する日本軍、サイパン陥落でとことん玉砕を叫び、慰安婦たちを口封じに虐殺する日本軍など、細かく生々しい描写に驚かされます。そして、中国八路軍(共産党)と国民党軍との軋轢、実際に一九四五年七月に朝鮮京城で起こった「府民館爆弾事件」など歴史的事実を盛り込んだストーリーに心動かされます。

見始めた印象をいうと、音楽といい映像といい、事後録音の手法といい、共和国の映画を観ている錯覚に囚われました。今の水準から見ると甘い部分は多いのですが、これほどの世界各地のロケを行い撮影したことだけでも「驚異的」という言葉がピッタリ当てハマります。二十話が終わり、二十一話より解放直後の時代に突入します。これから、解放後の我が国の歴史の暗部である「済州島四・三蜂起」と虐殺、朝鮮戦争と共和国の南派・派遣による智異山のパルチザン闘争と同族相争の悲劇を真正面から描いているとのことで、武者震いをしながら視聴することにします。

余談ですが現在、MBCではYouTubeで全話無料視聴公開しておりますので、オリジナル版の視聴が可能です。字幕がないのがネックですが。

【2】

ドラマ二十一話から、激動の解放後の混沌とした南北朝鮮にスポットを当てて進行して行きます。

さて、「黎明の瞳」の原作ですが、一九七五〜一九八一に日刊スポーツに連載されたキム・ソンジョンの小説は、バイオレンス色と猥褻色が濃厚なうえ、ドラマに比べ反共的な傾向が多大で、共産主義勢力、特に主人公のチェ・デチが反吐が出るほどの極悪人として描かれています。ドラマはこのような一方的な反共的傾向を修正して、チェ・デチも人間味のある存在として描きました。とはいえ、韓国で制作される特性上、反共的傾向に違いはなく、そうした方向で描かれているのですが、当時の右翼論壇は「容共」だと散々非難したそうです。

しかし、このドラマで描かれる韓国の国家権力による無辜の人民に対する無差別殺戮などの悪行の数々は、「済州島四・三蜂起」弾圧を始め、現在では全て真実と認定されています。特にこのドラマで初めて「済州島蜂四・三蜂起」とその真実を描いたことが、ドラマの最大の意義であると評価されています。

　前回のあらすじの続き。

　朝鮮の解放を迎え、チェ・デチは北朝鮮のピョンヤンでソ連の将校として北朝鮮でのテロなどの多くの事件に関わりました。ある日新聞で、ユン・ヨオクが戦争中の諜報活動に対する功労で米軍から表彰されたニュースを知り、南朝鮮に渡り活動することを決心、南の労働者たちのゼネスト闘争を扇動するなど活動しながら、ヨオクを訪ねます。解放後ヨオクは、故郷の南原《ナムウォン》に戻ったものの、居心地が悪く、チェ・デチの故郷開城《ケソン》を訪ねますが、彼が戦死したとの報せを知り、ソウルのチャン・ハリムを頼ります。ハリムは南朝鮮で、植民地時代に日本軍の手先だった人物が大手を振って警察権力の座に就いていることに失望して、アメリカ軍属のまま仕事していました。ハリムの斡旋でアメリカ軍から戦時の諜報活動に対する表彰を受けたヨオクは、アメリカ軍のタイピストの仕事を得て、彼と楽しい時間を過ごし、彼と結婚の約束をするに至ります。

　そんな幸せの絶頂の中、チェ・デチが姿を見せました。揺れ動きながらもチェ・デチを受け入れるヨオクを見たハリムは、自暴自棄に陥り、偽装転向したアメリカの工作員としてピョンヤンに潜入。共産主義者で既に越北していた兄の存在もあり、朝鮮労働党員にも選抜され、政治保衛部に職を得ます。ここで彼は南派パルチザン兵の情報を米軍に流すなどスパイ活動を行います。

　一方、ヨオクに身を寄せたデチは李承晩暗殺未遂などの工作活動で負傷、ヨオクは彼に代わり米軍庁内で北の工作活動に手を染めスパイ活動を行います。そこでハリムが北で工作員として活動していることを知りますが、それを告発できずに苦しみます。そうする内、ハリムもヨオクも、それぞれのスパイ活動が露見してしまいました。ハリムは命からがらリムジン江を渡り越南。ソウルに戻った彼は米軍庁によって済州島に転勤を命じられます。一方でソウルでのスパイ活動が露見したチェ・デチはヨオクを連れてソウルを脱出し済州島に身を移しました。ヨオク一家はここで済州道四・三蜂起に巻き込まれます。警察、西北青年団らの執拗、かつ容赦ない暴虐に耐えかねた彼らは漢拏山《ハルラサン》の洞窟に篭り、苦しい生活を送ります。

済州島に到着したハリムは何とか済州島の事件を穏便に済ませようと努力しますが、上手く行かず失望感に駆られます。デチは、軍隊で培った軍事技術で大いに対抗しますが、武装勢力は次第に劣勢に。ヨオクの苦しむ姿を見兼ねたデチは、ハリムが済州島に仕事で来ていることを知り、彼女を逃す交渉を行い、船で済州島を脱出させる計画を立てますが、船で待つハリムを見たヨオクは、彼と合わす顔がなく、乗船を断念。チェ・デチの、平気で人命を犠牲にする冷酷さにも耐えられずヨオクは警察に投降しました。

ソウルでのスパイ活動を咎められたヨオクは、ハリムの必死の弁護にも関わらずソウルで死刑を宣告されます。西大門刑務所に収監されている時、六・二五(朝鮮戦争)を迎え、人民軍により釈放されます。一方のデチは、劣勢の済州島を指導部のみで脱出、越北して危機を免れましたが、政治闘争に巻き込まれ左遷、炭鉱に追放され炭鉱労働者として働きますが、朝鮮戦争勃発により軍隊に復帰します。以上、解放直後篇は二十一話から三十二話までです。

この中で画期的なのは、「済州島四・三蜂起」を初めて全面的に描いた点です。祖国の解放後、済州島が置かれた位置、四・三蜂起のキッカケから経緯が主人公目線でしっかりと描かれていて鳥肌が立つほどです。どうしようもない苦しみが胸を掻きむしります。左右勢力の報復合戦、弾圧する警察、悪名高い西北青年団の無差別攻撃が生々しく描かれています。この描写により、ドラマが放映されるや韓国に衝撃が走りました。リアリティーある四・三蜂起の実像を初めて全面的に描いたことにこのドラマの価値があります。

〔3〕

こんなことを言うと誤解されそうですが、ウリハッキョ即ち朝鮮学校で、以前には「思想教育」が盛んでした。『金日成《キムイルソン》元帥の革命歴史』という科目が小学一年生から存在し、彼の幼い時代からの革命活動・歴史を習いました。その科目が一番重要な科目としてウリハッキョで君臨していたのです。一九八〇年代までのウリハッキョの教育に今なおトラウマを持つ人たちも多く存在します。

オマケを言うと他の科目、例えば日本語も英語も革命歴史の翻訳授業のようなもので、とってもつまらない科目でした。一九七七年から路線変更になり、やっと日本語・英語の授業らしくなりました。「坊っちゃん」などは中学教科書に載っており、夢中になって読みました。「革命歴史」も二〇〇〇年代になり、金正日委員長の教えでやっと方針が替わり、小中学校では科目自体がなくなりました。高校でも「現代朝鮮歴史」と名称を変え、キム・イルソン首席の革命活動だけでなく、現代朝鮮の歴史を包括的に教えるようになりました。私は小さな頃から歴史が好きだったので朝鮮大学校の歴史学部に入りはしましたが、なるだけ避けて、敢えて「ノンポリ」で通しました。

しかし、「三つ子の魂百まで」とはよく言ったもので、小さい頃から繰り返し習い過ぎたお陰で授業内容を空んじるくらいしっかり覚えています。キム・イルソン首席の「お言葉」や業績を一字一句も間違えず丸暗記させられたので、年代から業績から「歴史的意義」に至るまで未だに覚えているのです。昔の儒教の教育ではありませんが「反復は力なり」とでもいいましょうか、とにかく良くも悪くもしっかり身に付いています。革命歴史では「南朝鮮」即ち韓国の歴史も多く学びます。共和国に同調して祖国統一と民主化のために、韓国で軍事・傀儡政権と戦った人民の歴史を主に学ぶのです。すわ統一かと盛り上がった「四・一九人民蜂起」、韓国でいう「四月革命」なども具体的に学びます。

しかし、唯一学ばなかった歴史があります。それが、今回の重要なキーワードの「南部軍」です。南部軍とは一九四八年の麗水《リョース》軍人暴動以降、一九五〇年代（正確には一九六四年まで）に智異山など韓国の山岳地帯を中心に韓国政府を相手取り戦ったパルチザン勢力「人民遊撃隊」です。一部共和国の支援を受けて戦いもしたのですが、共和国の「革命歴史」からは存在しなかったかのように無視されています。私がその存在を知ったのは一九九〇年代韓国で巻き起こった「南部軍」ブームによってでした。それまで軍事政権だったために歴史のタブーだった南部軍の存在が民主化により解禁され始め、ブームを呼んだのです。火付け役になった小説「南部軍」「太白山脈」はベストセラーになり、映画化もされました。資料を見ると韓国ではかなり研究が進んでいて、体系的な理解が可能になっています。

それほどに重要な存在だった彼ら「南部軍」がなぜ共和国の「革命歴史」から排除されているかというと、アメリカのスパイとして処断された朴憲永《パクホニョン》、李承燁《リスンヨプ》ら南朝鮮労働党(南労党)の指揮下に置かれた存在だったからです。彼らをアメリカのスパイとして抹殺した共和国の主流派から見て、彼らは同じく抹殺されるべき存在なのでしょう。唯一、南部軍のリーダー李鉉相《リ・ヒョンサン》のみが革命烈士陵に、済州島四・三蜂起のリーダー金達三《キム・ダルサム》が愛国烈士陵に祀られています。その内、もう少し私自身勉強を深めて、この「南部軍」について記事を書きたいと思います。歴史の空白に置かれた彼らの存在を思うと、とても哀しくなります。ドラマは❸朝鮮戦争篇でこの「南部軍」を真正面から描きました。

最後の戦争篇のあらすじ。

朝鮮戦争が勃発し、スパイ活動の罪で死刑判決を受けたユン・ヨオクはソウルに進撃した朝鮮人民軍によって刑務所から釈放されました。ヨオクは人民裁判に遭い、竹槍で処断され瀕死の重傷を負ったチャン・ハリムを見つけ、ピョンヤンでハリムを助けた女性軍人ミョンジの力も借り、彼を匿い助けます。ソウルの自宅に共和国の軍服を着たチェ・デチが彼女を訪ねて来ました。デチは一緒にどこかに行って暮らそうと誘いましたが、彼女は彼と一緒に長くは住めないことを看過し、共に暮らすことを拒否し去ります。ミョンジとハリムを送った後、ヨオクは避難の途につきますが、途中米軍の空襲により息子のテウンを失います。彼女はショックから立ち直り、戦争孤児たちを集め、故郷の近くの町、全羅北道順天《スンチョン》で暮らします。

ミョンジと避難の途についたハリムは釜山の避難村に落ち着きましたが、外国に行こうと誘うミョンジの誘いを断り、乞われた戦闘警察隊に入隊し、パルチザンの討伐に向かいました。一方、ヨオクと別れたデチは連隊長として洛東江《ラクトンガン》の決戦に参戦しますが、米軍の仁川《インチョン》上陸によって戦線は崩壊し、退却を余儀なくされます。デチ始め敗残兵は北へ撤退中に、智異山《チリサン》の人民遊撃隊「南部軍」の説得を受け、パルチザンに合流します。しかし、智異山の「南部軍」は次第に窮地に追いやられて行きました。ある日、パルチザンに食事を施したことで住民の告げ口を受けたヨオクは討伐軍に逮捕されましたが、それを知ったハリムにより釈放されました。ハリムはそこでデチの存在を知ることになります。討伐軍の攻撃を受け、瀕死の重傷を負ったデチは偶然ヨオクの家に運ばれます。必死に看病するヨオクに迷惑を掛けられないと、重傷を負ったまま山に帰ったデチを追って山に入ったヨオクは誤射に遭い、デチの腕の中で絶命しました。死を予感したデチは最後にハリムとの面談を望みます。最後にハリムの独白でドラマは終了します。

ナレーション——その年の冬。智異山の名前も知らない谷に、私が愛した女性と私が決して憎むことができなかった友人を埋めた。彼らが逝って私は残った。残った者には残された理由があるだろう。それはおそらく希望だと名付けられないだろうか。希望をあきらめない人だけがこの無情な歳月に勝てるから。（おしまい）

このドラマでは朝鮮現代史の重要な事件がその都度紹介され、当時の記録フィルムと一緒にナレーションが流れます。まるでドキュメンタリーのような濃厚な作りで、このドラマに強いリアリティーを与えています。激しい場面の応酬で、一時も眼を逸らせません。主人公たちの切ない人生が胸を打ちます。特にチェ・シラの身体を張った演技がフィクションとは思えず、生々しく思えます。当分、「黎明の瞳」ロスに陥りそうです。

小説「南部軍」や「太白山脈」を読もうか真剣に悩みます。ドラマのＯＳＴも四十万枚売れた大ヒット作となったそうですが、哀しい調べが耳を離れません。ＤＶＤの最終巻に収録されている全体のあらすじビデオとメーキング映像に当分世話になりそうです。

ダンスで驚きの結末が？　映画『スウィング　キッズ』(二〇一八年)

私はそもそも戦争映画は好きではありません。ましてや朝鮮戦争を題材にしていると「容共」「反共」の色が極端に出るので、イデオロギー映画を観る如しで好みません。それがたとえ反戦映画だとしても。しかし、戦争映画でダンスとは？　と意外性があり、楽しそうで観たいとは思いました。その後、映画の存在を忘れておりましたが、NETFLIX のラインナップに搭載されているのを知り、やっと視聴に至った訳です。韓国では公開時に多くの話題を振り撒いた模様で、記事をたくさん見つけました。今は探そうと思えば辞典や当時の雑誌を頼らずとも、いろんな記事を探せるので、スマホのネットサーフィンは辞められません。得られる情報量が天地の差です。知ると、この映画、そもそも二〇一五年に韓国でミュージカルとして創作されたストーリーを大幅にアレンジして制作されたとのこと。映画を知るにはミュージカルの内容をまず知る必要があります。

原作のミュージカルは題名を『ロ・ギス』と言い、主人公の人名です。映画理解の上でも必要なので、まずはミュージカルのあらすじを。

一九五二年韓国巨済島の捕虜収容所。この収容所では北側兵士捕虜が十五万人収容されていましたが、ジュネーブ条約により比較的行動が自由だったので、共和国(社会主義)支持者と、そこまで思想的に訓練されていない自由に憧れる捕虜とに分かれ、紛争が起こっていました。米軍収容所の所長は捕虜を自由主義に巻き込もうと、自由の象徴としてタップダンスやゲーム、ポップソングなどを流行らせようと画策します。そして、来たる赤十字社の収容所訪問の際に、収容所の宣伝用にタップダンスチームを結成し、披露しようとします。

一方、収容所には性格の異なる兄弟、共和国の人民英雄である「ロ・ギジン」と彼を兄に持つわんぱくな十七歳の主人公「ロ・ギス」が収容されており、ギスは自由に憧れていましたが、偶然タップダンスを目にしたことから夢中になり、五人のダンスメンバーに選ばれてしまいます。それを知った親北捕虜勢力は、兄のギジンを人質に、ギスにタップダンスを踊りながら収容所所長を狙撃する任務を下します。さて、ダンス披露の日が来ました。ギスは覆面をしてダンスに出演することにしますが、さあ、ギスとギジンの運命は？　というふうに進みます。

このミュージカルは好評を受け、二〇一六年にも再演されました。このミュージカルを基に映画が作られた訳ですが、そもそもこのミュージカルが作られたキッカケは一枚の写真でした。この写真には、覆面をしてダンスを踊る共和国捕虜が映っています。この写真は、伝説的な従軍記者ヴェルナー・ビショップ（Werner Bischof スイス一九一六〜一九五四）が巨済捕虜収容所で撮影した写真の一カットです。ミュージカル原作の台本を書いたキム・シン作家は、この一枚の写真を見て原案を作成したそうです。映画の中でも出て来る自由の女神像が、写真でも大きく見えるほど強烈です。仮面をかぶった捕虜たちは映画と異なりタップではなくスクエアダンスを踊っていますが、歴史的背景や事情を知らない人には風変わりに見えるでしょう。時代的背景を知って見ると、切迫した状況で、仕方なくダンスを踊らなければならない切実さが伺え、胸が苦しくなる写真です。

この写真は、韓国内の多くの文学と芸術家たちに大きな影響を与えました。たった一枚の写真から霊感を受けてミュージカル、そして映画が制作されたという訳です。巨済島の大規模捕虜収容所の話は詳しく習っておりませんが、断片的には知っていました。共和国で、金正日委員長の指示のもと、朝鮮戦争の隠れた英雄、韓国内で働く諜報員を描いたスパイ映画『隠れた英雄たち』は二十部の大作ですが、非常に巧く作られており、二十年以上経った今も人気を博しています。その中で、巨済島の大規模捕虜収容所での暴動とその鎮圧、敵味方同士の駆け引きがスリリングに描かれます。まさしく、この捕虜の処理を巡り南北停戦協定交渉が難航したのであり、様々な事件が起こったのでした。共和国への一括送還を主張し立ち上がった親共和国捕虜の大虐殺事件も起きています。映画を観るにおいて（映画でも描かれますが）このようなデリケートな問題で、米軍の計略により悲劇が起きていたことを念頭に置く必要があります。
ようやく辿り着きましたが映画のあらすじを。
一九五一年、朝鮮戦争下の最大規模の巨済捕虜収容所。新しく赴任した所長（ロス・ケトル）は収容所の対外的なイメージアップのため、戦争捕虜たちによるダンスチーム結成プロジェクトを計画する。北朝鮮兵士のロ・ギス（D.O）は収容所で一番のトラブルメイカーだが、かつてブロードウェイのタップダンサーだった米軍下士官のジャクソン（ジャレッド・グライムス）のタップダンスに惹かれ、チームに参加する。四か国語が話せる無認可の通訳士ヤン・パンネ（パク・ヘス）、生き別れた妻を捜すために有名になることを望むカン・ビョンサム（オ・ジョンセ）、ダンスの才能を持ちながら一分以上踊れない栄養失調の中国人兵士シャオパン（キム・ミノ）も参加。かくして、年齢・国籍・イデオロギー・ダンスの能力までバラバラなタップダンスチーム「スウィング・キッズ」が誕生し、デビュー公演を行うことになる。（引用　公式サイト）
映画は、原作のミュージカル「ロ・ギス」と全く違う衝撃的な結末と、当時の実話だった事件のモチーフまで入り乱れ、全く別の話を見せてくれます。当初、コメディー調で始まったので日本の『Shall we ダンス？』や『フラガール』のようなホックリしたストーリーを期待しましたが、途中からガラッと変わり、幾つかの反転の後、アッという結末に終わりました。ヒット作を量産しているカン・ヒョンチョル監督の選択だそうですが、賛否両論で、あまり評判はよろしくありません。

そのせいか一千万人映画にもなるのではとの前評判も虚しく、一五三億ウォン（約十三億七千万円）の製作費を掛けたこの映画は目標の半分にも満たない一四六万五二六九人と惨敗を喫してしまいました。確かにEXOのト・ギョンス演じる主人公ギスを始め、アメリカでは有名なタップダンサーというジャレッド・グライムスなどの名演技はあれど、惜しいとしか言いようのない作りになっています。毎度お馴染みの韓国映画のパターン、お涙ちょうだい的、「新派」的な結末に持って行きたくなかったとのことですが、他の結末でも良かったのでは？　と思う作りなので、ぜひご覧になってご判断ください。

最強弁護人？　映画『弁護人』（二〇一三年）

まずは映画の宣伝文句を。

十二月、あなたの笑いと涙を守ります！　金無く、コネなく、バッグのヒモも短い税務弁護士「ソン弁」。彼の人生を根こそぎ変える五回の公判が始まる！　一九八〇年代初め釜山、コネも無く、お金も無く、バッグのヒモも短い税務弁護士ソン・オソク（ソン・ガンホ）。不動産登記から税金諮問まで人が何言おうと優れた事業手腕で上昇疾走し、釜山で一番良くお金を稼ぐ弁護士として名を飛ばす。十件の建設企業のスカウト提案まで受け全国区の弁護士デビューを目の前に控えたソン弁護士。しかし、偶然に七年前に食事代を世話になり絆を築いたクッパ屋の息子ジヌ（イム・シワン）

が不測の事件に巻き込まれ、裁判を控えているというニュースを聞く。クッパ屋のおばさんスネ（キム・ヨンエ）の切実な願いを無視することができず、拘置所面会だけでも手伝うとソン弁護士。しかし、そこで向き合ったジヌの信じられない様子に衝撃を受けたソン弁護士は、誰もが決して取り組もうとしない事件の弁護を引き受けることを決心する。「私しますよ、弁護人。やりますよ。」

（引用　公式ホームページ）

この映画は『パラサイト』でソン・ガンホの魅力を知ったらまず一番に観るべき映画です。以前の『タクシー運転手』でも書きましたが、ソン・ガンホの魅力は平凡な市井の人がインパクトを受けて化学変化する絶妙な存在感にあると思っていて、その成長形が『タクシー運転手』で、またその先が善し悪しは別にせよ『パラサイト』のオトーチャンといえます。そう思うと彼の映画キャリア全てを知る訳ではありませんが他に現代劇『グエムル』『殺人の記憶』『スノーピアサー』を観た限りで最良はこの映画だと思います。あ、忘れていました。「グエムル」も双子の片割れといえますね。

ここでソン・ガンホのキャリアを少々見ましょう。彼は、大韓民国史上最高の名演技を披露する名優たちの一人で、大韓民国のアル・パチーノと呼ばれています。何年間も観客が選んだ「最高のチケットパワーを持った俳優」「最も演技力が優れた俳優」などのアンケート調査で最上位圏にランクされており、二〇〇〇年代の韓国映画界最高のネームバリューである「忠武路《チュンムロ》（韓国のハリウッド）トロイカ（三人組）」の一人であり、二〇一〇年代に入っても最高の待遇を受ける俳優でもあります。ソン・ガンホをONE TOP（単独主人公）に立てた映画の興行成績も圧倒的です。実際、興行観客数五百万人以上の作品も十三作で、最近とうとう総観客が一億人を突破しました。チェ・ミンシク、ファン・ジョンミン、ソル・ギョングのように、映画の評が良くない映画も多いのとは異なり、単に興行成績だけ良いのではなく評価も良いとされる、いわゆる「名作」から「秀作」映画もフィルムグラフィーに堂々と残しています。彼主演映画の平均観客数が五百万人を超えるので、彼が出演した映画はほぼすべて成功と言え、良い評価を受けています。一言で「信じて見る俳優、韓国を代表する国民俳優」と言えます。

彼は一九九一年に劇団に入団して演技を始め、舞台先輩の『豚が井戸に落ちた日』に端役で映画デビューしました。庶民や下積み人生の役の多い彼ですが、意外にデビュー作では金回りが良くいい加減な、主人公の同級生の役でした。以後『緑の魚』助演で卑劣なチンピラ役などを演じながらベテランよりも記憶に残る役者として脚光を浴び、以降コミカルな役を演じ、コメディ俳優として頭角を表しました。その後『シュリ』などを介して助演級俳優になりましたが、そもそもソン・ガンホの『シュリ』出演は代打だったらしく、ミスキャストの評が多かったとのことです。しかし彼が演じたおかげで、映画がキャラクター評価の番狂わせを起こしてしまうほどのインパクトを与えたそうです。以後ソン・ガンホは『反則王』で初主演、『JSA』で深みのある演技を披露することで、「ソン・ガンホ＝コメディ俳優」というイメージを脱皮。次いで『復讐は我の物』『殺人の追憶』などを経て、いよいよ二〇〇六年の『グエムル　漢江の怪物』で一千万俳優の列に加わることなりました。二〇〇九年には『コウモリ』『狼』で物議に上がるほどインパクトを与えています。二〇一三年に『スノーピアサー』が九三四万人、以前レビューを書いた『観相師』が九一三万人、続いて十二月、今回取り上げた盧武鉉元大統領モチーフとした『弁護人』で元大統領の話し方、話法、体の動作などを驚くほど再現し話題になりましたが、年に二千万人の観客を突破した最初の俳優となったうえ、翌年にはコチラも一千万人突破で『グエムル』『弁護人』と二本の一千万人観客動員達成。二〇一六年『密偵』で累積観客数一億人を突破、これは韓国国内初の記録です。二〇一七年『タクシー運転手』により一千万人観客動員突破映画三本を擁する俳優になったことも以前述べました。ご存知の通りこの記録保持者はオ・ダルス、リュ・スンリョン、ユ・ヘジンと彼の四人のみです。

映画『弁護人』により文化芸術界のブラックリストに載ったとの噂が有名ですが、最終的に「朴槿恵《パククネ》、チェ・スンシルゲート事件」により、実際にキム・ヘス、パク・ヘイルなどと一緒に、当リストに名前が上がったことが明らかになりました。そのような角度でこの映画を観るとまた違う印象を受けるかも知れません。映画『弁護人』は実際に起こった釜林事件を扱っていて、先に述べた盧武鉉元大統領の伝記的映画といえます。この映画は乱暴にいって『タクシー運転手』の雛形と断言できますが、その訳は映画を鑑賞し比べてご判断ください。『弁護人』という意味がダブルミーニングになっていることが終盤になって明かされます。そこで私も不覚にも、数少ない映像視聴による涙目とナミダ一粒をこぼす失態を招きましたが、この三十年間で涙一粒を溢したのは『タクシー運転手』とこの映画が唯二です。この記録は多分しばらく破られないことと確信しています。あ、でも最近公開されたセウォル号の映画『君の誕生日』を観たら呆気なく崩れそうで、家内と行こうか行くまいか非常に悩んでいる最中です。

どなたかご覧になった方、私にアドバイスいただけませんか。いつもはパパッと短時間で書き上げるレビュー記事、一週間掛かってようやく出来上がりました。『弁護人』の感想はソン・ガンホの存在感にほとんど埋もれています。今度はもっと簡単に書ける作品を探したいと思います。

韓国版フォレスト・ガンプ？　映画『国際市場で会いましょう』(二〇一四年)

この映画はとにかく一度観てくださいとしか言いようがありません。私は、観た瞬間「これは韓国版フォレスト・ガンプだ！」と即座に思いました。レビューを書くためにナムwikiを覗くとチラッとそう書いてありました。私の拙い宣伝を読むより専門の文章のほうが説得力がありますから引用します。

『TSUNAMI』などのユン・ジェギュン監督がメガホンを取り、『傷だらけのふたり』などのファン・ジョンミンを主演に迎えた感動の家族史。朝鮮戦争や軍事政権、ベトナム戦争など動乱の時代を家族のためにささげた一人の男の足跡を活写する。主人公の妻を『ハーモニー　心をつなぐ歌』などのキム・ユンジンが演じ、『パパロッティ』などのオ・ダルスらベテランが脇を固める。時代

の波に翻弄されながらも、たくましく生きる人々の姿に泣き笑いする。(yahoo 映画の紹介文)

この映画は釜山にある国際市場を舞台にしており、九〇年代までの激動の時代とIMF危機という未曾有の事態を経て分断化されてしまっている世代間の理解と疎通の媒介となることを祈る監督のメッセージが込められているそうです。韓国の二大映画賞のひとつ大鐘賞で作品賞をはじめ十部門を受賞しました。観客動員数は千四百万人で、二〇一九年末現在で歴代観客動員数四位です。

あらすじを引用します。

朝鮮戦争の一九五〇年、興南(共和国　咸鏡南道)を脱出しようとしていたドクスとその一家は、戦乱の最中で父と末妹と離ればなれになるが、長男であるドクスは父から「お前が家長になるんだ。家長はどんな時でも家族が優先だ」と家族を任される。釜山へと渡ったドクスら一家は、国際市場にある叔母の店で働くようになる。やがて青年になり家計を支えるようになったドクス(ファン・ジョンミン)だったが、弟の大学進学資金を稼ぐために旧友のダルグ(オ・ダルス)と共に炭鉱作業員として西ドイツに出稼ぎに出る。家族のために懸命に働くドクス。しかし、その先には数々の試練が待ち受けていた。(引用　Wikipedia)

韓国では現在、南南葛藤といわれる深刻な分断に見舞われています。特に映画の主人公のような「産業化世代」と、九〇年代に三十代になり、八〇年代に学生運動を体験した六〇年代生まれを意味する「三八六世代《サンパルユ》」といわれる民主化世代との価値観のギャップが深刻だと言います。ちなみに私も三八六世代《サンパルユ》になります。日本では花の三八という言葉がありました。

監督はこのギャップの中でも一番の葛藤事項である歴史観のギャップを埋めたいとの気持ちがあったようで、政治的な性向は極力排除しています。すなわち左派に配慮し朴正熙《パクチョンヒ》大統領のセマウル運動が除外されていますし、右派に配慮しただけではありませんが、一九七九年の釜馬抗争も端折られています。韓国では同時期に公開されたヤン・ウソク監督、ソン・ガンホ主演のヒット作『弁護人』とよく対比されるようです。（観客動員数は千百三十七万人）

盧武鉉《ノムヒョン》元大統領をモデルにしたこの映画が左派映画として烙印を押され、ソン・ガンホ始め映画人が李明博《イミョンバク》・朴槿恵《パククネ》両政権によりブラックリスト入りさせられたのは有名ですが、『国際市場』の映画のほうも韓国の過激なネトウヨたちが盛んに「この映画は自分たちのための映画だ」と息巻き論議になったそうです。

しかし、監督のメッセージにもある通り偏った政治的メッセージはなく、『弁護人』のヤン・ウソク監督もぜひこの映画を観るべきだとの辞を寄せています。総じて観客の評価は概ね高く、評論家の評価は辛いそうです。それは韓国映画によくありがちな「新派劇的」と揶揄される「無理矢理に感動と涙を誘う作り」が専門家に敬遠されたせいだといわれています。確かに簡単なあらすじや概説を見るだけで「これはお涙頂戴では？」と浮かぶことでしょう。何しろ戦後の激動の韓国史を真正面から描いているのですから。

しかし、アメリカの歴史を知るのにフォレスト・ガンプが最適なように韓国の戦後の歴史を知るのにこの『国際市場で会いましょう』ほど分かりやすく自然で、最適な映画はありません。その意味で私も含め、家父長的制度擁護を嫌い、観る前に敬遠しがちな人もいることでしょうが、先入観を捨てぜひ一度観覧されることをお勧めします。

独裁時代の目撃者？ 映画『タクシー運転手 約束は海を越えて』(二〇一七年)

映画『パラサイト』で今をときめくソン・ガンホ主演なので観た方も多いと思います。韓国映画界の顔といっても過言ではないでしょう。彼が全斗煥《チョンドゥファン》時代を描いた作品に出るのは盧武鉉《ロムヒョン》元大統領がモデルとされる、一九八一年釜林事件(釜山の学林の事件の意)と呼ばれる軍事政権の容共操作事件を扱った、二〇一三年公開の『弁護人』以来で、体制に従順な普通の小市民が社会の不条理に心ならずも接し覚醒する姿を描いている面でも共通点があります。ある意味で『弁護人』のバージョンアップ作品といえるかも知れません。

『弁護人』で保守政権時代、李明博《リミョンバク》と朴槿恵《パククネ》の悪名高い「文化人ブラックリスト」に載せられたと巷間言われるソン・ガンホさんですが、その姿勢と覚悟に頭が下がる思いです。監督は興行と作品性を同時に捉えるといわれる新進気鋭のチャン・フン監督で、共演にドイツ人記者役でトーマス・クレッチマン、今やコメディでは右に出る者なしのユ・ヘジンや若手のユ・ジュンリョルなど脇も固めています。

製作費は百五十億ウォンで、八〇年代感を出すため光州近郊にオープンセットを組んだそうです。

『パラサイト』もそうですが韓国映画は金の掛け方が違います。まるでハリウッドのようです。今後インドのポリウッドではありませんが、韓国映画界を表す「忠武路《チュンムロ》」という言葉が日本でも市民権を得て行くかも知れません。

家賃の滞納だけでも十万ウォンもある、幼い娘と二人暮らしのしがないタクシー運転手が高額の報酬に目が眩み外国人を光州まで乗せますが、そこで見たものは？　といった展開で緊張感の間に笑いがあり、歴史的事実とエンタメ性を上手く絡ませ飽きさせません。私も高校生のとき、光州のドキュメンタリーをリアルタイムで見て、その映像に衝撃を受けましたが、裏側にこんなドラマが潜んでいたとは、眼から鱗が落ちる気分でした。史実である光州のタクシー運転手たちの頑張りも描かれており、クライマックス部分(ネタバレはしません！)は、本国で蛇足との批判が多かったそうですが、韓国版ハリウッドとして観る向きには虚構と分かっていてもエンタメとしてありなのでは、と私は思いました。

民主化後、賞を授与されるため来韓したドイツ人記者が、最後まで主人公を探せず会いたいとしみじみ語る結末に眼が暴発しましたが、その後、映画とは異なる事実が明らかになったそうで、それはそれで感動です。ややもすれば感動を損ねる感もあるのでここで書くのは憚れます。

観客動員数一二一八万九一九五人、興行収入九百五十億ウォンと大ヒットで、ボックスオフィス算出動員数で歴代十四位(国産映画では十一位)です。ちなみに、韓国の集計は前に述べたように動員数が基準となりますが、調べたところ動員数で集計する国は他にフランスとブラジルがあるそうです(ドイツは最近収入に)。

政治関連映画なので政治家の観覧も多く、文在寅《ムンジェイン》元大統領も観覧しています。「共に民主党」のイ・ナギョン元首相も観覧したそうです。政治性とエンタメの融合、韓国映画の醍醐味ともいえる緊迫感と爽快感、これからも世界の台風の目となりそうです。

普通の人の織りなす歴史? ドラマ『五月の青春』(二〇二一年)

【1】

『五月の青春』を視聴する日を、今か今かと一日千秋の思いで待ち焦がれていました。『五月の青春』というタイトルだけ見ても興味を惹きますし、韓国で大いに話題になり好評だったというニュースを知っていたのでなおさらです。このドラマ『五月の青春』は時代劇(韓国では現代史も時代劇に入る)にロマンスを加えた作品で、五月の光州民主化運動を時代的背景に、実在の人物を連想させるキャラクターたちがドラマを引っ張って行く作品です。製作陣は歴史に対する深い省察をもとにドラマを制作したと明らかにしましたが、作品と出演俳優ともに好評でした。

余談ですが、韓国で四月といえば「四・一九民衆蜂起(四月革命)」、五月といえば「五・一八光州民主化運動」、六月といえば一九八七年「六月民主抗争」というように、月名が歴史的事件とセットで我々の脳裏に刻まれており、先にも述べましたがタイトルだけ見ても敬虔な気持ちにさせられます。特に『五・一八光州民主化運動』は全斗煥軍事政権の無差別殺戮の標的となり、今も行方不明者を合わせた数千人の犠牲者が出ており、思い返すだけで哀しみに突き落とされます。映画では『ペパーミントキャンディー』『タクシー運転手』『光州五・一八』など名作が製作されていますが、ドラマでは『砂時計モレシゲ』など一部に限られているので、どのように描かれるのか興味深かったです。

特に最近、韓国では歴史歪曲論議が盛んで、歴史ドラマでは中国風と歴史歪曲への抗議運動から『朝鮮駆魔史』が二話で放送中断を余儀なくされた事件が記憶に新しいです。同じく「光州民主化運動」を扱い、北のスパイと女子学生が光州抗争の最中に出会い恋に落ちるというモチーフで全世界に配信された『スノードロップ(雪降花)』への猛烈な抗議活動もイシューになりました。北のスパイ云々は抗争当時、全斗煥政権が弾圧の口実に使用したロジックで、未だ与党関係者からのデマが問題になるなどセンシティブな問題ですが、安易にモチーフにするとは首を傾げざるを得ません。

しかし、『五月の青春』は歴史歪曲論議に巻き込まれることなく、当時の雰囲気と青春を上手く描いたと評価を得ています。常々申しておりますが、日本では敬遠しがちな「政治性」を排除せず、政治と「エンタメ」のヒュージョン(融合)に果敢にチャレンジするところが韓国エンタメの特色であり特技だと思っていますが、その姿勢はこのドラマや『二十五、二十一』などでも成功しています。ややもすればタブー視しがちな歴史的大事件をドラマにどう絡めるか、楽しみでもあります。

まずは制作意図と参りましょう。

一九八〇年春光州、来るべき歴史の渦を知らないまま、それぞれの運命に向かって熱く走っていく青春たちのヒューマンメロドラマ。号泣と太った血、叫び声と辛い煙でいっぱいだった八〇年五月の光州その渦の真ん中に巻き込まれた二人の男女がいる。その五月が、いつものようにただ日当たりの良いだけの五月だったら普通に愛しながら生きていた人たちの話。たとえ荘厳だったり英雄的でなくても、そこで泣いて笑って、愛した普通の人たちの話で毎年帰ってくる五月がすごく痛い人たちには小さな慰めを、この瞬間、それぞれの五月を経験する人たちにはその五月の火種を伝えたい。（引用　公式サイト）

当然ですが、普通の人々が普通に生活や恋愛をし、それが或る日、思いもしない事件に巻き込まれ、運命に翻弄される姿はドラマチックで悲劇的です。光州民主化運動でもこのような市井の人々が巻き込まれて行った例が多いと見られ、それらを自然に描くことが彼らを追悼するうえで最も重要なキーポイントであると思われます。あらすじも知らずに視聴し始めたので、最初の三十分くらいは時系列が過去と現在を行き来していたこともあり、とても難解でした。少しでも重要なポイントは見逃すまいと眼を凝らして見ましたが、やはりシンドい作業でした。韓ドラは初回が全てを左右します。『五月の青春』には新進青春スターのイ・ドヒョン、コ・ミンシ、イ・サンイ、クム・セロクの四人が主演を務めました。

次に簡単なストーリーを。物語は偶然、工事現場から四十年ぶりに謎の白骨死体が発見されることから始まり過去に遡ります。医学生のファン・ヒテ（イ・ドヒョン）は医学部のインターンの修練を控えて、ある事情により故郷に降りてキム・ミョンヒ(コ・ミンシ)と偶然出会います。キム・ミョンヒは三年目の看護師で、白衣の天使というよりは白衣の戦士に近い逞しい看護師ですが、お金にも親にも恵まれない彼女に絶好の機会が訪れたことをキッカケに、ファン・ヒテとの親同士の強要する見合いに友人イ・スリョン(クム・セロク)の身代わりに行く羽目になります。彼女の身元を知っていたヒテはミョンヒの身代わり見合いでの傍若無人な振る舞いにも一向に動じる気配はなく、却ってミョンヒに強い恋愛感情を抱きます。ミョンヒもそんなヒテにいつしか強く惹かれる始末。その友人イ・スリョンは工場を経営する資本家の裕福な娘でありながら民主化運動に身を置きデモに明け暮れる行動派女子ですが、親同士決めた縁談に引き込まれ、当人もニッチもサッチも行かなくなります。またスリョンの兄でミョンヒとも幼馴染のイ・スチャン(イ・サンイ)はファン・ヒテの家と危うい契約を結ぶことになり、三歳歳下のキム・ミョンヒの夢を助けるために出たことが思いもよらない方向に流れ、岐路に立つことになります。三話まで放送が終了しましたが、身代わり見合いの三人が三角関係に陥りそうな場面で終了。

韓国での放送(月火ドラマ)に倣い、毎週月曜日と火曜日に放送するそうですから、待ち遠しい限りです。登場者たちが全羅道光州を舞台にすることもあり「湖南サトゥリ(方言)」を多用しますが、最初は聞き辛かったものの、ローカル色と素朴さが滲み出て段々と好感が持てました。特にコ・ミンシの整ったルックスと相反する「ズーズー訛り」はリアリティーを感じさせます。現在『ザ・グローリー』で全世界を魅了して居るイ・ドヒョンもどこか翳りのある品行方正な医大生で、彼の不思議な「眼力」と「コミュニケーション能力」を視聴者にフルに振る舞って好演です。クム・セロクも現在『愛と、利と』で三角関係に苦しむ富裕層の娘を演じていますが、同じ富裕層でもこのドラマでの役割は正反対で、形にハマることを嫌うオテンバなお嬢さん姿が微笑ましくもありますが、現実に向けられた彼女が、コレから主演の二人とどう絡んで行くのやら。

本家本元の韓国での視聴率ですが、四・四％から始まり最高視聴率五・七％、四〜五％台を行き来して最終話五・六％で終了しましたので、思ったほど高い視聴率ではなかったようです。しかし雑誌Forbesの選定した「二〇二二年ベスト韓国ドラマ」のひとつに選ばれるなど話題も生み、評価も高かったことは先にも述べました。全十二話と韓ドラにしては短かめですが、これからトクと拝見させていただきます。


【2】

『五月の青春』を胸が張り裂けそうな思いで視聴しています。主人公二人が圧巻です。ヒロインであるコ・ミンシ演じるミョンヒが可愛くも健気で痛々しく、愛おしくなります。男性主人公イ・ドヒョン演じるフィテも全く同じ印象です。特にイ・ドヒョンは似た役割で『ザ・グローリー』でも主演を演じており、偶然の賜物ですが「もしファン・フィテが「光州《クァンジュ》民主抗争・人民蜂起」を体験していなかったらどういう人生を辿ったか？」を想像させる面白さを与えてもらっています。主人公二人が美男美女、かつ初々しくてお似合いで、先日の『イルタ・スキャンダル』の違和感を吹っ飛ばしてくれます。

いよいよ主人公二人が図らずも「光州《クァンジュ》民主抗争・人民蜂起」に巻き込まれてもがき苦しむ姿が、青春の「悲劇性」をも伴い視聴者の涙を誘いますが、いまさらながら私の胸に去来する想いがあります。それは「なぜ光州《クァンジュ》だったのか?」という苦々しい想いです。他の地域・都市でもなく、なぜ光州《クァンジュ》だったのか?

ここで簡単に「光州《クァンジュ》民衆抗争」のあらましを。「光州《クァンジュ》五月革命」とも呼ばれ、「パリ・コミューン」とも比肩される民主化闘争は、ご存知の通り一九八〇年五月十八日から二十七日まで行われた民主化抗争とその過酷な弾圧です。空挺部隊などの軍人たちがデモ鎮圧という口実で市民に銃口を向け、これに対抗して市民が市民軍を組織して強く抵抗した事件です。

その後、光州民主化抗争直後に組織された真相調査団によると、一九八〇年六月十一日までに明らかになった犠牲者数は民間人死亡者一五八人、負傷者一二七人、軍人及び警察死亡者二七人、負傷二五三人だといいます。しかし、未だに行方不明者が数千人おり、実際に犠牲になった市民・学生たちは二千人とも四千人ともいわれています。この闘争は一九七九年朴正熙《パクチョンヒ》暗殺以降、粛軍クーデターで政権を奪取した全斗煥《チョンドゥファン》の新軍部が五月十八日戒厳令を全国に拡大したことをキッカケに起こりましたが、当時市民の死を覚悟した強烈な抵抗は、光州《クァンジュ》(と光州に隣接する一部の全南地域)という地域でのみ発生しました。

全斗煥《チョンドゥファン》ら新軍部は粛軍クーデターで政権を掌握後、暴力に依存して彼らの正当性を示そうと躍起になりました。「非常戒厳令」解除と全斗煥《チョンドゥファン》退陣を求めるデモに、かえって非常戒厳令の全国拡大と国会解散、「国家保衛非常機構」の設置を主な内容とする収拾法案を用意しました。そして、光州には空挺部隊が派遣され、無差別殺戮を行うなど野蛮な弾圧を断行しました。それらの暴挙に対抗して市民たちが武器庫から武器を奪取し、遂には市民による市街戦となった次第です。

ドラマではこのように理不尽な事件の経過が主人公二人の眼を通してジックリと描かれました。二人の姿が微笑ましいとはいえ、結果が不幸であることが明らかなドラマを観るのは正直辛いものがあります。終盤に向けて過酷な状況下でもロマンスを育てる二人の姿が美しく気高くも痛々しくあります。

今からジックリと鑑賞し、感動と遺憾の涙でドラマ視聴を終えたいと思います。

歴史を記録した映画？　映画『一九八七～ある闘いの真実』(二〇一七年)

今回は直球過ぎて書くのを躊躇ってきましたが、やはり書いたほうが良いと思われる映画を書かせていただきます。『一九八七～ある闘いの真実』です。この映画はそもそもレビューは要りません。題名を見ただけで観るべき映画と思いませんか。ドラマチックな歴史的事実をほとんどそのまま描いていて、再現ドラマかと思うほどですから。制作の裏側を覗いても、架空の人物はキム・テリ演じる女の子と、ユ・ヘジン演じる役が二人を合わせて創作しているくらいです。そしていつものように豪華キャスト。日本も最近では豪華キャストが主役を一人に絞らず群像劇で作られることも増えていますが、韓国には到底及びません。キャスト優先の日本と、作品優先の韓国の違いでもあるのでしょう。韓国映画の限りないパワーを感じます。

ここであらすじを。『ファイ　悪魔に育てられた少年』のチャン・ジュナン監督が、韓国民主化闘争の実話を描いた社会派ドラマ。一九八七年一月、全斗煥大統領による軍事政権下の韓国。南営洞警察のパク所長は北分子を徹底的に排除するべく、取り調べを日ごとに激化させていた。そんな中、行き過ぎた取り調べによってソウル大学の学生パク・ジョンチョルが死亡してしまう。警察は隠蔽のため遺体の火葬を申請するが、違和感を抱いたチェ検事は検死解剖を命じ、拷問致死だったことが判明。さらに、政府が取り調べ担当刑事二人の逮捕だけで事件を終わらせようとしていることに気づいた新聞記者や刑務所看守らは、真実を公表すべく奔走する。また、殺された大学生の仲間たちも立ち上がり、事態は韓国全土を巻き込む民主化闘争へと展開していく。パク所長を『チェイサー』のキム・ユンソク、チェ検事を『お嬢さん』のハ・ジョンウ、学生デモに立ち上がる大学生を『華麗なるリベンジ』のカン・ドンウォンと豪華キャストが共演した。(引用　映画.com)

一言でパク・ジョンチョル君(烈士)に始まりリ・ハンリョル君(烈士)に終わる一九八七年六月人民抗争の劇的な歴史を扱っている映画です。

先のイケメン俳優カン・ドンウォンが出演するという情報が出て、韓国ではヒト騒動あったそうです。何かというと、彼の祖父が親日派名簿に登載されているらしく、その子孫をこのような映画に出して良いのかという論難だったとか。韓国で「親日派」という響きは日本でいう「非国民」以上の非難、「売国奴」を意味します。未だに親日派を許さない国民的感情は凄まじく、気持ちが分からなくもないですが、民主化映画でその問題を取り出すのはどうなのか、といった感じです。ましてや本人自身とは何の関係もない祖先のことで指弾されるなんて、言いがかり以外の何物でもないとは思うのですが、彼はその非難に対し祖父の行為を公式に謝罪するなど誠実に対応しました。政治映画に出演するという役者としての「不利益」も甘受し、映画製作決定後、真っ先に手を挙げたことが判明し好感を持たれたそうです。彼は特別出演で、演じる役は当時秘密でしたが、その役を演じるにあたってゆかりの施設に足繁く通い、モデルの人物の心を掴むべく母親とも毎日のように会うなど、パフォーマンスとは思えない行動が後に徐々に知られるにつれ、世論が大きく傾いたそうです。奇しくも二〇一七年当時はパク・クネの文化人ブラックリストが映画界に様々な圧力を呼び起こしていた時期とあって、『一九八七』のような政治映画は資金繰りにかなりの隘路を余儀なくされましたが、カン・ドンウォンが出演するということで出資者を呼び込むことに成功、制作サイドが感謝の言葉を捧げています。

キム・テリの役もフィクションですが、男性ばかりの、ややもすると殺伐としがちな映画に紅一点、淡い恋を描くことにより悲劇性を際立たせる効果を生んでいます。彼女の役は観客目線といえ、普通の庶民が不条理に接し覚醒して行く過程を、彼女を通じて典型化することに成功しています。

この映画は話題も手伝い、公開一か月余りで観客動員数七百万人を超え、二〇一八年八月時点で上映スクリーン数一二九九、観客動員数七二三万一八三〇人、興行収入五二三七万九〇二八ドルに達するヒット作となりました。一九八七年の民主化を勝ち取った六月人民抗争の必須バイブルといえます。

私の大学時代、パク・ジョンチョル君の拷問致死事件とリ・ハンリョル君のデモ参加中の犠牲は大事件で、朝鮮大学校では彼らの追悼式典や集会、彼らを演じる演劇上映など、彼らの気持ちに寄り添うアクションが盛んに行われたこともあり、とても他人とは思えない身近さがあります。しかし、この映画のようにナレーションではなしに、彼らが犠牲になる姿が実際に映像で再現されると、観るのが苦しくなると同時に、あの頃の思い出が蘇り、哀しみが倍増します。生きていれば私とも同年代の彼ら。彼らの犠牲を決して無駄にしてはならないという気持ちを再三再四新たにさせてくれます。

エンタメと政治的主張を自然に融合する韓国映画の秀逸さ。この映画は『タクシー運転手』などと共に、韓国と韓国の歴史を知るためには外してはならない必須の映画であるということを強調しつつ、文章を終えます。

苦しい時代の愉快でヒリヒリする青春？　ドラマ『二十五、二十一』（二〇二二年）

ドラマを観るうえでまず何よりもキム・テリから目を離せません。毎年韓国エンターテイメント業界のキープレーヤー五十五人が予想する「今年の注目の俳優」で常に上位に位置しています。「二〇二一年注目すべき俳優」の調査結果では「注目すべき女優」で断然一位でしたし、二〇二二年の調査でも僅差での二位に名を連ねました。

「キャスティングに手を挙げたいNo.1」に選ばれていて、毎回ジャンルと時代がいつも違うパイオニアのようなイメージを持ち、演技力とスター性を兼ね備えた新しい顔を持っているという評価です。新しいところではドラマ『ミスター・サンシャイン』の好演と大成功が記憶に新しいですが、年齢が三十歳超えという事実がかなりの驚きです。とても三十歳超えには見えません。映画『一九八七年』の初々しい大学生役が昨日のようなのにいつの間に、といった感じです。

今回のドラマでも高校二年生を演じていますが、違和感なくピッタリです。ついでに言ってしまうと、今回のドラマ『二十五、二十一』ではナム・ジュヒョク演じる男性主人公より四歳歳下の設定ですが、実際には彼より四歳歳上だそうです。溌剌とした若々しさで、とてもそんな感じには見えません。ナム・ジュヒョクも前回のドラマ『スタートアップ』ではサブのキム・ソンホにお株を取られたイメージでしたが、今回は役どころもイケメンさも彼を脅かす存在は見当たらず、清々しいイケメンぶりを大いに堪能させてくれそうです。

ここでタイトルの所以に触れますが、とても変わったタイトルの意味は、ドラマの予告編に登場します。つまり二十二歳と十八歳で出会った二人が恋に落ちるのが二十五歳と二十一歳だという意味です。タイトルを『二十五、二十一』と表記してしまうと味も素っ気もありませんが、韓国本国のように『ニジュウゴ、ニジュウイチ』とすれば少しはニュアンスが伝わるかも知れません。朝鮮語では『スムルタソッ　スムルハナ』です。

次にドラマのコンセプトからこのドラマのスケールを感じ取っていただくことにしましょう。コンセプトを公式サイトより拝借します。

二十五、二十一。一九九八年、世の中が丸ごと揺れるように不安だった年、二十二歳と十八歳が出逢った。二人はお互いの名前を初めて呼んだ。二十三歳と十九歳になり、二人はお互い頼り合った。二十四歳と二十歳になり、二人は傷ついた。二十五歳、二十一歳になった時、二人は愛し合った。時代を問わず永遠の定番、青春。たとえ今の青春が入試とスペック、学資ローンと就職準備生のような代名詞で社会面でもよく登場する単語になったとしても私もあなたも、みんなが青春を愛している。青春の者たちも、青春を控えた者たちも、青春を過ぎて来た者たちも皆一緒に、青春に憧れる。なぜだろう？　青春が魅力的な根本は、あまりある体力にある。何かを好きな体力、好きなものに飛び込む体力、飛び込んで失敗して挫折する体力、その渦中に友達に呼ばれれば外に出て遊ぶ体力、そうしておいて、私はゴミだと自責する体力。限りある体力を重要なことに気を遣って分配する必要がない時代、感情も体力だということを知らない時代、そして全てを愛してすべてのことに痛むことのできる時代その頃の友情はいつもやり過ぎだし、恋愛にはなすすべもなく、挫折は熱かった。不安とため息で染まっても、絶え間なくキラキラしていた。このドラマは「青春モノ」というときの、その「青春」。私たちの記憶のどこかにフィルターで補正されてかすかに残っている美化された青春、私たちが見たい、愉快でヒリヒリする「青春」を描くつもりだ。殺伐と燃やして蒸発する話ではなく、ゆっくり浸し、胸いっぱいに刻まれる話になるだろう。（引用　公式サイト）

いつもながら韓国ドラマの概要は詩的でオーバーで格調高いのが特徴です。そこまでオーバーに書かなくても、と言った表現が多いです。しかしながら、今回は多分に装いが違います。なぜなら一九九八年のＩＭＦ危機を時代背景に描いているからです。ＩＭＦ危機とは一九九七年のアジア通貨危機に端を発した経済危機で、韓国が国家破産の寸前まで追い込まれ、最終的にＩＭＦの救済を受けることを余儀なくされた事件です。ＩＭＦ経済危機・ＩＭＦ通貨危機・ＩＭＦ管理体制・ＩＭＦ時代・ＩＭＦ事態とも呼ばれます。その後、復活した韓国はついに先進国入りを果たしますが、そこに至るまで、国民は血の滲む痛みを経験し、韓国が世界的な格差社会に突入する大きなキッカケになりました。

こんな未曾有の社会経済的危機をドラマの背景として描くなんて、と初めて企画を知ったときは驚きました。先に五・一八光州民主化抗争を背景に描いたドラマ『五月の青春』にも驚きましたが、それに負けずと劣らぬ驚きをもらったといっても過言ではないでしょう。それと共に韓国エンタメの懐の深さを再三確認させられます。日本ではピンと来ないかも知れませんが、ＩＭＦ危機は例えば方向は違えど、バブル崩壊とリーマンショック＋阪神大震災、東日本大震災がいっぺんに来たような危機で、それをドラマで描くが如しです。

ナム・ジュヒョク演じるペク・イジンは財閥のお坊ちゃんで、NASAへの就職も夢見る優秀な青年でしたが、未曾有の危機により父親の会社は倒産、一家離散の憂き目を浴び、キム・テリ演じるヒロイン、ナム・ヒドの近所に越して来ます。最悪の出逢いをした二人は奇妙な友情を育み、いつしか恋愛に発展します。ヒロインのナム・ヒドも、何事にも完璧な有名アナウンサーの母親の元で才能あるフェンシングの選手として育ちながら自信を失い、時代にも見捨てられ虐げられた鬱屈した高校生活を送っていました。そんな二人が化学反応のように見せる「絡み」がほのぼのとしていて楽しく、暗い時代においても夢と明かるさを忘れず一生懸命生きた「青春」を観る者にしっかりと植え付けてくれます。これはかなりの名作だと実感します。

ドラマで重要なサブテーマとして描かれるのがキム・テリのナム・ヒドが繰り広げるフェンシングです。韓国ドラマでフェンシングという種目を初めて扱ったドラマだそうです。種目はサーベルで、フェンシング技術指導として、二〇一二年ロンドン・オリンピックの金メダリストのウォン・ウヨンSBS解説委員が参加したとありました。競技においても恋愛においてもライバルとなるコ・ユリムと、国家代表メダル選手の座を懸けて争い成長する姿が楽しみです。

余談ですが、劇中ペク・イジンとナ・ヒドの娘(であるはずの)キム・ミンチェの姓が違っているので、ミンチェの父親の話が大きなポイントになりそうです。推測としてはペク・イジンの姓の入れ替え、本名がキム・イジンである、ベク・イジンとの離別による再婚、ミン・チェの養子縁組などが考えられますが、五話までで「最近ペク・イジンを見た」と出て来るので離別か、と思わせます。今後の展開に興味津々です。

気になる韓国での視聴率ですが、六・三％から始まり、八％台後半を走り、四話目で九・九七％をマークしました。今後も鑑賞を愉しみたいと思います。

寄り添うって？　映画『君の誕生日』（二〇一九年）

『君の誕生日』を映画館で観て来ました。想像しただけで悲しすぎるので迷いましたが、観て良かったです。イ・ジョンオン監督のインタビューにこんな言葉がありました。

Q：まだ『君の誕生日』を観るのを恐れている観客にメッセージは？

A：人生の苦しみや幸福を経験したこの世を生きるすべての人々は強い、そう思っています。だからこの映画に向き合う力がないとは思っていません。だから信じています。観客の皆さんを。

（引用　公式パンフレット）

鉄は熱いウチに打て！　ということで早速レビューを書かせていただきます。まずこの間、セウォル号関連の本、ネット記事などを読み漁りました。韓国社会にショックを与え、いまなお進行中の事件です。日本でこれほどのショックを与えた事故というと御巣鷹山の日航機事故に近いかも知れません。高校生が大勢亡くなったという意味ではそれ以上でしょう。

私が現在分かる限りの事故の問題点を簡単にまとめると、（1）韓国資本主義の負の部分暴露（利益追求、人命軽視、官民癒着、客室乗務員の質など)、(2)韓国大人社会の汚さ・道徳性欠如を暴露(船長始め船員が我先に逃亡、学生に客室から動いてはいけないと指示)、(3)国家機関の無能さ(海警が何もできずに放置、朴大統領の謎の七時間など)、(4)マスメディアのいい加減さ(当初高校生全員救助と報道など)、(5)韓国社会の分断の深刻さ(未だに真相究明を望む遺族と反対派勢力との葛藤)などです。

いろんな事を考えると気が重くなります。そして、私が読んだ本では一番の問題は韓国社会が教訓を生かそうとしないところだと締めくくっていました。教訓を得て生かすって一番重要だと思います。聞くと、日本において授業で水泳が始まったのは一九五〇年代の海難事故の影響だそうです。韓国では水泳の授業がないとか。このような痛ましい事故の教訓を生かすにはどうすれば良いのでしょうか。真剣に考えて欲しいと思いました。

セウォル号事故の記事ではないのでこれで終えますが、そういう意味で映画は敷居が高すぎます。どんなふうに描くのか? 結論からいうと、とても良かったです。いつも参考にならない映画の概要がピッタリ私の心に沁みました。まず公式サイトから引用させていただきます。

『私にも妻がいたらいいのに』以来、十八年ぶりの共演を果たした韓国映画界を代表するトップ俳優ソル・ギョングとチョン・ドヨン。大事な子供を亡くした喪失感と切ない愛を抱きながら生きる遺族の姿を名優にふさわしい渾身の演技と真心で熱演。さらには『シークレット・サンシャイン』をはじめ世界の映画界を魅了する巨匠イ・チャンドン監督のもとで経験を積んだ新鋭イ・ジョンオン監督が長編デビューを飾る。監督自身がボランティア活動を通じて長い期間、遺族と接する中で生まれた本作は韓国全土が悲しみに包まれた二〇一四年四月十六日、修学旅行中の高校生ら三百人以上が犠牲となったセウォル号沈没事故を初めて正面から取り上げた作品の誕生でもあった。亡くなった息子の近づいてくる誕生日を軸に、共に記憶し、悲しみを分かち合うことがどれだけ生きていくうえでの励みになるか、忘れられない傷を持つすべての人々に寄り添う、温かな感動作となっている。（引用　公式サイト）

確かに「寄り添う」と口では簡単ですがどういうことかを考えさせられました。次にストーリーを。二〇一四年四月十六日、この世を去った息子スホへの恋しさを抱きながら生きるジョンイルとスンナム。やがて一年にたった一日だけのスホの誕生日が近づいてくる。母スンナムは主役不在の誕生日は息子がいない現実を認めるようで怖くてたまらない。一方、ある事情により息子が亡くなった日に父親としての役目を果たせなかった父ジョンイルは、家族に対して罪悪感を抱えたまま、あの日から二年後に韓国に戻ってくる。彼にとってすべてが見慣れない現実の中、家族と一緒にスホの誕生日を迎えるが。（引用　公式サイト）

どうやらアッパ（お父さん）はキロギアッパ（単身赴任）だったらしく初めて帰って来たようです。息子の事件の後、帰ることもなく。なぜ今になって帰って来たのか、なぜ夫婦仲が悪いのか疑問ですが、中盤になって分かります。ソル・ギョングの抑えた演技がたまりません。チョン・ドヨンの揺れ動く演技も自然で、気持ちが良く分かります。

私は真っ先に二十五年前に亡くした自分のアボジ(父)を思いました。風邪を引いて病院に行くと末期ガンと診断された私のアボジ、どれだけ泣いたか知れません。みな、一度は大事な人を送ったことがあるはずで、そのことを思い起こさせるはずです。次に自分の息子と娘を思いました。ちょうど同じ年頃、どれだけ愛を伝えているか。そして被害者家族と世間のズレ、心ない言葉の暴力、被害者同士にある気持ちのズレなど寄り添うことの困難さを思いました。

特にセウォル号事件では、同情する大勢と反発する勢力とに分かれてしまっていると聞いてはいましたが、そういう姿も描かれていて心が痛みます。どうやって解決して行けば良いのか、どうすれば遺族は癒されるのか。これは従軍慰安婦問題、戦争・災害・事件など、多くの被害者救済問題とも絡みます。そういうことを考える良い機会だと思いました。

この映画の主人公は亡くなったスホです。顔を見せるのはホンの数回。空想シーンで顔を見せます。あとは写真とビデオ上だけ。それでも、まるで彼が居るかのようにみながなぞって彼の輪郭を描き出します。その造形がまた素晴らしく、彼が友人の家に行き「牛乳を全部飲み干す空気を読まない子」という微笑ましいエピソードまで語られ、観客は彼がまるで隣に居るかのような錯覚に囚われます。

以前、ディズニー映画『リメンバーミー』で、亡くなった人を忘れたときに人は二度目の死を迎えるとありました。その人を覚えている限り人は死なないと。その言葉が真実であることを再確認します。その人を忘れずに覚えている限り人は死なないのです。家に帰り娘と息子を抱きしめました。年頃なのでとても嫌がっていましたが、家族のありがたみを再確認させていただきました。懸念した涙は我慢できました。『弁護人』と同じ、目に涙が浮かびましたが流れて落ちることはありませんでした。でもクライマックスはヤラレそうでした。お時間ある方はぜひ。

この映画を観ずして名画を観たと言うなかれ？
映画『モガディシュ　脱出までの十四日間』(二〇二一年)

「We are Korean!(われわれはコリア人である！)」

クライマックスにおけるイタリア大使館前、みなの命が危うい極限状態の中で主人公の韓国大使が叫ぶシーンで、まずウルッ。そして最後に韓国当局が共和国の要員を拉致すべく避難民の波に詰め寄るや、それまで一番共和国側要員を警戒していたチョ・インソンが機転を効かし彼らを撹乱、共和国人士を逃がす場面でボロボロ涙が溢れました。幸い家内は真隣りにいますし、ましてや会場が暗いので気付かれずグーでした。片や泣き虫の家内はウルッときたくらいで泣かなかったそうですから、私のほうが情に篤いことが証明されました。

この感動をどう伝えようか考えに考えた挙句、先の出だしにしましたが後悔しきりです。出だしの文句が何パターンも浮かびましたがどれももの足りなく、自分の表現力のなさが恨めしい限りでなりません。あまりの興奮状態が続いたせいで映画終了後、放心状態になりました。まるで終わりの見えないジェットコースターに乗せられてなぶり殺しにあったかの如くの緊迫に次ぐ緊迫、アクションシーンの連続で、早く無事終わってほしいと願う時間がどれほど長かったことか。心臓の悪い方は要注意です。ハラハラの結末は映画でご確認を。

先ほど述べたようにジェットコースター体験なので、体験する際には大画面で体験するのとテレビのそれとでは大違い。一インチでも大きな画面で鑑賞されることをお薦めします。勿論、ドルビーシステムの整った映画館での視聴が最高であること間違いなし。映画レビューでは、述べたいことが多すぎて、まずは私が言いたいことを一方的に羅列させていただきました。それほどに衝撃が強かったことの裏返しで、異論ある方のご意見を乞いたいです。アフリカの地名がタイトルになっているオール外国ロケの映画、観る前から暑そうなイメージでしたが、予想通り「暑く熱い」映画でした。隠された歴史を覗き見するような、後ろめたい雰囲気。似たケースを他の監督作品ですが『タクシー運転手』で経験済みです。まるでドキュメンタリー映画かと見間違うほどの迫力と臨場感、違いは国内か国外かの違いです。ちなみに今作のリュ・スンワン監督は『ベテラン』『生き残るための3つの取引』『軍艦島』などで有名な監督です。まずは映画のシノプシスを。

内戦で孤立した見知らぬ都市モガディシュ。今から私たちの目標はひたすら生存だ。大韓民国が国連加入のために東奔西走していた時期、一九九一年、ソマリアの首都モガディシュでは一触即発の内戦が起こる。通信さえ途絶えたそこに孤立した大韓民国大使館の職員と家族は、弾丸と砲弾が雨霰、生き残るために毎日を支える。そんなある夜、共和国大使館の一行が助けを求めてドアを叩

いたのだが……目標は一つ、モガディシュから脱出しなければならない。(引用　ネイバー映画)

次に映画のあらすじを。『ベルリンファイル』『生き残るための3つの取引』のリュ・スンワン監督がメガホンをとり、韓国民主化から三年、ソウル五輪からわずか二年後の一九九〇年、ソマリアで内戦に巻き込まれた韓国と共和国の大使館員たちによる脱出劇を映画化。ソウル五輪を成功させた韓国は一九九〇年、国連への加盟を目指して多数の投票権を持つアフリカ諸国でロビー活動を展開。ソマリアの首都モガディシュに駐在する韓国大使ハンも、ソマリア政府上層部の支持を取り付けようと奔走していた。一方、韓国に先んじてアフリカ諸国との外交を始めていた共和国も同じく国連加盟を目指しており、両国間の妨害工作や情報操作はエスカレートして行く。そんな中、ソマリアで内戦が勃発。各国の大使館は略奪や焼き討ちにあい、外国人にも命の危険が迫る。大使館を追われた共和国のリム大使は、職員と家族たちを連れ、絶対に相容れない韓国大使館へ助けを求めることを決める。ハン大使役に『一九八七、ある闘いの真実』のキム・ユンソク、リム大使役に『国家が破産する日』のホ・ジュノ。他に人気のチョ・インソンとク・ギョファン。第四十二回青龍映画賞で作品賞、監督賞ほか五部門を受賞し、韓国で大ヒットを記録した。(引用　映画.COM)

この映画、コロナ禍の二〇二一年、韓国国内最高の三六一万三九八一人を動員したナンバーワンヒット作です。もし二〇二三年に公開されていたなら一千万人動員も夢ではなかったといわれるほど、観客は勿論、批評家たちからも絶賛されている名作です。一〇〇%海外ロケで行われた撮影とアフリカ伝統音楽の匂いのするスコア、生々しい臨場感を伝えるハイクオリティの音響技術、韓国映画で一度も登場したことがない空間の風景と光で現地性を生かしたと評価されており、チェ・ヨンファン撮影監督とイ・ジェヒョク照明監督の言葉を借りるならば、「ほとんど自然光を活用し、夜のシーンは松明、蠟燭、灯りなど人為的でない照明を積極的に活用した」自然味溢れた力作です。監督が望む光をカメラに入れるために時間帯別に撮影を行ったほどに凝ったそうで、望む光と色感を一番よく捉えられるカメラを選ぶために、韓国にある全てのカメラをテストしたとのこと。そのひとつひとつを拾っても映画のクオリティーが想像可能です。

他にも監督はソマリアの悪い電力状態を表現するために、美術チームが製作した松明や蠟燭、特殊効果チームの手をかけたセットなどで自然な照明をセットしたそうで、物語の真実味を高めています。また、ロングテイク撮影がふんだんに使用され、凄まじい没入感を観客に与えてくれます。おかげでモガディシュ内戦を題材にしたリアルドキュメンタリーのように見えもします。

映画製作の裏側を覗くと、ソマリア・モガディシュは実際には韓国国民の出入りが禁止された危険地域とのことで、実際の撮影はモロッコの西部都市エッサウィラで行われたといいます。監督はロケーション撮影が可能な場所の中で、エッサウイラが一番ソマリア地域と似ていると思ったとのこと。この都市が一九九〇年代のソマリアの風景をそのまま保って、モガディシュのように海が隣接する都市だからで、ヨーロッパとアラブ文明の影響を大きく受けた古風な港町で、モロッコとサハラ内陸を世界各地に繫ぐ貿易港であり、芸術の都市として有名です。海に向かって角のように突き出た土地に位置するので、ちらっと見るとソマリア地域と似た部分があります。

この映画は基本的に実話ですが、当然フィクション部分もあり、史実とフィクションの違いを述べても面白いでしょうが割愛します。その史実とフィクションの違いを想像しながら鑑賞するも良し、全て史実だと仮定して鑑賞するも良し、大事なエキスは全て真実といえそうです。最後の最後に「非常事態」から「日常」に戻る南北要員の静かな退場が、観客の胸を掻きむしります。

キューポラのある街への断想？ 映画『キューポラのある街』（一九六一年）

日本と在日朝鮮人の歴史とも深い関連がある映画『キューポラのある街』を久しぶりに観覧し思うことが多かったので、賛否両論あることは重々承知しつつ感想を述べます。この映画は名作です。ブルーリボン賞を受賞したし、吉永小百合も十七歳の最年少でブルーリボン主演女優賞を受賞しています。

まずはあらすじを。中学三年の石黒ジュン（吉永小百合）は、鋳物工場の直立炉《キューポラ》が立ち並ぶ埼玉県川口市の鋳物職人の長女である。何事にも前向きで、高校進学を目指すジュンだが、父・辰五郎（東野英治郎）が工場を解雇されたため、家計は火の車で、修学旅行に行くことも諦めていた。自力で高校の入学費用を貯めようと、パチンコ屋でアルバイトを始めるジュン。担任教師の助力で修学旅行にも行けることになった。しかし、ようやく再就職した父親は、待遇が不満で仕事をやめてしまった。絶望したジュンは女友達と遊び歩き、危うく不良少年たちに乱暴されかけた。全日制の高校進学を取りやめて、就職を決断するジュン。共和国(朝鮮)への帰還問題で苦悩する朝鮮人の一家や、貧しくとも力強く生きる人々との交流を通じて、ジュンは、自立して働きながら高等学校定時制で学び続けることに意義を見出したのだった。(出典 Wikipedia)

この映画を五十代半ばのこの歳になって久しぶりに再見し思ったことは、この映画は一言で、日本では死語になってしまった「プロレタリア文学(映画)」だということです。

どんなことが描かれているのか箇条書きにしてみました。

(1)父親が町工場の事故で体を壊し解雇された不条理。この時代、いろんな理由から、特に都会の周縁部で貧困家庭が多かった。舞台は埼玉県川口市。学校でも貧富の差が激しく、お金の問題で高校進学がならず、修学旅行にも行けない子がいた(隠れた階級問題)。

(2)町工場は朝鮮戦争で空前の好景気を体験しており、不景気になった(映画上の)現在も、父親は戦争が起これば良いと単純に思っている様子(五〇年代、六〇年代初頭の空気)。職人気質《かたぎ》の父親は機械化《オートメーション》する現実を受け入れられず、与えられた大手企業の仕事を自ら手放してしまう(今に続く社会の人間性乖離の矛盾)。

(3)父親は職人気質で飲んだくれ、子供など勉強しなくても良いと思っている(貧困家庭の実態と今なお続く貧困の連鎖)。

(4)親は朝鮮人差別意識があり、子供たちは朝鮮人の友人がいるので差別はいけないと思っている(普通の庶民が抱く差別の根深さ)。

(5)貧困からか不良が多く悪に手を染める子が多かった(貧困と非行の連関性、非行に走る根源の根絶の投げ掛け)。

(6)朝鮮人で貧困家庭が多かった。そのような家庭では希望の灯りとして帰国を考えていた(五〇年代~六〇年代の社会的空気)。

(7)仲良くしていたものの、在日朝鮮人と真の心を通わせることは難しい(主人公が後で後悔している)。その反面子供同士は親友ともいえる友情を築けている(真の友好親善の必要性)。

(8)学校で朝鮮人差別が厳然とあり、それに立ち向かう主人公の弟を描く(差別の根絶の訴え)。

(9)貧困によって自暴自棄に陥り勉学を諦めるのではなく、自己目標を持って自分の前進、成長のために自立して学ぶべきである(とジュンが悟る)。(精神的貧困を脱する方途)

(10)帰国事業により、在日朝鮮人社会で、家庭崩壊などの様々な悲劇が存在した(それにより悲劇は今も続いている)。

(11)帰国で一生もう会えないだろうという意識が双方に存在した(日朝国交非正常化の矛盾)。

(12)父親の再就職を通じて、組合の大切さ、労働者の団結を訴えている(労働組合の存在)。

多少オーバーに捉え過ぎな部分もなきにしも非ずですが、高度成長期が終焉を迎え、様々な矛盾が日本を蝕んでいる現在の現実と共鳴し合う部分が多いと思われてなりません。映画を観た感想なので他にもあれば追加しますが、以上の内容からプロレタリア文学(映画)だと思うのです。

私も個人的に、母親の両親兄弟が全員北へ帰国しており、毎日のように手紙や物のやり取りをし、共和国を親子して訪問、ピョンヤンと地方都市に住む親戚を何度か訪ね見聞きし、帰国事業の善し悪しもある程度肌で実感済みです。実際に我家もあの頃貧しく、帰国するために地方から上京しており、運命が違っていれば今頃共和国で暮らしていたかも知れませんが、映画はそれらのことを思い起こさせてくれます。

ついでに言えば、解放後、南の故郷に帰るため山口県下関市に行き、帰れず居残ってしまった者同士結婚して、父親の兄弟は全て韓国に帰ってしまっている我家は典型的な南北+日本の離散家族です。朝鮮総聯に属して来たため、現在では南の親戚とは疎遠になってしまっています。帰国事業の善し悪しを現在では何とでも言えますが、あくまで歴史的事実を捉えた映画として、あの頃の空気感を知る映画として観るべきでしょう。これがこの映画が名画たる所以です。

次に貧困問題については、同じような家庭に育ち、今の日本の現実を憂う人間として、そして子供の教育のために熱心に駆け巡る熱血先生の姿と過去教鞭を取った自分とを比べつつ、感じることがあまりにも多いです。映画は様々な事案と解決案を提示してくれています。これがもう一つの名画たる所以でしょう。それと共に主人公を演じた吉永小百合の溌剌とした健康的な若さ、悩みもがき苦しみながらも逆境を跳ね除けようとするひたむきさなど、青春映画として観覧可能なことがこの映画に永遠の生命を吹き込んでくれているといえるのではないでしょうか。

最後に、日本を代表する押しも押されぬ数少ない、俳優(男性)ならまだしも女優では唯一といえる「国民的女優」吉永小百合の若き日の代表作が、在日コリアンの歴史と切り離せぬ映画『キューポラのある街』であることに在日コリアンとして少なからず矜持を持ちつつ、今も旺盛な彼女の活躍ぶりを今後も陰ながら見守りたいと思います。

あとがき

本書をお読みいただき誠にありがとうございました。ご感想はいかがだったでしょうか？　初めてお知りになる事柄はございましたか？　少し余談が過ぎましたか？　社会問題や歴史に関する話題は難しかったですか？　紙面が限られている関係上、悩みに悩んだ挙句絞った作品なのでご紹介できない作品も多く、またブラッシュアップ過程で述べたい事柄なども省略せざるを得ない部分が多かったので少々残念ですが、「これだけは！」という思い入れのある作品と記事を最低限掲載したので、著者的には今回のラインナップに非常に満足しております。

コラム形式で作品紹介と共にコリアの社会や歴史を絡めて述べさせていただいたので、読者の方々にそれらの一端を多少は理解していただけたのでは？　と少なからず自負しております。社会・歴史をメインに扱った図書ではないので説明不足は否めず、また韓流映画・ドラマに関する話題をもっと詳しくお知りになりたい方々にとってはドラマ・映画の内容がもの足りなかったかも知れませんがご容赦ください。

本書をキッカケに、韓流映画・ドラマを通じてより韓国・朝鮮の社会や歴史にご興味をお持ちいただき、より一層ディープな世界に踏み込んでいただければ著者冥利に尽きます。そして、この書籍で紹介し切れなかった傑作・佳作ドラマ・映画が今も日々量産されておりますので、これまで以上に韓流映画・ドラマをご覧いただき、コリアの社会や歴史に思いを馳せていただければなおのこと幸いです。

このたび、ほとんど無名の著者の企画を取り上げていただき、本書の出版を快諾してくださった彩流社の河野社長に謹んで感謝の言葉を捧げます。また三年半もの間、ブログやFacebook記事を飽きずに読んでくださり、著者に継続して記事を書き続けるモチベーションを与えてくださった友人・知人・読者の方々に限りない感謝の言葉を捧げます。そして今更ながら私が文章をこの世に残したいと思い始めたキッカケである、家内と我が家のミックスツインズ（男女の双子）にも。

本書を手に取っていただいたすべての読者の方々に再度感謝の言葉を述べると共に、今後ともさらなるお付き合いをよろしくお願いします。また新しい書籍での再会を信じて。

呉成浩《オソンホ》

二〇二四年二月吉日

【著者】 呉成浩（オ・ソンホ）

1963年11月生れ。コリア社会歴史ライター。1989年朝鮮大学校歴史学部歴史科卒業。元東京朝鮮高校社会科教師勤務。朝鮮新報・朝鮮青年などで歴史連載記事・書評等執筆。2020年よりブログ「韓国朝鮮社会と歴史のトリビア」執筆中。Facebook「韓国朝鮮の社会と歴史を知る会」主幹。専修大学、公民館、社団法人等で「歴史・ドラマ」講座招聘。

Sairyusha

韓流《はんりゅう》映画《えいが》・ドラマのトリセツ

二〇二四年四月十五日　初版第一刷

著者 ―― 呉成浩

発行者 ―― 河野和憲

発行所 ―― 株式会社 彩流社

〒101-0051
東京都千代田区神田神保町3-10大行ビル6階
電話：03-3234-5931
ファックス：03-3234-5932
E-mail：sairyusha@sairyusha.co.jp

印刷 ―― 明和印刷（株）

製本 ―― （株）村上製本所

装丁 ―― 中山銀士＋金子暁仁

ISBN978-4-7791-2964-3 C0074

https://www.sairyusha.co.jp